信頼を測る
OECDガイドライン

経済協力開発機構（OECD）［編著］
桑原 進［監訳］　高橋しのぶ［訳］

OECD Guidelines
on Measuring Trust

明石書店

経済協力開発機構（OECD）

　経済協力開発機構（Organisation for Economic Co-operation and Development, OECD）は、民主主義を原則とする36か国の先進諸国が集まる唯一の国際機関であり、グローバル化の時代にあって経済、社会、環境の諸問題に取り組んでいる。OECDはまた、コーポレート・ガバナンスや情報経済、高齢化等の新しい課題に先頭になって取り組み、各国政府のこれらの新たな状況への対応を支援している。OECDは各国政府がこれまでの政策を相互に比較し、共通の課題に対する解決策を模索し、優れた実績を明らかにし、国内および国際政策の調和を実現する場を提供している。

　OECD加盟国は、オーストラリア、オーストリア、ベルギー、カナダ、チリ、チェコ、デンマーク、エストニア、フィンランド、フランス、ドイツ、ギリシャ、ハンガリー、アイスランド、アイルランド、イスラエル、イタリア、日本、韓国、ラトビア、リトアニア、ルクセンブルク、メキシコ、オランダ、ニュージーランド、ノルウェー、ポーランド、ポルトガル、スロバキア、スロベニア、スペイン、スウェーデン、スイス、トルコ、英国、米国である。欧州委員会もOECDの活動に参加している。

　OECDが収集した統計、経済、社会、環境の諸問題に関する研究成果は、加盟各国の合意に基づく協定、指針、標準と同様にOECD出版物として広く公開されている。

　　本書はOECDの事務総長の責任のもとで発行されている。本書で表明されている意見や主張は必ずしもOECDまたはその加盟国政府の公式見解を反映するものではない。

Originally Published in English under the title:

"OECD Guidelines on Measuring Trust"

©OECD, 2017.
©信頼を測る —— OECD ガイドライン, Japanese language edition, Organisation for Economic Co-operation and Development, Paris, and Akashi Shoten Co., Ltd., Tokyo 2019.

The quality of the Japanese translation and its coherence with the original text is the responsibility of Akashi Shoten Co., Ltd.

　イスラエルの統計データは、イスラエル政府関係当局により、その責任の下で提供されている。OECDにおける当該データの使用は、ゴラン高原、東エルサレム、及びヨルダン川西岸地区のイスラエル入植地の国際法上の地位を害するものではない。

序　文

　幸福（well-being）を理解し向上させるには、政策当局と市民に、生活がど
こで、いつ、誰にとって良くなっているかという情報を与えられる確かな実証
が必要である。スティグリッツ・セン・フィトゥシ委員会が2009年に、社会、
経済、環境の成果についてのより良い尺度でGDPを補完する必要性を訴えて
以来、統計の分野ではそのような尺度の開発と作成、そして人々の幸福度の定
期的な把握について、顕著な進歩が見られた。それでも、中には社会の進歩に
とって重要であることが認められているにもかかわらず、それほど注目されて
いないトピックもある。信頼はそうしたトピックの1つである。この「信頼測
定に関するガイドライン」は、2011年に始まったOECDの「より良い暮らし
イニシアチブ（Better Life Initiative）」の一環として作成されたもので、幸福
度統計のシステムをさらに向上、拡大するための重要なステップである。

　信頼、あるいはその欠如の問題は、2008年の金融危機以後、ニュースとし
て取り上げられるようになった。実際、公的機関に対する人々の信頼は急速に
下落し、未だ金融危機前の水準に回復していない。しかし、人々が互いに協力
し連帯を示す社会、そして公的機関がその任務を果たし、全ての市民がそれを
利用できる社会だけが、全ての人々の生活の質を向上させることができるのだ。
他者への信頼と制度・組織への信頼は社会経済的進歩に不可欠の要素であり、
また社会が繁栄してこそ信頼も高まるのである。

　したがって、最近のいくつかの政策イニシアチブにおいて信頼のより良い尺
度の必要性が強調されているのは当然のことである。例えば、OECD信頼戦略
（Trust Strategy）は、「仕事・平等・信頼（Jobs, Equality and Trust）」をテ
ーマに掲げた2013年のOECD閣僚理事会で始動したイニシアチブで、方法論
と測定の助言を含め、OECD諸国政府に対して公的機関・制度への信頼を回復
する方法についての指針を提供することを目的としている。また、2015年に

国連加盟諸国によって承認された持続可能な開発目標（SDGs）の目標16
（「持続可能な開発のための、平和で誰もが受け入れられる社会の推進、すべて
の人が司法制度を利用できる環境の整備、誰もが利用できる効果的かつ責任の
所在が明確な制度のあらゆるレベルでの構築」）は、信頼とガバナンスに焦点
を当てている。そして、国連統計委員会は専門グループ（プライア・グルー
プ）を設立し、ガバナンス統計に関するハンドブックを作成して、SDGsの目
標16のターゲットについて情報提供と状況の把握を行おうとしている。

　いくつか重要な例外はあるが、信頼の測定の歴史は、特に公的統計において
は長くなく、公的尺度がある場合も常に定期的に国際比較可能な方法で収集さ
れているわけではない。本ガイドラインは、この欠陥を埋めようとしている。
その主な目的は、信頼を測る独自のイニシアチブを持つデータ生産者を支援す
ることである。特に、本ガイドラインは国連プライア・グループに直接的に情
報提供を行うことになっている。このガイドラインは、我々が現在理解してい
る信頼をどのように測れるか、また測るべきかということについてのグッドプ
ラクティスをまとめている。信頼に関する実証ベースが発展することでこの知
見は変化していく可能性がある。しかし、特に他者への信頼尺度については、
今日すでに提案されている調査質問で根拠の確かなデータを生産でき、公的調
査に含めることができるという良い実証がある。

　本ガイドラインが、今後の信頼データの質と入手可能性に変化をもたらすこ
とを期待している。

経済協力開発機構（OECD）統計局長

OECDチーフスタティスティシャン

マーチン・デュラン（Martine Durand）

謝　辞

　本書はOECDの事務総長の責任のもとで刊行されている。本書で示す見解や主張は、必ずしも、OECDあるいは加盟各国政府の公式見解を反映するものではない。

　このガイドラインは、OECD統計委員会（OECD Statistics Committee）と公共ガバナンス委員会（Public Governance Committee）の作業プログラムの一環として作成された。両委員会の代表者が本書の内容を審査した。この報告書の準備はOECD統計局のコーナル・スミス（Conal Smith）とラーラ・フレッシャー（Lara Fleischer）が行った。

　OECD加盟各国の国立統計局代表者からなる専門家諮問グループ、研究者、政策当局からは、この報告書の起草にあたって大変有益な助言をいただいた。

- エイドリアン・フランコ（Adrian Franco）：メキシコ国立統計地理情報院（Instituto Nacional de Estadística y Geografía, INEGI）
- ソフィア・ポンティウ（Sophie Pontieux）：フランス国立統計経済研究所（L'Institut National de la Statistique et des Études Économiques, INSEE）
- ダウン・スネイプ（Dawn Snape）／ヴェロニク・シーグラー（Veronique Siegler）：英国統計局（Office for National Statistics, ONS）
- フィオナ・カーンズ（Fiona Carnes）／ジョアン・ベーカー（Joanne Baker）：オーストラリア統計局（Australian Bureau of Statistics, ABS）
- スーニ・キム教授（Prof. Soonhee Kim）／ドンヨン・キム教授（Prof. Dong-Young Kim）：韓国開発研究院（Korea Development Institute, KDI）
- ジェイコブ・S. ハッカー教授（Prof. Jacob S. Hacker）：イェール大学（Yale University）
- ヤン・アルガン教授（Prof. Yann Algan）：パリ政策学院（Paris Institute of

Political Studies)

- モニカ・フェリン博士（Dr. Monica Ferrin）：トリノ大学（University of Turin）
- ジェイコブ・シーガー（Jacob Saeger）：英国内閣戦略室（UK Cabinet Strategy Office）
- マーク・ヘザリントン教授（Prof. Marc Hetherington）：ヴァンダービルト大学（Vanderbilt University）
- ユージーン・カンデル教授（Prof. Eugene Kandel）：イェルサレム・ヘブライ大学（Hebrew University of Jerusalem）／イスラエル国家教育機関（Israeli National Economic Council）前議長

OECD 統計局（OECD Statistics Directorate）のマーチン・デュラン（Martine Durand）、マルコ・ミラ・デルコール（Marco Mira d'Ercole）、カーリー・エクストン（Carrie Exton）、ファブリス・マーチン（Fabrice Murtin）、および OECD 公共ガバナンス局（OECD Directorate for Public Governance）のロルフ・アルター（Rolf Alter）、スザンナ・ロンティ（Zsuzsanna Lonti）、パロマ・ベナ・オラブ（Paloma Baena Olabe）、サンチャゴ・ゴンザレス（Santiago Gonzalez）の助言も有益であった。本書の編集は、パトリック・ハム（Patrick Hamm）、アン＝リズ・ファロン（Anne-Lise Faron）、ヴァージニー・エルグラブリ（Virginie Elgrably）が行った。

信頼を測る

OECDガイドライン

目　次

序　文	3
謝　辞	5
頭字語・略語	15
要　旨	17

概観と提言 ……………………………………………………………………… 21

概念と妥当性 …………………………………………………………………… 22

信頼の測定についての方法論的考察 ………………………………………… 23

信頼を測る ……………………………………………………………………… 28

信頼のデータの公表と分析 …………………………………………………… 33

今後の研究への期待 …………………………………………………………… 35

第1章　信頼を測る ──序論 ……………………………………………… 37

第1節　はじめに ……………………………………………………………… 38

第2節　信頼を測るガイドライン作成の動機 ……………………………… 39

　2.1　最近の取り組み　39

　2.2　ガイドラインの必要性　42

第3節　信頼を測るためのガイドライン …………………………………… 44

　3.1　ガイドラインの範囲と目的　44

　3.2　ガイドラインの構成　46

第4節　結論 …………………………………………………………………… 49

第2章　信頼の概念と妥当性 ……………………………………………… 53

第1節　はじめに ……………………………………………………………… 54

第2節　信頼を測るための概念枠組み ……………………………………… 55

　2.1　信頼についての理論　56

　2.2　信頼の種類　59

　　▶コラム2.1　何種類の信頼を測ればよいのか　62

　2.3　信頼の定義　64

第3節　信頼を測るためのアプローチ ……………………………………… 67

　3.1　評価　68

　3.2　期待　69

8

目　次

　　3.3　経験　69

　　3.4　実験　70

　　　▶コラム2.2　信頼を測るための実験　71

第4節　信頼尺度の統計の質 ……………………………………………………………74

　　4.1　関連性　76

　　4.2　正確性　84

　　　▶コラム2.3　OECD信頼データベース　86

　　　▶コラム2.4　トラストラボ　104

第5節　結論 ………………………………………………………………………………121

第3章　方法論的考察………………………………………………………………………133

第1節　はじめに ……………………………………………………………………………134

第2節　測定誤差 ……………………………………………………………………………134

第3節　質問の文言 …………………………………………………………………………137

　　3.1　測定上の問題点　137

　　3.2　実証　138

　　3.3　主な問題点　148

第4節　回答形式 ……………………………………………………………………………149

　　4.1　測定上の問題点　149

　　4.2　実証　150

　　4.3　主な問題点　154

第5節　調査文脈 ……………………………………………………………………………155

　　5.1　測定上の問題点　156

　　5.2　実証　157

　　5.3　主な問題点　160

第6節　調査方式（モード）………………………………………………………………161

　　6.1　測定上の問題点　162

　　6.2　実証　164

　　6.3　主な問題点　167

第7節　回答の癖と文化的環境 …………………………………………………………167

　　7.1　測定上の問題点　168

　　7.2　実証　168

　　7.3　主な問題点　172

第8節　結論 ………………………………………………………………………………173

9

第4章　信頼を測る ··· 185

第1節　はじめに ·· 186
▶コラム4.1　信頼の中核的尺度　186

第2節　何を測るか？——信頼測定の計画 ··· 188
2.1　その他の必要情報 ——共変量と分析的変数　194

第3節　調査設計と標本設計 ··· 200
3.1　目標母集団　201
3.2　調査の頻度と期間　202
▶コラム4.2　信頼を測るために適した頻度　204
3.3　サンプルサイズ　206
3.4　調査方式　207
3.5　調査枠組み　208

第4節　質問票の設計 ··· 212
▶コラム4.3　信頼を幸福度統計のシステムに統合する　212
4.1　質問の配置　215
4.2　信頼に関する複数の質問の順序　217
4.3　質問の翻訳　219
4.4　質問の選択　220
▶コラム4.4　OECD信頼枠組み　229
4.5　質問の書式　235

第5節　調査の実施 ·· 237
5.1　面接者の訓練　237
5.2　倫理的問題　238
5.3　情報のコード化とデータ処理　239

第6節　結論 ··· 240
6.1　信頼測定のための計画立案　240
6.2　調査設計と標本設計　241
6.3　質問票の設計　245
6.4　調査の実施　245

第5章　信頼データの公表と分析 ··· 253

第1節　はじめに ·· 254

第2節　信頼データの報告 ··· 255
2.1　統計公表資料の第1ページ ——信頼の水準の報告　257

目　次

2.2　統計公表資料の第2ページ
　　　──時系列の変化とグループ間の差を報告する　263

第3節　信頼データの解釈 ………………………………………………… 267
　3.1　効果量へのその他の影響と文化の影響　275
　▶コラム5.1　需要効果と質問の構成　275

第4節　信頼データの分析 ………………………………………………… 282
　4.1　データ要件と研究デザイン　282
　4.2　分析方法　284
　4.3　実際の信頼データの分析　286
　4.4　係数を理解するという課題　290

第5節　結論 ……………………………………………………………… 292

附録A　信頼尺度の具体例 ………………………………………………… 301
　他者への信頼 ……………………………………………………………… 302
　制度・組織への信頼 ……………………………………………………… 310

附録B　質問群 ……………………………………………………………… 319
　質問群の利用について ……………………………………………………… 320
　質問群A　中核的尺度 ……………………………………………………… 321
　質問群B　評価についての試験的質問群 ………………………………… 326
　質問群C　期待についての試験的質問群 ………………………………… 333
　質問群D　経験についての試験的質問群 ………………………………… 338
　質問群E　実験 ……………………………………………………………… 341

監訳者あとがき ……………………………………………………………… 349

11

図表一覧

──第2章　信頼の概念と妥当性

図2.1　一般的信頼尺度の調査間相関 ……………………………………………… 92

図2.2　一般的信頼のウェーブ間相関（欧州生活の質調査）……………………… 94

図2.3　質問項目別無回答率（欧州社会調査）、2002〜14年 …………………… 96

図2.4　質問項目別無回答率（ギャラップ世論調査）、2006〜16年 …………… 97

図2.5　一般的信頼と一人当たりGDP（欧州諸国）、2002〜14年 ……………108

図2.6　一般的信頼と失業（欧州諸国）、2002〜14年 ……………………………108

図2.7　一般的信頼と平均寿命（欧州諸国）、2002〜14年 ………………………109

図2.8　一般的信頼と生活満足度（欧州諸国）、2002〜14年 ……………………110

図2.9　制度・組織への信頼と汚職の起こりやすさ（OECD諸国）、
2006〜15年 ……………………………………………………………………112

図2.10　制度・組織への信頼と一人当たりGDP（OECD諸国）、2006〜15年 …113

図2.11　制度・組織への信頼と失業率（OECD諸国）、2006〜15年 ……………114

図2.12　制度・組織への信頼と殺人率（OECD諸国）、2006〜15年 ……………115

図2.13　制度・組織への信頼と生活満足度（OECD諸国）、2006〜15年 ………116

表2.1　多角的信頼関係の枠組み ……………………………………………………… 60

表2.2　信頼尺度の次元性（世界価値観調査）……………………………………… 63

表2.3　OECD信頼データベースに収録されている調査とその主な特徴 ……… 87

表2.4　自国政府に対する信頼の調査間相関 ……………………………………… 90

表2.5　司法制度への信頼の調査間相関 …………………………………………… 91

表2.6　一般的信頼のウェーブ間相関（欧州社会調査）…………………………… 93

──第3章　方法論的考察

表3.1　回答バイアスと経験則の概要 ………………………………………………136

表3.2　他者への信頼に関する質問の比較（性別及び年齢層別）…………………141

表3.3　組織への信頼と、組織が国益になる活動をしているという
信頼の比較 ……………………………………………………………………144

表3.4　制度に対する信頼（confidence）と制度に対する
信頼（trust）の比較 …………………………………………………………147

目 次

──第4章 信頼を測る

図4.1 計画の過程：利用者のニーズから調査質問まで ……………………………189

図4.2 一般的信頼（米国）の推移、1972〜2014年 ……………………………204

図4.3 幸福度統計システムの概観 ……………………………214

表4.1 OECD信頼枠組み ……………………………230

──第5章 信頼データの公表と分析

図5.1 公共サービスへの信頼度（男女別）（ニュージーランド）……………………260

図5.2 他者への信頼度の推移（スウェーデン）、1996〜2015年……………………260

図5.3 他者への信頼度（年齢層別）（ニュージーランド）、2014年 ………………261

図5.4 他者への信頼度（欧州諸国）、2013年……………………262

図5.5 公的制度・組織に対する信頼（欧州諸国）、2013年 ………………262

図5.6 政府に対する信頼の推移（米国）、1958〜2015年……………………264

図5.7 中央政府への信頼度とその変化（OECD諸国）、2007〜14年……………265

図5.8 他者に対する信頼（出生地域別）（カナダ）、2013年 ……………………265

表5.1 信頼データの統計を公表する際の推奨される構成 ……………………256

表5.2 他者に対する信頼（人口グループ別）（カナダ）、
2003年・2008年・2013年……………………266

表5.3 他者への信頼尺度の差の大きさ ……………………269

表5.4 警察に対する信頼尺度の差異 ……………………270

表5.5 司法制度に対する信頼尺度の差異 ……………………271

表5.6 政府に対する信頼尺度の差異 ……………………272

頭字語・略語

CAPI	コンピュータ支援個人調査（Computer-Assisted Personal Interviewing）
CASI	コンピュータ支援自己面接（Computer-Assisted Self-Interviewing）
CATI	コンピュータ支援電話調査（Computer-Assisted Telephone Interviewing）
CID	市民・政治参加・民主主義調査（Citizenship, Involvement and Democracy survey）（欧州／米国）
CLS	共同体生活調査（Community Life Survey）（英国）
CPI	腐敗認識指数（Corruption Perceptions Index）
CPS	人口現況調査（Current Population Survey）（米国）
ENVIPE	メキシコ犯罪被害及び安全保障に関する意識調査（Encuesta Nacional de Victimización y Percepción sobre Seguridad Pública）
EQLS	欧州生活の質調査（European Quality of Life Survey）
ESC	公平性・安全性・共同体調査（Equality, Security and Community survey）（カナダ）
ESS	欧州社会調査（European Social Survey）
EU-SILC	欧州所得生活状況調査（European Union Statistics on Income and Living Conditions）
GSOEP	ドイツ社会経済パネル調査（Germany Socio-Economy Panel）
GSS	一般社会調査（General Social Survey）（米国）
GWP	ギャラップ世論調査（Gallup World Poll）
HILDA	オーストラリア家計・所得・労働動態調査（Household, Income and Labour Dynamics in Australia）
INEGI	国立統計地理情報院（Instituto Nacional de Estadística y Geografía）（メキシコ）
INSEE	国立統計経済研究所（L'Institut National de la Statistique et des Études Économiques）（フランス）
ISSP	国際社会調査プログラム（International Social Survey Program）
ISTAT	国立統計研究所（Istituto Nazionale di Statistica）（イタリア）
KDI	韓国開発研究院（Korea Development Institute）

OECD	経済協力開発機構（Organisation for Economic Co-operation and Development）
ONS	英国統計局（Office for National Statistics）
PAPI	記入式面接（Pen-And Paper Interviewing）
PIAAC	国際成人力調査（Programme for the International Assessment of Adult Competencies）（OECD）
PISA	生徒の学習到達度調査（Programme for International Student Assessment）（OECD）
SCS	社会的結束調査（Social Cohesion Survey）（ポーランド）
SDGs	持続可能な開発目標（Sustainable Development Goals）
UNECE	国連欧州経済委員会（United Nations Economic Commission for Europe）
WHO	世界保健機関（World Health Organization）
WVS	世界価値観調査（World Values Survey）

要　旨

　『信頼を測る：OECDガイドライン（*OECD Guidelines on Measuring Trust*）』
は、データ生産者が信頼尺度を収集、報告する際の手助けをし、信頼データの
利用者が様々な測定アプローチとそれが分析に与える影響を理解できるよう支
援することを目的としている。信頼度の測定におけるベストプラクティスを論
じ、国際比較の基礎となる中核的尺度を提供し、各国統計局がその尺度を定期
的な世帯調査に含めることを奨励している。
　特に本ガイドラインの目的は、以下の通りである。

- 各国統計局とその他のデータ生産者に指針を提供することで、質問票の設計
  におけるベストプラクティスに基づいて、信頼尺度の国際比較可能性を向上さ
  せる。
- 信頼尺度の妥当性と信頼性（reliability）についてのこれまでの知見をまとめ、
  可能な限り、その実証を既存の調査の実証的分析を通じて広げる。
- 各国統計局と研究者のために、信頼尺度の妥当性と信頼性（reliability）の実
  証基盤を広げる触媒の役割を果たす。
- 長期的には、公式の信頼尺度が作成される国の数を増やすことで、持続可能
  な開発目標（SDGs）の重要なターゲットの監視に役立てる。

信頼とは何か

　このガイドラインでは、個人の**他者への信頼**（interpersonal trust）と**組
織・制度への信頼**（institutional trust）とを厳密に区別している。

- 他者への信頼について、このガイドラインでは**一般的信頼**（generalised
  trust）と**限定的信頼**（limited trust）とを区別している。一般的信頼とは、

17

回答者が知らない人々への信頼、または信頼される人が特定されていない状況での信頼である。限定的信頼とは、回答者が知っている人、例えば家族、友人、隣人などに対する信頼を指す。

- 組織・制度的信頼とは、あらゆる種類の組織・制度に対する信頼を指す。例えば、政治制度、法と秩序、非政府機関が狭義の概念として用いられる。

なぜこのガイドラインが作成されたのか

信頼を測るより良い尺度に対する政策的ニーズは、国連持続可能な開発目標（SDGs）などの国際的イニシアチブや、2009年の経済成果と社会進歩の計測に関する委員会が主導してOECDの「より良い暮らし指標（Better Life Initiative）」に結実した経済、社会、環境の主要な成果の尺度を改善する作業が明確にしてきた。

世帯調査を元にした信頼尺度はすでにいくつかのOECD諸国で公式統計システムの一環として収集されている。これは主に人々の幸福（well-being）、社会関係資本、社会的結束に関するより良い情報を求める各国政策当局の要望の結果である。しかし、定期的でタイムリーかつ一貫した測定はあまり行われておらず、今のところ最も比較可能な情報は、非公式の情報源によるものである。

本ガイドラインの利用方法

本ガイドラインは、測定について単一のアプローチを規定するものではなく、信頼の測定について現在わかっている情報をまとめたものである。本ガイドライン利用者それぞれのニーズによって、有益と思う部分は異なってくるだろう。

- 第2章では、概念、関連性、妥当性の問題を取り上げる。この章は、様々な尺度でどのような概念を把握できるのか、また様々な信頼尺度がどの程度妥当かということに関心を持つ信頼データの利用者と、信頼を測るべきか、またどの概念に焦点を当てるべきかを判断したい信頼データの生産者双方の関心に応えている。

●第3章は、質問票の設計に情報を与えるべき主な方法論の問題についての情報をまとめている。その中には、測定誤差、質問の文言、回答形式、調査文脈、調査方式、回答の癖、文化的文脈などが含まれる。この章は、質問の設計に関心を持つ信頼データの生産者にとって有益な情報源となるだけでなく、信頼データに潜む様々なバイアスの源を理解したい専門的な利用者にも情報源を提供している。

●第4章は、信頼を測る上でのベストプラクティスについて具体的なガイダンスを提供している。この章は、計画、調査とサンプルの設計、質問の設計（question design）、実施という、調査プロセスの各段階ごとに構成されている。他の章と比べて規範的で、特に調査の設計過程に携わるデータ生産者向けである。

●第5章は、信頼尺度のアウトプットと分析に焦点を当てている。この章の主な目標は、基本的な記述的アウトプットの作成と、どの程度の信頼度の変化を大幅あるいは小幅と見なすのかについての実証など、信頼データの解釈を支援することである。この章ではさらに、信頼データの分析について考察し、もっと高度な分析を必要とするリサーチクエスチョンを持ってデータにアプローチする利用者に裨益している。

本ガイドラインには2つの附録がついている。

●附録Aは、公的調査、非公的調査を含む世界中の様々な調査で現在用いられている信頼に関する質問を幅広く収録している。この附録は、読者が様々な情報源からどのような種類の尺度を得られるかを理解する助けとなる。

●附録Bは、データ生産者が独自の質問を開発するときのスタート地点となる原型の質問群5点を収録している。最初の中核的質問群は、広範な利用を意図した尺度に限定している。単一の「基本尺度」は関連する調査に含まれるべき絶対最小値で、国際比較の基礎となる。他の4つの質問は、他者への信頼と組織・制度への信頼の最も重要なタイプについて基本情報を提供している。残り

4つの質問群には、回答者自身の信頼感の評価、他人の行動への期待、過去の経験、信頼行動を観察するための実験的手法に焦点を当てて、信頼に関する情報を把握するための様々なアプローチを収録している。

次なる段階

信頼に関する実証基盤が発展しているため、このガイドラインの情報もいずれは更新する必要が生じる。したがって、このガイドラインを「金科玉条」にするべきではない。望ましいのは、ガイドラインの公表後しばらくしてから審査を行い、実証基盤が改善しているかを評価し、公式統計の精度において信頼尺度の標準化をより高める方向に向かう次なるステップを明らかにすることである。

概要と提言

　この「概要と提言」では、本ガイドラインの主なポイントと提言がまとめられており、4つのセクションに分かれている。各セクションには、本ガイドラインの各章の内容が反映されている。第4章（信頼を測る）に対応するセクションは、この章が信頼データの収集に関して最も詳細かつ規範的な低減を提供しているので、より詳細に概要を収録している。

概念と妥当性

　信頼尺度の関連性については、疑問の余地はない。他者に対する信頼——特に一般的信頼——の尺度は、社会の幸福度の評価、社会関係資本の測定、社会経済的成果を高める他の要因の理解に不可欠である。これは、一般的信頼を高める要因とその結果に関する文献数がさらに増加していることと、英国やイスラエルが行っている幸福の測定イニシアチブから、国連持続可能な開発目標（SDGs）まで、一般的信頼を関心のある成果として含む各国及び国際的な様々なイニシアチブの幅の広さの双方に反映されている。同様に、組織・制度に対する信頼への関心が高いことは、測定イニシアチブからも、また多くの多様な学術文献があることからもわかる。組織・制度への信頼を理解することは、幸福の測定にとって重要であるだけでなく、政府の有効性や政府の民主制度の機能を理解する上でも不可欠である。

　信頼尺度の正確性については、それほど明確ではない。総じて、一般的信頼尺度の妥当性に関しては強い実証があるが、限定的信頼尺度の妥当性に重点的に取り組んだ実証は比較的少ない。一般的信頼尺度は、表面的妥当性、構成概念妥当性、収束的妥当性という点ではうまく機能する。これは、尺度を国際的に評価する場合でも個人の回答レベルで評価する場合でも当てはまる。個人レベルでの一般的信頼を測るいくつかの尺度の試験・再試験信頼度については、疑問が提示されているものの、国レベルの結果は異なる情報源の間でも、また時系列でも、十分信頼に足る。

　あらゆる無形の概念がそうであるように、一般的信頼を測るということは、目の前の質問に対する回答者の解釈と、彼らの主観的判断に関する数々の問題を提起するが、こうした問題の解決は困難ではない。これらの問題があっても、一般的信頼に関する質問は適切なデータを生産し、残された測定の問題についても広範囲の研究により新たな考察が提供されるという確かな実証がある。実

際、一般的信頼尺度の妥当性についての方が、公式統計のもっと多くの従来型要素の場合よりも、多くのことが理解される可能性もある。この観点から、一般的信頼尺度は目的にかなうとみなすことができ、関連する公的調査で測られるべきである。

　組織・制度に対する信頼尺度の全体像は、他者に対する信頼尺度の場合よりも複雑である。組織・制度に対する信頼尺度は、一般に構成概念妥当性という点ではうまく機能するが、表面的妥当性や収束的妥当性については、状況はそれほど明白ではない。したがって、場合によってはそのような尺度にバイアスがかかっていると考えられる理由があり、妥当性のいくつかの主要側面についてはどちらにしても単純に実証がない。そのため、組織・制度に対する信頼尺度の政策的関連性にもかかわらず、それらが公的統計という文脈で目的にかなっているとは言い切れない。しかしそれは、こうした尺度が公的統計制度にふさわしくないという意味ではない。むしろ、このような尺度を試験的なものと捉え、その試験的な立場が明確な文脈で実施されるべきだと提案している。このことは、特に国立統計局にとって重要である。

　他方で、このような尺度の関連性は、学界と国立統計局双方において、さらなる研究を優先的に行う必要があることを示唆している。組織・制度に対する信頼尺度の正確さに関しては、多くの方法論上の疑問が上げられているが、その主なものは、国立統計局のみが達成しうるサンプルサイズと回答率があれば解決できる。

信頼の測定についての方法論的考察

　この項では、信頼についての質問に関わる様々なバイアスと測定誤差の源が及ぼす影響を考察する。信頼尺度は、もっと客観的な尺度（例えば、学歴、寿命など）よりも回答バイアスに対して敏感だが、こうしたバイアスは、国立統計局がすでに集めているその他の自己申告型尺度にも同様に現れる。こうした

バイアスとそれを抑えるのに最も適した質問票、調査設計戦略に注意を払うことが不可欠だが、測定誤差の存在そのものは、信頼に関するデータを収集することに反対する論拠にはならない。質問票の設計についてデータ収集者がどのようなアプローチを採ったとしても、時系列、人口グループ間、国家間での比較を有意義なものにするために、標準化することが必須である。

質問の文言

　質問の文言に関する実証（特にスプリットサンプルテストで得られた実証）から、質問に適した文言を選ぶことが結果に影響することは明らかである。

- 質問の文言では、信頼以外の概念に触れるのを避け、関心のある状況を具体的、正確にすべきである。
- 他者への信頼についての質問の文言は、中立的にすることが推奨される。データ収集者は、「他者と付き合うときに注意すべき」という表現を避けたほうが良い。それは、この文言が社会的に弱い立場にある人々に信頼をより低く答えるよう仕向ける可能性があるからである。
- 制度・組織への信頼について、制度に期待される役割を特定すると回答者の回答が変わる場合がある。
- 総じて、質問の文言は回答者が理解できるように正確で、各国間で翻訳可能性に問題を生じかねない微妙なニュアンスの言葉は使わないようにすべきである。様々な質問が捉えようとするいくつかの概念があまりにも狭義に関連しすぎていると、回答者はその区別ができない可能性がある（例えば、trustとconfidence）。

回答形式

　回答選択肢の提示方法は、回答の分布に有意な影響を及ぼす可能性がある。

- 信頼の項目について、言語ラベルが尺度の両端のアンカーにつけられた0〜

概要と提言

10の数値尺度が推奨される。それはこの方法だと回答の分散度合いが高く、総合的なデータの質が高まり、異なる言語間の翻訳可能性も高まるからである。

● 選択肢の順序は、肯定的な回答と否定的な回答の精神的切り替えを最小限に抑えるために、一貫して提示すべきである（例えば、0〜10にしたり10〜0にしたりしない）。

● 尺度アンカーの言語ラベルは絶対的な回答（例えば、「全くそう思う／全くそう思わない」）にすべきである。それは、黙従バイアスや社会的に望ましいとされる回答をする可能性を最小限に抑え、可能な回答範囲全体を示すためである。

調査文脈

信頼を測る尺度は、それが置かれている幅広い調査環境の中で考察すべきである。文言や回答形式の標準化と同じように、質問群の中での質問の順序に、複数の調査及び異なる時期に行われる調査の間で一貫性を持たせることが、信頼尺度の質と比較可能性を保証する上で、不可欠である。

● 順序効果は、2つ以上の質問が同じ、または非常に関連した問題を取り上げている場合に最も現れやすいので、信頼に関する項目は、一調査内でできるだけ離して配置するか、挿入文を入れることで影響を緩和するべきである。

● 信頼の項目の一覧を用いるときは常に一連の質問を一般的な内容のものから具体的なものへと進んでいくように配置すべきである。例えば、限定的な信頼に関する質問の前に、一般的信頼についての項目を置く。

● 一般的に、信頼に関する質問は、強い感情的反応を惹起する可能性がある項目、または他者あるいは他の組織についての経験を参考にする項目の直後に置かないほうが良い。

● 質問票の設計者は、信頼に関する質問それ自体がそれに続く項目に及ぼしうる潜在的な効果をも、特にそれらが似たような内容を扱っている場合には、等しく検討すべきである。

- 祝日、季節、選挙の影響を最小限に抑えるために、データ収集は1年を通じて様々な日に行うか、または少なくとも複数週にわたって行うことが推奨される。

調査方式（モード）

信頼に関する質問は敏感で、回答者に社会的に望ましい方法で回答するよう仕向けたり、または全く答える気をなくさせたりすることが、実証から明らかである。これは特に制度・組織への信頼尺度に当てはまる。

- 自記式調査は、社会的望ましさバイアスを削減するという点で、面接による調査よりも良い成果を上げている。
- どの調査方式でも、センシティブさに関わる回答バイアスはデータ保護に関する回答者の懸念を減らす（例えば、守秘義務を保証する）ことで、または、調査が行われる状況を制御する（例えば、国勢調査員が自分の社会的アイデンティティを明らかにしない）ことで、削減することができる。
- 対面式の面接しか方法がない場合、親書方式またはItem count法といった画期的な面接方法を導入することも可能である。

回答の癖と文化的文脈

文化の違いによる回答の癖は、共通基準または実際の行動に照らして外部から検証することが非常に難しい。回答の癖があることが確かな場合でも、データの質全体に悪影響を及ぼすとは限らない。

- データ生産者が回答の癖のバイアスの可能性を軽減したい場合、統計の事後調整の方法に頼るのではなく、質問票の設計に注力すべきである。それによって、項目を可能な限り単純で理解しやすく、負担が少ないものにできる。
- 全体的な調査設計（その長さや導入部をどうするかなど）にあたっては、データの質を最大化するために、回答者の負担、意欲、疲労などに特に注意を払う必要がある。

概要と提言

●回答バイアスを引き起こしやすい質問形式は避けるべきである。例えば、「そう思う／思わない」、またそれより程度は低いが、「はい／いいえ」という回答形式は、黙従傾向を惹起しやすい。

今後の研究のために

　組織・制度への信頼、他者に対する信頼双方について更なる研究が必要であるが、特に前者については、方法論的実証が非常に少ない。

●第一に、組織・制度への信頼に関する質問の文言について、実験的テストを用いてどのような具体性（例えば、「国家の利益になるように行動する」「自分のような人々の生活を向上させる」「正しいことをする」など）がどのような制度・組織について最も重要かを明らかにするべきである。こうした実験を複数の国々で行うことが望ましい。

●第二に、肯定的な文と否定的な文を混ぜて使うと、肯定回答も否定回答も軽減することができるといわれているが、同じ尺度の端が、ある項目では肯定を、次の項目では否定的を表すことになるため回答者が混乱するというリスクがあり、それを制御するためにも、このアプローチはさらに試験する必要がある。

●第三に、順序効果について、どのような場合にこうした効果が信頼に関する質問に現れるか、未だ明確ではない。どのような種類の質問またはどのような種類の文脈がどういう効果を引き起こすのかを明らかにするために、より的を絞った方法論の研究を行い、調査設計に更なる情報を提供することが求められる。質問と質問の間に挟む文章が、順序効果を軽減する緩衝材として機能するという実証があるが、信頼に関する質問への影響については、様々な文章でテストするべきである。

●第四に、文化の違いから生じる回答の癖を、例えば実生活における信頼行動や実験ゲームなどの外部の基準に照らして実証する研究が進めば、現在の文化横断的な信頼調査を補強することができる。

27

信頼を測る

このセクションでは、信頼の測定におけるベストプラクティスを説明する。その中には、測る対象の決定、測定への最良のアプローチが含まれている。サンプル設計、調査設計、データ処理、質問票の設計といった問題を取り上げている。

信頼測定のための計画立案

- 測定対象は、常に利用者のニーズを明確に理解した上で決定されるべきである。重要な質問としては、次のものがある。1）政策に関する質問（policy questions）とは何か、2）提示される信頼についての内容は、政策に関する質問に答える上で妥当か、3）提示された尺度で、時間の経過とともに起こる変化を監視したり、人口グループ間の比較を行ったりできるか、4）利用者はどの人口グループに最も関心を持つか、5）利用者の関心は、様々なグループごとの結果の比較か、または信頼の諸側面の関係を理解することにあるのか、6）利用者の主な関心は一般的信頼（generalised trust）、限定的信頼（limited trust）、組織・制度への信頼のいずれにあるのか、そして注目されているのが組織・制度への信頼だとすると、どのような制度への関心が最も高いのか、7）時間の経過とともに起こる変化を監視するために、利用者はどの程度の頻度のデータを必要としているのか、8）一国内の比較では、例えば地理的区分など、どのようなものが必要とされるのか。

- 信頼そのものを測る最良の方法だけでなく、分析目的で信頼尺度と並行して収集すべき他の尺度を何にするか、検討しなければならない。その中には、1）年齢、2）性別、3）婚姻状態、4）世帯の種類、5）子供の有無、6）世帯規模、7）地理的情報、8）移民の地位／出身国／入国年などが含まれる。

- 上記の必須とされている人口統計の尺度に加えて、いくつかの追加変数も有益である。1）家庭で話す言語、2）居住地域（都市部／農村地帯）、3）所得、

概要と提言

4）資産、5）雇用形態、6）学歴、7）健康状態、8）社会とのつながりとネットワーク、9）市民参加とガバナンス、10）個人の安全と犯罪被害、11）主観的幸福、12）民族、13）宗教。

調査と標本設計

サンプリング

●信頼に関する質問への回答は本質的に個人的なもので、したがって測定の単位も個人でなければならない。つまり、標本抽出枠は、個人、または世帯の場合は全ての個人に面接をしたかのように代表標本を抽出しなければならない。

●一般的に、信頼尺度は成人人口（15歳以上）から収集される。

データ収集の頻度と調査期間

●信頼をどのくらいの頻度で測るべきかということについて、あらゆる偶然を考慮して明確な指針を示すことは不可能である。それは、考えられるデータ利用目的の範囲が広く、データが必要とされる頻度が利用目的と問題となる尺度の種類などによって様々だからである。

●幸福度を把握するためや、社会関係資本の傾向を評価するためには、1年に一度の調査が頻度として最低限必要である。

調査期間

●調査期間（情報収集にかかる期間）は、信頼尺度にとって重要である。学歴や婚姻状態などの尺度は、1年のうちのどの時点でデータが集められたかということが問題にならないが、信頼度には、データがいつ収集されたものかということが影響を及ぼしうる。

●信頼のデータの調査は、1年を通じて、祝日を含む1週間の全ての曜日に行われることが理想的である。それによって信頼尺度は、1年間についての全体像を提供できるだろう。調査期間を1年間取れない場合は、可能な限り調査が全ての曜日に均等に行われるようにすべきである。

29

サンプルサイズ

- どのような調査でも、サンプルサイズが大きいことは非常に望ましい。サンプルサイズが大きければ推定標準誤差が小さくなり、信頼の推計がより正確になり、また母集団のサブグループのクロス集計と結果分析を行う上で自由度を増すからである。信頼尺度に関しては、分析的関心の高い分野と関連する信頼の変動が比較的小さいため、サンプルサイズは特に重要である。

調査方式（モード）

- データの質という点で、視覚的補助カードを使ったコンピュータ支援自己面接／コンピュータ支援個人調査（CASI／CAPI）が、信頼データの収集にとって最も適していると見なすべきである。面接者が立ち会うことで回答者との間に強い信頼関係を築くことができる一方で、視覚カードがデータの質の向上に寄与する。
- CASIによって面接情報の機密が保護されれば、回答者が微妙な質問に対して本当のことを言いたくないと思ってしまう可能性が減る。
- 他の調査方式が用いられる場合には、データ生産者は調査方式の影響を推計できる情報を集めることが重要である。特に国立統計局は、調査方式の影響が信頼の中核的尺度への回答に及ぶかを試験的に調べ、その結果をCATIまたはCASI調査の結果と併せて公表すべきである。

調査枠組み

- 主な関心が信頼、ガバナンス、社会関係資本にある場合、特に信頼に焦点を当てた特別な質問群を構築することが適切な場合がある。特に、信頼のデータを利用して社会関係資本を測る、またはガバナンスを評価する場合がそれに該当する。
- 信頼尺度は多種多様な文脈で分析的関心を引くので、信頼に関する質問の範囲を限定すると様々な調査に含めることができる。

概要と提言

質問の配置

- 信頼に関する重要な質問は、調査の中核的部分に含めるべきである。全ての調査で信頼に関する質問を最初に置くのは不可能だが、信頼に関する質問を調査質問票の固定された部分に含められれば、文脈効果によって生じるバイアスが分析に及ぼす影響を制限することができる。これでバイアスが消えるわけではないが、人口グループ間または時系列での差異の分析には影響しない。

- 信頼に関する質問は、信頼について回答者に予備知識を与えそうな質問や、回答者が信頼に関する質問への回答を決める際に経験則（ヒューリスティック）として用いそうな質問の直後には配置しないようにする。そうした質問には、社会的つながり、犯罪被害、政治的信条、リスク、不安などに関する質問が含まれる。信頼に関する質問の前に配置するのに最適な質問は、人口統計に関するものである。

- つなぎとなる質問は、回答者の注意を再度喚起するために用いるべきである。しかし、つなぎの質問それ自体が文脈効果を引き起こす恐れがあることを考慮することが重要である。例えば、回答者は、自身の生活に注意を向けさせられることで、それに続く他者への信頼に関する質問に回答する際にも、見知らぬ人ではなく個人的な人間関係に注目する可能性がある。効果的なつなぎの質問を開発することが、今後の優先課題である。

- 質問のトピックを分けるには、導入文を用いるべきである。言葉を選んだ文を各質問またはトピックの前に挿入すると、信頼に関する質問と微妙な質問との緩衝材になり得る。様々な導入文の影響について、さらに認知テストや実験的分析を行うことが有益である。

質問の順序

- 質問群の順序に関して、実証によると、一般的な内容から絞り込んだものへと移っていくのが最良のアプローチである。他者への信頼について、一般的信頼に関する質問は、限定的な信頼に関するより具体的な質問よりも前に配置すべきである。また、他者への信頼に関する質問は、制度・組織への信頼に関する

31

質問よりも前に置くべきである。それは、制度・組織への信頼の方がより具体的で、重大なプライミング効果を引き起こしやすいからである。

●制度・組織への信頼に関する質問は、よく知られている制度・組織から始まり、知名度が低いものへと進むようにすべきである。異なる組織・制度への信頼水準を比較することが重要な場合、質問の順序は回答者ごとに無作為にするべきである。全ての標本についてそれを行えない場合、パイロットテストでは質問の順序を無作為にして、測定された信頼に含まれるあらゆるバイアスの大きさがわかるようにすべきである。

質問の翻訳

●下訳は、目的の言語を母語とし、原語が堪能な少なくとも2人の翻訳者が別々に行うことが望ましい。翻訳者は、調査の目的を理解し、元の質問票の背景、由来、技術的詳細及び目標母集団の性質に精通しているべきである。どのような調査の設計にも共通することだが、調査を実際に導入する前に認知的面接テスト（cognitive interviewing）とフィールドテスト（field testing）を行って、結果を審査しておくべきである。

質問票の設計

●本ガイドラインには、信頼を測るための5つの原型となる質問群が収録されている。質問群Aには、一連の「中核的尺度」が収録されており、その中には、国際比較をする際の基準を形成し、信頼を測るどのような取り組みにおいても優先して収録すべき主要尺度である一般的な他者への信頼が含まれている。

●質問群Aには、妥当性の実証と政策的関連性が最も強く、ある程度の国際的調和を達成するのに最もふさわしい質問が収録されている。この中核的質問群は、本ガイドラインに収録されている他の質問群とは異なり、内容に大幅な変更を加えることなく全てが用いられることが意図されている。

●質問群B～Eは、それぞれが信頼を測るための異なるアプローチに焦点を当てている。これらの質問群は全体がそのまま変更されずに使用されることを意図

概要と提言

しているのではなく、国立統計局が独自の質問票を開発する際の資料を提供している。

調査の実施

● 面接者の訓練は、どのような調査でも、回答の質を確保する上で不可欠である。信頼に関する質問への回答者の態度を巡るリスクを管理するために、面接者はその質問が測ろうとしている概念についてだけでなく、収集された情報がどのように用いられるかということについても、精通しているべきである。

● 信頼尺度は、回答者が回答する上で比較的問題がないということが、実証から明らかである。他者への信頼尺度への無回答率は、婚姻状態、学歴、雇用形態といった項目のそれと同程度で、所得の尺度より遥かに低い。制度・組織への信頼に関する質問の場合、無回答率はそれより幾分高いが、それでも所得に関する質問の場合よりは低い。これは、一般に信頼に関する質問を回答者が問題ないと認識していることを示している。

● 通常のデータクリーニングの手続きには、数値の置き換え、レコードの重複や喪失、不完全回答、逸脱回答、または正しい回答経路を取らないといった明らかな誤りを探すことが含まれる。信頼のデータに特に関連する問題がある。特に、同じ尺度を用いた複数の質問からなる質問群が用いられる場合、データクリーニングには回答セットのチェックも含めるべきである（第3章参照）。

信頼データの公表と分析

信頼尺度のアウトプットと分析は本質的に複雑で、提言を簡潔に一覧にすることは容易ではない。以下では、信頼のデータのアウトプットに関する一般的な提言を、結果の解釈や信頼のデータを分析する際の問題に関する情報と合わせてまとめている。

33

信頼データを報告する

信頼のデータの報告を任されているアナリストは、重要な伝達者の役割を担っており、対象とされている利用者とそのニーズを考慮すべきである。信頼のデータの出力方法はいくつかあり、それぞれに長所と短所がある。

- 信頼の水準の提示の仕方には、各カテゴリーの回答頻度、ある閾値を上回った、または下回った割合、中心傾向尺度（平均値、中央値、最頻値）などがある。
- 最良の公表慣行にふさわしいルールには、閾値に恣意的なラベル（例えば、高い、低い）を用いない、平均値をデータの分布についての情報、例えば標準偏差によって補うなどが含まれる。
- 時間の経過とともに起こる変化は、信頼度の平均値の時系列変化を追うことで、または複数の異なる時点の平均値の変化を計算することで観察できる。
- グループ間の差は、時間の経過とともに起こるグループ間の差をある閾値との比較で提示することで、または特定の回答を選んだ回答者の割合の差を（絶対値または割合で）提示することで、調べることができる。
- グループ平均と併せて、サンプルサイズと標準誤差の双方を提示すべきである。

信頼データを解釈する

信頼データを解釈する上で最も重要な問題は、実生活での観測値の間の何を「小規模」または「大規模」な差と見なすべきなのか、また測定の不自然な結果（measurement artefacts）や測定誤差の影響で現れる差がどの程度かということである。本ガイドラインは、既存のデータについてこれまでに見られた差の大きさ（人口グループ間、各国間、過去と現在の間）を明らかにする最初の試みであるが、多くの差が依然として（分析されずに）残されており、信頼のデータ領域全体についての知識は、より良質で頻度の高いデータが利用できるようになるまでは、依然として制限されるだろう。観測値の間及び観測値内

概要と提言

（時系列）の差異の大きさは、様々な要因の影響を受ける可能性があるので、解釈にあたってはそのことを念頭に置く必要がある。その要素としては、以下のものが挙げられる。

- 回答尺度がもたらす制約
- 逆因果関係の問題
- 信頼の推定に対してあり得る文化の影響

信頼データの分析

　信頼データの健全な分析には、因果推論ができるデータを利用できることと、標準的な人口変数や制御変数を含む関連の共変量が願わくば同じ調査で収集されていることが求められる。分析単位の選択——個人レベルで変数を考慮するか、または国レベルかの選択——が問題となる。さらに、共同体の性格も信頼の水準に影響することが多く、信頼の集計値は、個人レベルの幸福度の結果に影響を及ぼす。

　信頼データを扱う時には、共通の計量経済学的課題を念頭に置くことが非常に重要である。その中には欠落変数のバイアス、過剰識別制約、逆因果関係、共通方法分散などがある。

今後の研究への期待

　本ガイドラインは、信頼の測定についての最終決定を目指しているわけではなく、また信頼の測定について公式の国際標準を開発しようとしているわけでもない。公式の統計標準は公的統計の重要な部分ではあるが、問題となる尺度がよく理解されている場合、そして国立統計局が追求するよく開発された統計活動が存在する場合には、そうした統計標準を作成することが妥当であるが、信頼尺度の場合はこうした条件がまだ満たされていない。本ガイドラインの目

的は、むしろ、公的統計のあちこちで測定が行われているが依然として測定方法が一貫していないという現状と、公式の統計標準との格差を埋めることにある。本ガイドラインは、国立統計局に信頼のデータをもっと体系的に収集するように奨励することで、つまり国立統計局がその調査に国際的に比較可能な中核的質問を含めるよう奨励することで、実証基盤（エビデンス・ベース）の開発を支援することを目指している。将来的には、こうしたエビデンス・ベースが信頼を測るための国際統計標準の開発を決定する根拠となるかもしれない。

第1章

信頼を測る —— 序論

　本章では、本ガイドラインが作成された経緯について論じる。本章の第1節では、本ガイドライン作成の動機から始まって、信頼を測るより良い尺度へのニーズを生み出しているいくつかの主立った国際的イニシアチブを明らかにする。第2節では、本ガイドラインの範囲と目的を収録し、本書全体の構成と内容の概要を提供する。

第1節　はじめに

　信頼は、個人の幸福（well-being）にとって、またより広く社会にとって、根本的に重要な概念である。個人レベルでは、人々は快適に暮らすために日常生活で交流する共同体の他者に対して信頼感を持つ必要がある。社会レベルでは、信頼は社会をスムーズに機能させる上で不可欠である。私たちが行う日々の交流には、交流する人々に対するある程度の信頼が関係しており、こうした交流の中にある信頼こそが、実際に世界経済の繁栄を後押ししているのである。ノーベル賞受賞者ケネス・アロウは、次のように述べている。「実際、あらゆる商取引の中に信頼という要素がある。ある期間にわたって行われるどのような取引ももちろんそうだ。世界の不景気の多くは互いの信頼の欠如で説明がつくという主張は、もっともらしい」（Arrow, 1972, p.357）。

　重要なのは、他者への信頼だけではない。制度・組織への信頼も社会の成功を支えている。議会、行政府、司法制度、警察などに対してある程度の信頼がなければ、共同体は効率的に機能できず、その国に居住する個人が自分の望む生活を送ることもできない。制度・組織に対する信頼の醸成には、それが目標を達成する能力があって有効であるだけでなく、公正性や公平性といった市民の期待を反映する価値に一貫して基づいて運営されている必要がある。

　信頼が重要だという認識は広く共有されているが、信頼の測定の歴史は、特に公的統計においては長くない。その原因の一部は、信頼の様々な尺度の妥当性と信頼性（reliability）についての実証が不足していること、そして最近まで、そのような測定基準に対して強い政策的需要がなかったことにある。しかし、こうした状況は急速に変化し始めている。最近の様々な政策的イニシアチブから、ガバナンスの質、社会的結束、市民参加を向上させることと、幸福と経済実績の向上の要因をより良く理解することを目指す政策に情報を与えるために、信頼——他者への信頼と制度・組織への信頼の双方——のより良い尺度

が早急に必要であることが強調されるようになってきた。

　本ガイドラインは、信頼の測定におけるベストプラクティスを論じ、国際比較の基礎となり得る中核的尺度を提案し、国立統計局に信頼尺度をその定期的な世帯調査に含めるよう奨励することで、信頼という概念を公的統計で測定可能なものにすることを目的としている。本ガイドラインは、データ生産者による信頼尺度の収集、報告を支援するとともに、信頼データの利用者が測定への様々なアプローチとそれが分析にもたらす含意を理解する手助けをすることを意図している。

第2節　信頼を測るガイドライン作成の動機

2.1　最近の取り組み

　社会における信頼の水準についての懸念は、非常に時宜を得た問題である。2008年の金融危機以後、広範にわたる官民双方の制度・組織（銀行など）に対する人々の信頼は、ほとんどのOECD諸国、特に最も深刻な打撃を受けた国々で急落した。その中で、OECD加盟諸国首脳は「雇用、公平性、信頼」をテーマに掲げた2013年のOECD閣僚理事会で、OECDに対して公的制度に対する信頼がどのように経済の動きと人々の暮らし良さを形成しているかをより良く理解するための取り組みを強化して、その主な要因を明らかにするよう要請した。この委託を受けて、人々の公的制度に対する信頼を回復させたいと考えるOECD加盟国政府に方法論的、実践的な指針を提供することを目的とした、OECD信頼戦略（OECD Trust Strategy）という2年にわたるイニシアチブが始まった。

　信用できる信頼尺度を開発することの重要性は、OECDのより良い暮らしイニシアチブ（Better Life Initiative）の中で、これとは別に強調されてきた。2011年以来、隔年で発表される報告書『幸福度白書（How's Life?）』では、他者への信頼を測る尺度が現在の社会関係資本の尺度として用いられてきたが、

制度・組織に対する信頼は同報告書では市民参加とガバナンス（いずれもこの
イニシアチブで現在の幸福の11側面の1つとされている）の一指標と見なされ
てきた。2015年版以降の『幸福度白書』では、他者への信頼も制度・組織へ
の信頼も社会関係資本の尺度として収録されている（『幸福度白書』第3章
「未来の幸福のための資源」に収録）。「社会とのつながり」という分野におけ
る統計的問題を論じる場合、『幸福度白書』は次のように述べている。「特に他
者への信頼に関して十分な知識があるそれらの尺度のために、公的統計を標準
化し、データ収集を定期的に行う必要がある」（OECD, 2011）。同様に、『幸福
度白書』では、市民参加とガバナンスという分野における測定を改善するため
のいくつかの取り組みを明らかにし、次のように述べている。

　……自国の民主的機関の質を人々がどう見ているかを評価するのにも、優れた
　指標の開発が必要である。民間の調査には、市民参加とガバナンスを評価する
　ための設問があるものが多いが、そうした調査は一般に対象地域が狭く、サン
　プルサイズも小さく、標本抽出手順も不適切である。したがって、公的な大規
　模調査に、市民参加と公共機関への信頼に関する質問を取り入れる取り組みが
　なされるべきで、それには、定期的に実施される調査に2〜3の質問を周期的
　に盛り込むと同時に、（実施頻度が比較的少なく）目的を特化した調査にもっ
　と細目にわたる質問を織り交ぜることも考えられる。これは、すでに一部の
　OECD加盟国では行われている（例えば、米国の「人口現況調査（Current
　Population Survey, CPS）」の投票と市民参加に関する特別調査）。

　OECDに限らず、統計機関（statistical community）は現在、2015年9月に
国連総会で可決された国連持続可能な開発目標（Sustainable Development
Goals, SDGs）の測定基盤を改善するという課題を抱えている。特に、SDGsの
目標16（「持続可能な開発のための、平和で誰もが受け入れられる社会の推進、
全ての人が司法制度を利用できる環境の整備、誰もが利用できる効果的かつ責
任の所在が明確な制度のあらゆるレベルでの構築」）は、ガバナンス、制度の

第1章　信頼を測る ──序論

質、政治参加に明確に焦点を当てている。明確に述べられていない場合でも、
他者への信頼、制度・組織への信頼は、包摂的で持続可能な成長を支える公共
財とグローバル・コモンズを保護するために必要な行動と政策にとって、必須
の前提条件である。

　こうした政治的要請に応えて、統計機関は様々な新しい測定イニシアチブを
開始している（United Nations, 2015）。2014年9月にカーボヴェルデ共和国で
行われた会合には各国統計局の代表者と専門家が集まり、国連統計委員会の後
援を受けて設立されるガバナンス統計に関するシティグループ（City Group
on Governance Statistics）の任務案を作成した。このようなグループの創設は
2015年3月の国連統計委員会で合意された。このグループはプライア・グルー
プ（Praia Group）と呼ばれ、現在はガバナンス統計のハンドブックを作成し
たり、SDGsの目標16に関連するガバナンス措置について助言を行ったりして
いる。プライア・グループのプログラムは様々な作業の流れに関与しており、
人々の公的・組織制度に対する信頼、彼らの様々な制度・組織の実績に関する
経験、汚職に関する経験などを含む、ガバナンスの様々な要素を網羅している。
プライア・グループの権限の範囲から、このグループは部分的に情報交換の場
所として機能し、ガバナンスの様々な側面を測定した異なる情報源からの助言
と指針をまとめている。そのような文脈から、本ガイドラインはプライア・グ
ループへのOECDの主な寄与の一部をなしているということになる[1]。

　上述の具体的なイニシアチブに対するより良い信頼尺度の寄与だけでなく、
本ガイドラインは、主要な経済、社会、環境的成果の尺度の向上を目的とする
OECDのより広範な研究プログラムの一環として作成されている。2009年の
「経済成果と社会進歩の計測に関する委員会」（アマルティア・セン、ジョセ
フ・スティグリッツ、ジャン＝ポール・フィトゥシが主導）による報告書の発
表に続いて、OECDは同委員会の測定に関する議論を前進させる上で、重要な
役割を果たしてきた。その中には、『幸福度白書』シリーズの報告書（OECD,
2011, 2013a, 2015, 2017a）を通じて、同委員会の提言をOECD地域全体の幸福
（well-being）と持続可能性の定期的な監視と分析に適用すること、特定のコミ

41

ュニケーションツール（Better Life Index）を用いて一般の人々に関与しても
らうことも含まれている。また、主観的幸福や家計の富の配分、労働環境の質
などを測るガイドライン（OECD, 2013b, 2013c, 2017b）を作成して、測定のフ
ロンティアを広げることも含まれている。このように本ガイドラインは、幸福
に関する一貫した統計システムの構築を目指す広範な取り組みの一環として捉
えるべきものである。

2.2　ガイドラインの必要性

　公的統計の場合、統計の質はデータ作成において最良慣行に従うという国立
統計局の公約を基礎としている。これは、国際的に共通した概念、分類、方法
の利用に関わる。「国連の公的統計の基本原則」（2014年）と、多くの国々の
統計法制に、この目標が明文化されている。しかしながら、公的統計の標準は、
単純に完全な形で現れるわけではなく、問題となっている尺度について十分な
理解があるときにのみ、ベストプラクティスについて明確な判断をするために
作成することができる。したがって、公式標準の開発は、必然的に、実験的か
つ非公式のデータ収集から始めることになる。

　いくつかのOECD諸国では、すでに公的統計制度の一環として、世帯調査
を利用して信頼尺度が収集されている。これは、幸福（well-being）、社会関係
資本、社会的結束についてのより良い情報を求める政策当局の需要が高まって
いる結果である。しかし、定期的でタイムリーかつ一貫性のある測定は一般的
とは言えない。多くのEU諸国のようにほとんどの国々では、信頼に関する公
的統計は主な共同体調査の1つ（the 2013 EU-SILC well-being module）に1回
だけ調査質問群が収録されるといった方法で集められたことがあるにすぎない。
それでも、欧州諸国の中には欧州所得生活状況調査（EU-SILC）の各国幸福度
調査や、信頼尺度を含む反復型の一般社会調査（ポーランドの社会的結束に関
する調査や、オランダの社会的結束と幸福に関する調査など）を実施し始めて
いる国がいくつかある。オーストラリア、カナダ、ニュージーランドでは、国
立統計局が信頼尺度を定期的な一般社会調査に含めて収集している。メキシコ

第1章　信頼を測る ——序論

の国立統計地理情報院（INEGI）は、犯罪被害と治安意識に関する調査で信頼を観察している。

　信頼についての公的データの中にはすでに利用できるものもあるが、比較可能な情報のほとんどは公的情報源ではないところから得られる。その中で最も重要なのは、ギャラップ世論調査（Gallup World Poll, GWP）の「制度・組織への信頼」、世界価値観調査（World Values Survey, WVS）、欧州社会調査（European Social Survey, ESS）、欧州生活の質調査（European Quality of Life Survey, EQLS）、そして世界中の多くの国々で実施されているバロメーター（Barometers）調査である。他者への信頼に関する質問は、OECD国際成人力調査（Programme for the International Assessment of Adult Competencies, PIAAC）にも収録されており、技能の習得が人々の他者への信頼の維持、増幅にいかに役立つかを調べるのに用いられている。これらの調査のおかげで、信頼尺度が有益な情報をどのくらい提供できるかということについての理解が大幅に進んだ（第2章参照）。しかし、入手できるデータには、依然として以下のような制約がある。

- 既存の非公的調査の対象範囲は、国という点でも期間という点でも不均等である。
- ほとんどの非公式データは、サンプルサイズが小さい（通常は一国につき1,000人前後）。そのため、各国の人口サブグループの観察ができない。
- 入手できる公的データは国際比較ができず、また一回限りの調査で集められたものが多い。
- どの尺度が様々な目的に最も有益かという基本的な方法論の情報が欠如しており、信頼尺度の政策的有効性の度合いが制限される。

　本ガイドラインの目的は、我々の最良慣行を設定することでこうした問題への取り組みに寄与し、方法論的研究に方向性を与え、国立統計局により多くの信頼データを国際比較可能な方法で収集するよう奨励することである。こうし

43

た目標を念頭において、OECDはその作成に資源を投入した。本ガイドライン
が今度は、信頼データの質と入手可能性に変化をもたらすことを期待している。

第3節　信頼を測るためのガイドライン

3.1　ガイドラインの範囲と目的

　本ガイドラインは、まず第一に、すでに信頼を測っているか、または既存の
調査に加えるかして、新たなデータ収集によって新しい信頼尺度を設計しよう
としている国家統計局向けに作成されている。前者の場合、本ガイドラインは
国際比較可能なデータを作成するためにどの尺度を用いるのが良いか、これら
のデータをどのように公表すれば良いかといった指針を与えることができるの
に対して、後者の場合は、妥当性と方法論的問題についての情報の多くが関連
性があることもわかる。本ガイドラインの主な読者は国立統計局であるが、そ
の理由は、OECDが国際機関で国立統計局が統計及び統計政策に関する委員会
を通じてその活動に直接参加しているからというだけでなく、政策に妥当な信
頼データを得るにはサンプルサイズが大きく質の高い統計が必要で、それを提
供できるのは公的データだけだからである。

　国立統計局以外の信頼データの生産者にも、本ガイドラインは有益である。
上述の通り、現在入手できる信頼データの多くは非公式の情報源からのもので
ある。公的データが相当量集められるまで、今後数年は非公式の情報源から得
られる比較的良質で量も多い、比較可能な信頼データが引き続き主要な情報源
になるだろう。また、多くの学術研究も非公式データを使い続けることになる
が、それはこうした非公式データが新たな変数を追加するときにより柔軟で、
なおかつミクロデータへのアクセスが容易だからである。最後に、本ガイドラ
インはデータの利用者にも有益である。それは本書が信頼データの利用と分析
についての情報を提供するだけでなく、様々な信頼尺度の妥当性と、報告され
た信頼についての様々な測定上の方法論の影響についての実証を提供している

第1章 信頼を測る ——序論

からである。

本ガイドラインの範囲は、個人の他者への信頼と制度・組織への信頼尺度に限定されている。これは、本ガイドラインが国立統計局と彼らが集めるデータの種類を対象としているという実際上の問題のせいであるとともに、政策的関心が最も高いのが個々の市民の信頼だからである。したがって本ガイドラインの主な焦点は、自分の知らない人々への信頼を測る一般的な他者への信頼と、警察、議会、司法制度といった公的制度・組織への信頼を測る尺度に当てられている。信頼の概念と測定できる具体的な信頼の諸側面については、第2章の最初で詳しく論じる。

本ガイドラインの範囲は、信頼を測るための最良慣行について助言を行うだけではないという点に留意すべきである。特に焦点を当てているのは、信頼尺度の関連性と正確性、とりわけ妥当性という観点からの評価である。これは、潜在的なデータ生産者にとって、ある尺度を収集する価値があるか否かを評価する際に妥当性が重要だからというだけでなく、この分野に大きな知識の差があるからである。本ガイドラインは、こうした差の一部を可能な限り埋めるとともに、信頼についての研究に関して戦略的優先事項を学界に対して示すことも目指している。

本ガイドラインの主要素の1つは、データ生産者が独自の尺度を開発する出発点として用い、また国際比較の基礎となる、信頼に関する原型質問群である。特に本ガイドラインの目的は、以下の通りである。

- 各国統計局とその他のデータ生産者が利用できる共通の指針を確立することで、質問票の設計におけるベストプラクティスに基づいて、信頼尺度の国際比較可能性を向上させる。
- 信頼尺度の妥当性と信頼性（reliability）についての知見を整理し、可能な限り、この情報を政府に対する信頼についての既存の調査の実証的分析全体に広げる。
- 各国統計局と研究者による幅広い研究が、信頼尺度の妥当性と信頼性

45

（reliability）の実証基盤（エビデンス・ベース）を広げられるように触媒の役
割を果たす。

● 長期的には、公式の信頼尺度が作成される国の数を増やすことで、持続可能
な開発目標（SDGs）の重要な要素の監視に役立てる。

　最後に、本ガイドラインは信頼の測定についての最終決定を目指しているわけ
ではなく、また信頼の測定について公式の国際標準を開発しようとしている
わけでもない。公式の統計標準は、公的統計の重要な部分であるが、問題とな
っている尺度がよく理解されている場合、そして国立統計局が追求する統計活
動がよく発達している場合にはこうした統計標準の作成が妥当であるが、信頼
尺度に関してはこうした条件がまだ満たされていない。本ガイドラインの目的
は、むしろ、公的統計のあちこちで測定が行われているが依然として測定方法
が一貫していないという現状と、公式の統計標準との差を埋めることにある。
本ガイドラインは、国立統計局に信頼データをもっと体系的に収集するように
奨励することで、つまり国立統計局がその調査に国際的に比較可能な中核的質
問を含めるよう奨励することで、実証基盤（エビデンス・ベース）の開発を支
援することを目指している。将来的には、こうしたエビデンス・ベースが信頼
を測るための国際統計標準の開発を決定する根拠となるかもしれない。

　信頼についてのエビデンス・ベースが発展すると、本ガイドラインの情報は
いずれは時代遅れになるだろう。そのため、本ガイドラインを不変のものと考
えるべきではない。望ましいのは、本ガイドラインの公表後にエビデンス・ベ
ースがどの程度向上しているかを評価するために、しばらくしてから見直しを
行うことである。その見直しでは、ガイドラインそのものの改訂が必要かどう
かを判断し、公的統計制度における信頼の測定の標準化を進めるために取るべ
き次なるステップを明らかにすべきである。

3.2　ガイドラインの構成

　本ガイドラインは4つの章と附録A、附録Bで構成されている。第2章は、

概念、関連性、妥当性の問題を取り上げている。有意義な測定ができるように、測定するものを明確に理解することが不可欠である。第2章の第2節では、学術文献に見られる信頼の主な定義を再検討し、これらが相互にどのように関連しているかを論じることで、この問題を扱っている。他者への信頼と制度・組織への信頼の双方を網羅する信頼の有効な定義を提案している。これは、本ガイドラインが提案する調査質問の基礎となるものである。信頼を測る主なアプローチについても簡潔に解説しており、それが本ガイドライン後半の測定に関する議論をまとめる基礎として用いられる。第2章後半では、統計の質、特に関連性と妥当性の問題に焦点を当てている。信頼尺度が政策当局と一般の人々にとってなぜ、どのように有益かを明らかにし、信頼尺度の正確さについての知見を提示している。

　第3章では、信頼に関する質問の設計に有益な情報を提供する主な方法論の問題についてまとめている。この章は測定誤差、質問の文言、回答形式、調査文脈、調査方式（モード）、回答の癖、文化的文脈といった幅広い項目で構成されている。これらの問題はそれぞれ幅広く、本ガイドラインではその全側面について詳細に取り上げることはしない。各項目の主な焦点は、特に信頼尺度に関わる知見をまとめることにある。信頼の質問設計に特に重要と思われるが、信頼に特化した文献が存在しない問題がある場合、他の分野（例えば、より一般的な主観的な質問の設計）からの実証を引用しながら簡潔に解説している。本ガイドラインの利用者は質問の設計の要点をよく理解しているものと思われるため、ここでは、一から解説するのではなく、信頼に関する質問の設計に特に関連する情報をまとめている。

　第4章は、信頼を測る上でのベストプラクティスについて具体的なガイダンスを提供している。この章は、計画、調査とサンプルの設計、質問の設計（question design）、実施という、調査プロセスの段階別に構成されている。本ガイドラインの他の章よりも規範的である。特に、サンプルサイズ、頻度、調査期間などについて具体的な提言を行い、本ガイドラインの附録にある原型となる質問群に含むべき特定の質問を選ぶ理由を明らかにしている。

第5章は、信頼データの公表と分析に焦点を当てている。この章の主な目的は、このようなデータが過去にどのように報告されていたかという例を含む、信頼データの基本的な記述的公表を支援することである。またこの章では、例えばどの程度の信頼レベルの変化を大幅または小幅と捉えられるかというような、信頼データの解釈も取り上げている。この章ではさらに、信頼データの分析について考察し、もっと高度な分析を必要とするリサーチクエスチョンを持ってデータにアプローチする利用者に裨益している。

　本ガイドラインには附録Aと附録Bが収録されている。附録Aは、公的調査、非公的調査を含む世界中の様々な調査で現在用いられている信頼に関する質問を幅広く収録している。これは、本ガイドラインの本文にある特定の調査に収録されている質問を論じる際の参考資料として、また利用可能な尺度の幅について知りたいアナリストのための情報源となるものである。また、様々な情報源からどのような尺度を入手できるかを理解する一助にもなる。附録Bも信頼に関する質問を収録しているが、こちらは附録Aとは異なる点に焦点を当てている。附録Bには5つの原型となる質問群を収録し、データ生産者が独自の質問を開発するときに出発点として用いられることを意図している。最初の質問群——中核的質問群——には、幅広く利用されることを意図した、限定された尺度を収録している。「主な尺度（primary measure）」は、関連する調査に含まれるべき絶対最低限とされ、国際比較の基礎となる。その他の4つの質問——こちらも記述式として用いられることが意図されている——がそれに続き、信頼の最も重要な種類についての基本情報を提供している。その他の4つの質問群は、信頼に関する情報の把握について、それぞれ異なるアプローチを採っている。中核的質問群とは異なり、これらの質問群はそのまま用いられることを意図しておらず、むしろ独自の質問票を設計しているデータ生産者のための情報源となっている。

第1章　信頼を測る ──序論

第4節　結論

本章の主なポイントは次の通りである。

● 本ガイドラインは、信頼の測定におけるベストプラクティスを設定し、国際比較の基礎となり得る中核的尺度についての指針を提供し、定期的に行われている世帯調査に信頼尺度を含めることを国立統計局に奨励することで、信頼を測定可能なものとすることを目指している。

● 現在、より良い信頼尺度に対する強い政策的ニーズがあり、それは国連持続可能な開発目標（SDGs）などの国際的イニシアチブや、2009年の経済成果と社会進歩の計測に関する委員会が主導してOECDの「より良い暮らしイニシアチブ（Better Life Initiative）」に結実した経済、社会、環境の主要な成果の尺度を改善する作業が明確にしてきた。

● 本ガイドラインは信頼データの生産者と利用者、特に国立統計局を対象としている。その主な焦点は個人の他者に対する信頼と、公的制度に対する信頼尺度である。

● 本ガイドラインは公式の国際標準ではないが、データ生産者が信頼を測る独自のイニシアチブを取ることを支持している。

● 質の高い公式の信頼尺度が利用できるようになれば、新しい情報に照らして本ガイドラインを改定する必要が生じるだろう。本ガイドラインは、各国の経験がある程度蓄積されたときに見直され、信頼の測定の次なるステップについての提言を行うべきである。

注

1. OECDのプライア・グループへの寄与には、隔年で刊行されている『図表でみる世界の行政改革（*Government at a Glance*）』で行われている統計関連の研究や、2016年の欧州統計か会議で実施された公的統計の詳細な審査への助言、2017年版の『幸福度白書（*How's Life?*）』の特集「ガバナンスと幸福（Governance and Well-being）」も含まれる。

参考文献・資料

Arrow, K.J.（1972）, "Gifts and exchanges", *Philosophy and Public Affairs*, Vol. 1, No. 4, John Wiley & Sons, Inc., pp. 343-362.

OECD（2017a）, *How's Life? 2017: Measuring Well-being*, OECD Publishing, Paris. （『OECD幸福度白書4：より良い暮らし指標：生活向上と社会進歩の国際比較』OECD編著、西村美由起訳、明石書店、2019年）

OECD（2017b）, *OECD Guidelines on Measuring the Quality of the Working Environment*, OECD Publishing, Paris.

OECD（2015）, *How's Life? 2015: Measuring Well-being*, OECD Publishing, Paris, *http://dx.doi.org/10.1787/how_life-2015-en*.（『OECD幸福度白書3：より良い暮らし指標：生活向上と社会進歩の国際比較』OECD編著、西村美由起訳、明石書店、2016年）

OECD（2013a）, *How's Life? 2013: Measuring Well-being*, OECD Publishing, Paris, *http://dx.doi.org/10.1787/9789264201392-en*.（『OECD幸福度白書2：より良い暮らし指標：生活向上と社会進歩の国際比較』OECD編著、西村美由起訳、明石書店、2015年）

OECD（2013b）, *OECD Guidelines for Micro Statistics on Household Wealth*, OECD Publishing, Paris, *http://dx.doi.org/10.1787/9789264194878-en*.

OECD（2013c）, *OECD Guidelines on Measuring Subjective Well-being*, OECD Publishing, Paris, *http://dx.doi.org/10.1787/9789264191655-en*.（『主観的幸福を測る：OECDガイドライン』経済協力開発機構（OECD）編著、桑原進監訳、高橋しのぶ訳、明石書店、2015年）

OECD（2011）, *How's Life? Measuring Well-being*, OECD Publishing, Paris, *http://dx.doi.org/10.1787/9789264121164-en*.

Stiglitz, J.E., A. Sen and J.-P. Fitoussi（2009）, *Report by the Commission on the Measurement of Economic Performance and Social Progress, www.stiglitz-sen-fitoussi.fr/documents/rapport_anglais.pdf*.（『OECD幸福度白書：より良い暮らし指標：生活向上と社会進歩の国際比較』OECD編著、徳永優子, 来田誠一郎,

西村美由起，矢倉美登里訳、明石書店、2012年）

United Nations（2015），"Transforming our world: The 2030 Agenda for Sustainable Development", *A/RES/70/1*, United Nations General Assembly, New York.

United Nations（2014），*Fundamental Principles of Official Statistics*, A/RES/68/261, United Nations, Geneva and New York.

第2章

信頼の概念と妥当性

　信頼を測るには、その概念を明確に定義する必要がある。本章では信頼の概念への様々な理論的アプローチを考察することで、その測定を支える有効な定義と概念枠組みを明らかにする。この枠組みでは、他者への信頼と制度・組織への信頼を区別し、さらに他者への信頼を2つのカテゴリー、すなわち知らない人への信頼と、友人や家族、隣人など知っている人への信頼とに区別している。信頼を測るための4つのアプローチを収録しているが、それらは本ガイドラインが提案する質問群のための枠組みを提供している。また本章では、信頼尺度の統計的な質についても、その関連性と正確性に焦点を当てて論じている。他者への信頼と制度・組織への信頼双方の尺度は関連性が高いが、正確性に関しては状況は複雑である。特に、知らない人への信頼尺度の信頼性と妥当性を支持する強い実証はあるが、友人、家族、隣人への信頼という点ではその実証基盤は弱く、制度・組織への信頼ではさらに弱くなる。こうした理由から、本章では知らない人への信頼を公的統計に含めるよう奨励する一方で、友人、家族、隣人への信頼を測る尺度と制度・組織への信頼を測る尺度については、より実験的なものと見なすべきだと述べている。

第1節　はじめに

　本章では、信頼の定義に焦点を当て、信頼尺度の統計的な質に関連する入手可能な実証を要約している。本章前半では、信頼を測るための概念枠組みの要点を挙げる。信頼を測れるようにするには、測定対象となるものの概念と、それが様々な測定アプローチとどのように関係しているかを明確に理解する必要がある。それに続いて本章後半では、統計の質の問題を考察し、特に信頼尺度の関連性と正確性に焦点を当てている。関連性と正確性は、本ガイドラインで対象とする問題に最も関連する「OECD統計活動のための質枠組みとガイドライン（Quality Framework and Guidelines for OECD Statistical Activities)」（OECD, 2008）の要素であるため、ここで考察する統計の質の重要な側面とされている。

　ここで論じる概念枠組みは信頼の本質に関するもので、測定可能な様々な種類の信頼のモデルを提供する。これは、最も関連性のある測定アプローチについて考えるための枠組みと、本ガイドラインの焦点となる種類の信頼を特定する枠組みを提供している。概念枠組みで特定された様々な信頼の種類のうち、他者への信頼と制度・組織への信頼が、本ガイドラインの対象である。これらの幅広いカテゴリーの中で、知らない人への信頼（つまり一般的信頼, generalised trust）は、他者への信頼（interpersonal trust）の中の最も重要な要素とされている。信頼を測るアプローチの類型も考察している。これが、本書の附録Bで述べるように、本ガイドラインが提案する様々な質問群の基礎となっている。

　本章の大部分は、統計の質に関わる問題、特に関連性と正確性に充てられている。関連性（relevance）とは、信頼を測る尺度が、公的統計制度で収集することを正当化できるほど有益である度合いである。本章ではまず、他者への信頼と制度・組織への信頼尺度が政策当局や一般の人々に有益な情報を与える

度合いを取り上げる。正確性（accuracy）——そして特に妥当性（validity）
——は、信頼性の尺度が意図された概念を捉えている度合いを表し、信頼の測
定にとって主要な関心事の1つである。そして次に、妥当性を評価するアプロ
ーチを簡潔に概観した後、表面的妥当性、収束的妥当性、構成概念妥当性とい
う概念で他者への信頼と制度・組織への信頼双方を検討している。ここでは、
本ガイドラインの他のほとんどの部分と異なり、実験的な要素が相当収録され
ており、様々な調査枠組みと時間にわたって信頼尺度に一貫性があるかを考察
している。

第2節　信頼を測るための概念枠組み

　何かを測るためには、その測定対象の概念を明確に理解する必要がある。し
たがって、適切な概念枠組みを開発することが、信頼の測定に助言を行う上で
必須の前提条件である。概念枠組みは、測定対象の概念を有効に定義し
（working definition）、その概念が他の同様のものとどのように関連している
かを明らかにしてくれる。特に、良質な概念枠組みは、測定対象の概念とそれ
に関わるあらゆる次元（dimensions）や要素（components）を明確に定義す
る。この枠組みは、その測定対象の範囲に入るものと入らないものとを明確に
し、その概念を特定の測定方法に関連付けるべきである。

　信頼の場合、適切な概念枠組みが特に重要である。年齢、性別、婚姻状態と
いった比較的わかりやすい概念と違い、信頼は本質的に実態がない。信頼行動
（trusting behaviour）を観察したり、回答者に自分の信頼の度合いを自己申告
してもらったりすることはできるが、そのような信頼を直接観察することはで
きない。そのため、回答者が調査質問の中で信頼が何を意味しているのか、共
通の見解を持たないかもしれないという問題が生じる。

2.1 信頼についての理論

　信頼についての文献は、社会科学の中では政治学、社会学、経済学から心理学まで、幅広い分野にわたって存在する[1]。

　様々な執筆者がその概念を、「人々の性格全体（general outlook on human nature）」「情動的態度（affective attitude）」「人間関係（relationship）」「決定（decision）」「行動（action）」などに分類しているが、ナネスタード（Nannestad, 2008）は一般的信頼尺度についての知見を見直し、彼らが提案した様々な定義を明らかにしている。それによって、本ガイドラインが採用できるような信頼についての1つの合意された定義は存在しないということが浮き彫りになった。それでも、いくつかの統合的なテーマが信頼尺度のほとんどにまたがっており、有益な出発点にできる。特に、ハーディン（Hardin, 2004）は信頼は「知識と信念を伴う認知カテゴリーの中に含まれる」と述べている。このアプローチは他の研究者も繰り返し述べている。モローネら（Morrone et al., 2009）は、期待（expectations）が信頼のほとんどの定義で中心を占めていると述べ、またアスレイナー（Uslaner, 2008）は、信頼の背後にある中心的な考えは、ほとんどの人が自分の倫理観を共有しているという信念であると述べている。同様のアプローチは、政治学（例えば、Rothstein and Uslaner, 2005）から社会学（例えば、Delhey, Newton and Welzel, 2011）、経済学（例えば、Zak and Knack, 2001）まで多種多様な学術分野にまたがって、この問題を取り上げたほとんどの文献で共有されている。

　信頼についてのほとんどの理論的アプローチが共有する共通点の2番目は、1人の人間が自分の利益に影響を与える自由裁量を他者に与えることを含むということである。したがって、そこにはリスクの要素がある。このアプローチを明示的に述べているのはハーディン（Hardin, 2004）だが、いずれにせよ暗黙の前提となっている。信頼は、信頼される人が信頼する人の利益に物理的その他の影響を及ぼす権限を持たなければ、問題にはならない。

　しかし、これらの共通点の他に、信頼の捉え方には大きな差がある。ナネス

タード（Nannestad, 2008）は、信頼には2つの主な理論、すなわち合理的信頼と倫理的信頼があると述べている。この区別は、信頼を他者の信頼に足る性質についての信念と考えるべきか（合理的信頼, rational trust）、またはある人が両親、文化、環境からもらった他者にどう接するべきかという社会規範と考えるべきか（倫理的信頼, moralistic trust）の違いである。後者の場合、信頼とはある人が他者に対してどのように振る舞うべきかということについての信念（どのくらいの信頼を他者に持つべきか）であって、他者が自分に対してどう振る舞うと考えられるかという信念ではないと想定される。

　合理的信頼について最も強い意見を述べているのはハーディン（Hardin, 2004）である。ハーディンは信頼を、「AはBがXすると信じる」という類いの具体的な信頼関係で定義し、信頼の戦略的性質を強調している。特に、ハーディンは「内包化された利益（encapsulated interest）」という概念に焦点を当てている。この定式化では、信頼は、信頼される人または制度・組織が信頼に足る性質を持つインセンティブを持っている場合に現れ、それは信頼する人にとっての利益が信頼される側に内在しているからだとする[2]。彼らの利益が、信頼する側の人の利益を自分のものにしているのである。この内包化された利益の性質——信頼する側の人には、彼らが信頼する対象が彼らの利益を考慮に入れていると信じる理由がある——があるために、ハーディンは信頼は常に「特殊化されている（particularised）」と述べている。人は誰が信頼しているか、誰が信頼されているか、人が信頼されるのは何のためかを明確にしなければならないということである。この考え方では、信頼は信頼される人の信条を条件とし、所与の活動についてとりそうな行動を条件としているので、信頼は戦略的であるということになる。

　それとは別の主な考え方が、倫理的信頼という概念である。アスレイナー（Uslaner, 2008）は、信頼は社会化によって受け継がれるものであって獲得されるものではないと述べている。この考え方でも、信頼は他者の行動の仕方に対する期待ではあるが、戦略的な期待ではない。信頼は、信頼の対象となる人が信頼する人の利益を内包化しているという考え方ではなく、信頼する側の人

生経験と文化的背景に基づいた一般的な態度であると考える。アスレイナーの定式化（formulation）では、信頼とは「ある人々に、その人たちが信頼に足るものとして接する倫理的な掟である」。

　合理的信頼と倫理的信頼との区別が持つ重要な意味は、評判（reputation）の役割にある。ハーディンの考え方では、信頼する人とされる人との継続的な交流の存在があって初めて信頼が可能になる。信頼は、信頼の対象となる人が良い行動をするという信頼する側の期待が、その人が過去の良い行いをしたという評判に基づいているか、または信頼される人の利益が信頼する側のそれと一致しているという揺るぎない合理的理由に基づいているかのいずれかであるという意味で、合理的である。例えば、レストランのオーナーが物品の供給業者が前払いを済ませた後で注文したものが提供されると信頼するのは、もし業者が彼らをだますならば、その業者はレストランとのその後の取引を全て失うことになるからである。つまり、供給業者の利益はこの点においてレストランオーナーの利益を内包化していることになる。これは、信頼についての多くの文献で重要とされている信頼の要素、つまり信頼が人々の交流を促進する力を持っている、または人々が短期的なインセンティブが必ずしも一致しないある一回限りの状況で互いに顔を合わた場合に協調行動を取れるようにする力を持っているという要素を除外しているように見える。多くの商取引やその他の人と人との交流は、大概一回限りで匿名であり、内包化された利益としての信頼を排除しているが、それでもそのような交流は実際に行われている。このように考えたアロー（Arrow, 1972）は、経済発展を促進する上で相互信頼（mutual confidence and trust）が重要だと強調している。

　それに対して、アスレイナーの倫理的信頼の考え方では、信頼する側のインセンティブと信頼される側のそれとが一致しない場合でも、信頼が役割を果たすとしている。このアプローチは、信頼を、複雑な社会で互いに知らない人同士が協力し合うためのメカニズムと捉える見方に沿っている。フクヤマ（Fukuyama, 1995）はこれと類似の考え方をしており、繰り返される行動と共有される社会的慣習双方の役割を強調している。このアプローチでは、信頼は

第2章　信頼の概念と妥当性

「一般に共有される規範に基づいて、規則的で、正直で、協力的な行動をする共同体の中で生じる、同じ共同体の他の構成員に対する期待」と理解される。

　合理的信頼と倫理的信頼双方とも、その概念を態度に関するもの、または人々が持つ信念と期待に関わるものと定義している。もう一つの信頼の定義は、フェール（Fehr, 2009）によるもので、信頼を行動として定義することについて論じている。フェールは、信頼が選好や信念と密接に結びついているが、信頼は一種の行動だと定義するのが最も良いと述べている。フェールのアプローチによると、信頼には2つの要素がある。1つ目の要素は、明らかに行動に関わるもので、信頼する人が他者に対して資源を、それを返してもらえるという保証もなく提供するということである。2つ目の要素は、信頼行動が自分にとって直接的便益になるという信頼する側の期待に関連しているということである。この要素は信頼を利他主義と区別しており、行動ではなく態度や信念と関連している。

　概念的には、フェールの信頼を行動から捉える考え方は、合理的信頼とも倫理的信頼とも矛盾しない。信頼の行動的見方は、信頼する側は、信頼される人が前向きな振る舞いをすると期待しているので完全に抽象化されており、信頼という行動そのものにのみ焦点を当てている。本ガイドラインの視点からすると、このアプローチは信頼を生み出すものは何かという強いモデルをあらかじめ推定しないというメリットがある。その一方で、このアプローチは信頼を、それがどのように生み出されるかという信念とは無関係に研究できる経験的現象として扱っている。

2.2　信頼の種類

　上述の信頼についての理論はいずれも、まず第一に、人による他者への信頼に焦点を当てている。これは、信頼の意味を概念的に確立する上で有益である。しかし、測定の基礎とするには不十分である。特定の個人に対する信頼を問うのか、もっと一般的に他者への信頼を問うのか、あるいは特定の制度・組織に対する信頼を問うのかでは、明らかに大きな違いがある。

59

表2.1は、様々な信頼尺度をどのように組み合わせるかを考えるための1つの枠組みである。この枠組みでは、信頼尺度を第一に信頼関係に関わる関係者という観点で分類しており、様々な状況を非常に包括的に把握できるという利点がある。しかし、個人の信頼を制度・組織への信頼や政治への信頼という異なる要素から区別することに主に焦点を当てているという点で、この枠組みには限界がある。

表2.1　多角的信頼関係の枠組み

誰による／誰に対する	居住者	制度・組織	リーダー
居住者	他者への信頼	制度・組織への信頼	政治への信頼
制度・組織	市民の信頼	制度間の相互信頼	政治・行政への信頼
リーダー	政治への信頼	政治／行政への信頼	多角的信頼

StatLink：http://dx.doi.org/10.1787/888933584032

　制約はあるものの、表2.1の枠組みは本ガイドラインの範囲を狭めるのに有益である。表2.1に掲載されている信頼の種類のうちいくつかは、調査での測定に向いていない（例えば、市民の信頼）か、公的統計の範疇に明確に入らない（例えば、政治への信頼）、あるいはその両方（例えば、多角的信頼）である。制度または組織による信頼は（制度に対する信頼とは逆に）、一般の人々を対象とした調査で測定するのに適しておらず、したがって制度・組織による信頼尺度はいずれも本ガイドラインの対象になっていない。同様に、世帯調査では政治的リーダーを特定して回答者とすることができず、もしこの種のデータを集めない特段の理由がなかったとしても、このグループを対象外にすることになる。しかし、政治家から情報を集めることは、国立統計局の独立性を維持するという観点から、明らかに重大な問題である。そのため、本ガイドラインの対象範囲は比較的狭くなり、人々の他の個人に対する信頼（**他者への信頼**, interpersonal trust）と人々の制度や組織に対する信頼（**制度・組織への信頼**, institutional trust）の2つに焦点を当てている。

　信頼に関する文献で強調されている、他者への信頼の様々な種類の間にある

第2章　信頼の概念と妥当性

いくつかの重要な区別は、表2.1ではよくわからない。例えばデルヘイら（Delhey et al., 2011）は、調査質問の枠組みを作るときは、信頼される人と信頼する人との関係を明記することが重要だと述べている。例えば、家族または親しい友人に対する信頼のレベル（狭義の信頼）は、顔見知りの人、または全く知らない人への信頼（一般的信頼）とは異なると予想される。デルヘイらはまた、知らない人への信頼に関する一般的な質問に答えるときに人々が思い描く人間関係は、国によって大きな違いがあると指摘している。こうした差異が経験的にどの程度重要かは、本書の妥当性についての節で詳しく論じる。

　デルヘイら（Delhey et al., 2011）が挙げたこうした問題と似たようなものは、制度・組織への信頼の場合にも当てはまる。特に、検討対象となる特定の制度・組織は、人々がそれに対して持つ信頼の度合いに非常に大きな意味を持つ[3]。制度・組織への信頼を単体のものと見なすことは概念上は可能だが、警察、裁判所、議会、銀行といった特定の制度・機関への信頼の方が実際的な関連性がはるかに大きいと考えられる。

　測定の観点からは、厳密にどの制度・組織または人々への信頼を測るべきかを決めることは、重要な問題である。利用者のニーズがどの制度・組織または人々が測定の観点から適しているかを決める1つの重要な指針となることは明らかであるが、実証分析的配慮もある。密接に関連した制度の間の違い（例えば、立法府と行政府）を回答者が常に明確に理解しているとは限らないし、たとえ理解している場合でも、関連するあらゆる機関についてはっきりと意見を持っているとは限らない。同様に、例えば個人的に知っている人に対する信頼を問う質問と、近所の人や知らない人に対する信頼を問う質問との対比のような、概念的に重複する質問への回答が異なっているかどうかは、大きな問題である。世界価値観調査には、様々な人々と制度・組織に対する信頼を問う幅広い質問が収録されている。その実証によると、異なる制度・組織や異なるグループの人々への信頼には違いがあるものの、信頼を問う質問においてそれらを過度に区別することには、実際的な価値はほとんどない（コラム2.1）。

コラム 2.1 何種類の信頼を測ればよいのか

　信頼に関する学術文献には、様々な種類の信頼を把握するための多種多様な尺度が収録されている。様々な政府機関（例えば、議会、公共サービス、政党、現政権）を区別し、様々な人々（例えば、近所の人、ちょっとした知り合い、家族、初めて会った人）を区別している。多くの筆者はこのような区別は信頼を有意義に理解する上で不可欠だと述べている（例えば、Delhey, Newton and Welzel, 2011; Hardin, 2004）。自分の家族への信頼と個人的に知らない人への信頼との間に違いがあることは、容易に想像がつくため、このような考え方には明らかに直感的な妥当性がある。しかし実際には、主な問題はこうした概念の違いが統計的に有意かどうかということである。もし、回答者が自分の家族への信頼と、個人的に知らない人への信頼についての質問に同じ回答をするとしたら、この2つの概念についての情報を別々に集める理由はほとんどないことになる。

　世界価値観調査（World Values Survey, WVS）は、信頼の異なる尺度が異なる因子をどの程度把握できるかを検証した、有益なデータベースである。WVS第6ウェーブには、18種類の信頼に関する質問を収録して6万8,486人から回答を得ており、いかに異なる回答がまとまっているかの統計上の分析が可能になっている。表2.2は、WVSの信頼に関する質問の主成分分析の結果で、異なる質問がそれぞれ本質的に異なる情報を収集している度合いを明らかにしている。

　この表は、WVS第6ウェーブから信頼に関する質問18問を選び、これらがデータセットの分散を最もよく説明する比較的少数の「潜在的」因子を反映している度合いを明らかにしている。信頼の各尺度について、列の数値が大きいほど、その尺度がその列に関連する潜在的因子とより強い相関を持っているということになる。例えば、因子2は政府、政党、議会、公共サービスで数値が大きいが、これはその潜在因子が政治制度と関連があることを示している。因子2の裁判所への信頼の値0.4185は、より広義の政府機関への信頼と明らかに関連しており、その度合いは軍隊への信頼（0.1342）よりはるかに大きいが、中核的な立法府、行政府ほど大きくはない。

　表2.2の分析によると、5つの異なる因子がWVSに収録されている18の信頼に関する質問の（個人間の）全分散の65％を占めている。これらの因子は以下の通りである。因子1：非政府機関への信頼（主要企業、銀行、大学、環境団体、

第2章　信頼の概念と妥当性

表2.2　信頼尺度の次元性（世界価値観調査）

変数	因子1	因子2	因子3	因子4	因子5
政府（自分の国の首都にある）	0.1752	0.7480	0.0335	0.3271	0.0597
政党	0.2352	0.8235	0.0803	0.1339	0.0695
議会	0.2604	0.8302	0.0703	0.1655	0.0550
公共サービス	0.3710	0.6175	0.0795	0.2346	0.0994
軍隊	0.2348	0.1342	0.0597	0.7278	0.0983
警察	0.1687	0.3064	0.0662	0.7708	0.1152
裁判所	0.2387	0.4185	0.0600	0.6510	0.0643
主要企業	0.7160	0.2356	0.0381	0.1722	0.0639
銀行	0.6384	0.2744	-0.0369	0.2069	0.0878
大学	0.6355	0.2135	0.0764	0.2474	0.0470
環境団体	0.8024	0.1589	0.0919	0.0753	0.0569
女性団体	0.7783	0.1101	0.1463	0.0629	0.0437
自分の家族	0.1084	0.0336	-0.0637	-0.0120	0.7179
自分の近所の人	0.0415	0.1176	0.1914	0.1260	0.7572
個人的に知っている人々	0.0461	0.0336	0.3150	0.1434	0.6838
初めて会った人々	0.0250	0.1079	0.6301	0.0688	0.3439
自分と異なる宗教を信仰する人々	0.1019	0.0426	0.8892	0.0437	0.0549
自分と国籍が異なる人々	0.1230	0.0502	0.8862	0.0437	0.0610

StatLink：http://dx.doi.org/10.1787/888933584051

注：抽出方法：主成分分析。回転法：バリマックス回転法とカイザー正規化。全分散：65.3％。クローンバック・アルフ
　ァ係数：0.8844。
出典：OECD事務局算定。データ源：世界価値観調査（World Values Surveys, WVS）第6ウェーブ（データベース）
　（www.worldvaluessurvey.org/ WVSDocumentationWV6.jsp）（OECD信頼データベース収録）。

女性団体）、因子2：政治制度への信頼（現政権、政党、議会、公共サービス）、
因子3：知らない人への信頼（初めて会った人々、国籍が自分と違う人々、宗教
が自分と違う人々）、因子4：治安組織への信頼（軍隊、警察、裁判所）、因子5：
回答者が知っている人々への信頼（家族、近所の人々、知り合い）。これらの幅広
い結果は、制度・組織への信頼のみを観察した場合、他者への信頼のみを観察し
た場合などの異なる仕様に対しても頑健で、WVSの別の調査でも同様である。

　同様の因子分析は、他の研究者も行っている。ネフとシャップ（Naef and
Schupp, 2009）は、ドイツ社会経済パネル調査を用いて3因子モデルに焦点を
当て、他者への信頼には自分が知っている人への信頼に関わる因子と知らない人
への信頼に関わるものとの2つの因子があり、制度・組織への信頼にはそれとは

63

異なる第3の因子があることを明らかにしている。アスレイナー（Uslaner, 2002）も同様の結論を出しているが、一般的信頼についての標準的なローゼンバーグ質問（Rosenberg, 1957; 下記参照）が自分の知っている人より知らない人への信頼の因子と関連があるという重要な情報を追加している。シュナイダー（Schneider, 2016）は、東欧と旧ソ連の35か国に的を絞って制度・組織への信頼の次元性（dimensionality）を検証する分析を行い、政治組織への信頼と治安組織への信頼との間には表2.2で明らかにされたのと同様の分裂（similar split）があることを明らかにしている。ただし、シュナイダーは非政府組織についての検証は行っていない。

　この分析から、他者への信頼と制度・組織への信頼の間には概念的な区別が顕著にあることが確認され、これら2つのカテゴリーそれぞれの中に明らかに異なる従属的次元があることがわかる。しかし、信頼の異なるカテゴリー間でしばしば行われるより詳細な区別の多くは、これまでの経験からそれほど有益な情報を提供してくれるわけではないということも浮き彫りになっている。これは必ずしも、信頼についてより具体的な質問をすることに価値がないということではない。信頼についての様々な質問は、それらが同じ事柄を測定しているからという理由以外の理由で相互に密接に共変する場合がある。もし利用者に十分に強いニーズがあれば、密接に関連する概念の間の相対的に小さい違いでも重要である可能性がある。しかし、どの信頼尺度を集めることが有益かを決めるときに、相対的に狭い範囲の尺度が最も重要な側面を網羅するということを示唆している。

2.3　信頼の定義

　信頼の測定について指針を示すためには、様々な種類の信頼についての説明から始まって、本ガイドラインの対象となる、より具体的な定義へと進むことが重要である。前述のように、本ガイドラインは**個人の他者への信頼**と**制度・組織への信頼**に焦点を当てている。信頼の広義の定義が採用されている。明確で直感的に認識できる定義であり信頼の広義の概念をより具体的なカテゴリーへと分解する基礎となり得る定義である。本ガイドラインにおいては、信頼は以下のように定義される。

第2章　信頼の概念と妥当性

　ある人が持つ、他者または制度・組織が一貫して前向きな行動をするという
期待に沿って行動するだろうという信念。

　この定義には2つの基本要素がある。1つ目は、この定義が行動についての
信念または期待に焦点を当てていることである。これは、学術文献に見られる
信頼の全ての説明と一致している。2つ目の要素は、前向きな行動への期待に
焦点を当てていることである。言い換えると、信頼は、信頼される人が一貫し
て期待に沿った行動をするだけでなく、その期待が良い行動をすることへの期
待だということことである。平たく言えば、有名な泥棒は物を盗む好機を捉え
られるという信頼がある、と言うことはできるが、ここで言う信頼はもちろん
本ガイドラインが測ろうとしている概念ではない。

　前述の信頼の理論の中で、ここで用いられる定義はフェール（Fehr, 2009）
が提案したものに近く、信頼の形成のされ方について特定の立場を取っていな
い。ここで採用されている定義とフェールの純粋に行動に注目した定義との主
な違いは、ここでの定義が**行動**よりも**信念**に焦点を当てていることで、そのた
め、行動が観測できない状況でも測定することができる。この定義は表2.1の
枠組みの中にも収まる。つまり本ガイドラインにおいては、信頼はリーダーま
たは組織・制度による信頼ではなく、**個人による**信頼と理解されるべきである。
反対に、信頼の対象は幅広く、他者と組織・制度の双方が含まれる。これは、
他者への信頼と制度・組織への信頼のいずれもが政策に関わるということを反
映している。

　他者への信頼と制度・組織への信頼の区別に加えて、測定対象となる信頼を
具体的に正確に分類することも重要である。コラム2.1で述べた因子分析を元
に、他者への信頼は2つのカテゴリー、制度・組織への信頼は3種類が特定さ
れている。他者への信頼について本ガイドラインは一般的信頼（generalised
trust）と限定的信頼（limited trust）とを区別している。一般的信頼とは、回
答者が知らない人々への信頼、または信頼の対象となる人が特定されない状況

65

における信頼を指す。この概念は、いわゆるローゼンバーグ質問で測定される概念である。これは、1957年に初めて導入された以下の質問である。「一般的に言って、ほとんどの人は信頼できると思いますか、それとも人と交流するときは非常に気をつける必要があると思いますか」。これは、回答者が知っている人々（家族、友人、回答者の近所に住む人々など）に焦点を当てる限定的信頼と対比できる。本ガイドラインの残りの部分全体で、他者への信頼という用語は、一般的信頼と限定的信頼の双方が当てはまる状況で用いられるが、より狭義の用語はもっと具体的にする必要がある場合に用いられる。後述するように、一般的信頼は政策との関連性が強く、他の利益との結びつきについても強い実証があるため、本ガイドラインでは一般的信頼に主に焦点を当てている。

　制度・組織への信頼は、あらゆる種類の制度・組織への信頼を指すのに用いられるのに対して、政治制度、治安組織・制度、非政府組織への信頼は、より狭い概念を指すときに用いられる。特定の制度・組織への信頼に対する政策的関心は高いが、回答者がこれらのカテゴリーを有意義に区別できることを示す実証的裏付けはほとんどない。そのため、本ガイドラインでは一般的信頼と限定的信頼の区別ほどには、これら3つのカテゴリーを用いない。

　制度・組織への信頼については様々な種類の制度の区別に加えて、2番目に重要な概念的区別がある。制度・組織への信頼についての学術文献（例えばNooteboom, 2007）に共通するテーマは、「能力に対する信頼」（制度の機能がその制度の能力に対する人々の期待に合致しているか）と、「意図に対する信頼」（制度が、人々が倫理的で公平だと受け止めて行動しているか）とを区別することである。これらの区別はブッカート（Bouckaert, 2012）に詳しい。ブッカートは、信頼が結果から因果的に得られるとする「結果の論理（logic of consequences）」と、信頼が誠実さと透明性という価値に基づいているとする「適切性の論理（logic of appropriateness）」とを区別している。行動の結果と行動を導く意図との区別は、OECDの信頼枠組みの基礎となっており、OECDの公共ガバナンス委員会で承認されている。この枠組みでは、制度・組織への信頼の2つの構成要素、つまり能力と価値を定義している。各要素の中

で政策変更に適した次元（dimensions）が、文献（Mcknight, Choudhury and Kacmar, 2002）の中の共通の理念と、この実証のOECDによる更新（OECD, 2017a）に基づいて特定されている。特定されている5つの次元とは、即応性（Responsiveness）、信頼性（Reliability）、公正性（Integrity）、開放性（Openness）、公平性（Fairness）である。

第3節　信頼を測るためのアプローチ

　信頼を定義することは、それを測定するために必要な前提条件だが、それだけでは十分ではない。信頼を測る最良の方法について有意義な指針を提供するためには、その測定には様々なアプローチがあるということを理解する必要がある。

　学術文献に見られる信頼を測る様々なアプローチを分類する唯一の枠組みは存在しない。それでも様々な情報源から、いくつかの測定アプローチを特定することはできる。最も基本的なレベルでは、長期にわたって実施されている調査質問では、他者への信頼（例えば、Almond and Verba, 1963）や制度への信頼（例えば、世界価値観調査）を直接尋ねている。モローネら（Morrone, Tontoranelli and Ranuzzi, 2009）は、従来型の信頼に関する質問と、他者の行動に対する人々の期待を通して信頼を測る試み（具体的には、なくなった財布が戻ってくると思うかという質問）とを区別している。このような具体的な仮定のシナリオを用いた「期待に関する質問」が使われる事例は、今のところ比較的限られているが、これは信頼について直接問う質問とは明らかに違う概念的な作業を回答者に課すことになり、したがって追加情報の元になる可能性もある。

　しかしそれ以上に、多くの文献が実験的設定における実際の信頼行動を、信頼に関する調査質問と比較している（Glaeser et al., 2000; Fehr et al., 2003; Gachter et al., 2004; Lazzarini et al., 2004; Naef and Schupp, 2009; Johnson and Mislin, 2012; Algan and Cahuc, 2013; Falk et al., 2016）。信頼を測る実験的アプ

ローチは公的統計の範囲外と見なされる場合があるが、これらの尺度はより一般的な調査に基づく尺度の妥当性について重要な考察を与えてくれ、またより良い調査質問を開発するための基礎として用いられている（Falk et al., 2015）。最後に、信頼に直接焦点を当てていなくても信頼に関する情報を提供できる、人々の経験に基づく様々な質問があることに気づくことが重要である。まとめると、信頼性を測るためのこれらの様々なアプローチは、大きく4つのグループに分けることができる。

- 評価
- 期待
- 経験
- 実験

これらの4つのグループで区別される信頼への様々なアプローチは、例えば、評価的尺度、感情的尺度、エウダイモニア的尺度が主観的幸福の様々な構成概念を実質的に把握している（OECD, 2013a）のと同じようには、信頼の様々な概念を実質的に代表しているわけではない。むしろ、これらは同じ概念を測るための様々なアプローチである。最初の3つのアプローチは、いずれも調査に基づくもので、回答者に尋ねる質問の焦点が多様である。特に、評価的な質問は面接時の回答者の見解に焦点を当てるのに対して、期待に関する質問は将来に注目しており、経験に関する質問は、過去に焦点を当てている。それに対して、信頼を測るための実験的アプローチは、信頼行動（または不信行動）を引き出すように設計された状況に置かれた回答者の実際の行動を捉える。

3.1 評価

信頼の測定に対する評価的アプローチは、個人または制度・組織を信頼しているかを問う質問に対する回答者の答えに注目する。これらの質問は回答者に対して、過去の経験についての情報を思い出したり、将来について憶測したり

するのではなく、現時点の自分の感情及び信念を評価するように求める。信頼に関する調査質問で一般的に用いられるもののほとんどは、評価的な質問である。評価的質問の一例が、ローゼンバーグの一般的信頼に関する標準的な質問で、世界価値観調査で用いられている。

「一般的に言って、ほとんどの人は信頼できると思いますか、それとも人と交流するときはできるだけ気をつけた方が良いと思いますか。」

3.2　期待

　回答者にどう感じているかという評価を求める別の方法は、所与の仮定の状況で起こる、または起こりうることに対する回答者の期待を尋ねることである。このような期待を尋ねる質問は、状況的と言われる場合がある。これらの質問は人々の行動の仕方に対する期待に注目するため、評価的質問の場合よりも具体的で行動に関わっているという意見がある（Morrone, Tontoranelli and Ranuzzi, 2009）。しかし、その質問の仮定的性質もまた弱点となり得る。回答者が仮定的状況に対して正確な答えを出すことを難しいと感じる可能性があるからである。ギャラップ世論調査で用いられている落とした財布についての質問が、期待を問う質問の一例である。

「もし、あなたが自分にとって非常に価値のある物が入った財布を落とし、それを知らない人が拾ったとしたら、中身ごと戻ってくると思いますか。」

3.3　経験

　所与の状況で何が起こると思うかを尋ねるもう1つの方法は、回答者に過去の経験を尋ねることである。このような質問は、回答者の感情や信念ではなく、すでに起こった具体的な出来事に注目する。このアプローチは通常、犯罪被害調査で用いられるもので、こうした調査には地元の町または都心でどのくらいの頻度で怖い目に遭うかといった、信頼のレベルが低い経験に関わる質問が含

まれる場合が多い。例えば、ニュージーランド犯罪・安全性調査がこれに当たる（New Zealand Crime and Safety Survey, 2014）。同様に、制度・組織への信頼の場合でも、汚職や差別の経験に関する質問が、調査でも公的統計でも用いられている。経験に関する質問は、従来は信頼に関する主なデータ源ではなかったが、他者の（前向きな）行動に対する回答者の期待がどの程度満たされたか、または満たされなかったかという情報を与えてくれる可能性があるため、ここでは採用されている。その一例が差別の経験に関する質問で、公平に扱われることへの期待に関わる社会規範への違反を反映している。例えば、ドイツの政府サービスに対する満足度調査（Zufriendenheitsbefragung）（2015年）では、様々な公的機関における経験を評価することが回答者に求められている。その中には、回答者がその機関を信頼しているか、その機関とのやりとりの中で差別されていると感じたかという質問が含まれている。同様に、ニュージーランド一般社会調査には、差別の経験に関する以下の質問が収録されている。

「次の質問は、ニュージーランドにおける差別についてです。差別とは、不公平に扱われること、または他の人と違う扱いを受けることを指します。過去12か月の間に、差別をされたことがありますか。」

3.4 実験

調査を通じて信頼に関する情報を集める別の方法は、実験的手法を用いて参加者による信頼行動（trusting behaviour）または信頼に足る行動（trustworthy behaviour）[4]を実地に、または制御された実験室条件で測るというものである。実験経済学者や行動経済学者、最近では意思決定を支える認知プロセスに関心を持つ心理学者や脳科学者が先駆けとなって、信頼ゲーム（Berg et al., 1995）[5]のようなゲームで、純粋な報酬——常にではないが通常は相対的に少ない（が、純粋なインセンティブを形成する程度の大きさがある）——が問題となる場面での回答者の実際の行動についての情報が集められている（コラム2.2）。これらは実際の行動を測るものなので、信頼を測る調査ベー

第2章　信頼の概念と妥当性

スのアプローチの制約、例えば回答の中の社会的望ましさバイアスや回答者の間で質問の理解に違いがあるといった制約の多くを、実験的手法を採ることで回避できる。

コラム 2.2　信頼を測るための実験

　実験は、実社会または実験室の制御された設定のいずれかで行われる。後者は、通常は固定された物理的または仮想のインフラで、その中で参加者は周到に用意された意思決定作業を行う。実地に（フィールドで）信頼を測る1つのアプローチは、『リーダーズ・ダイジェスト（*Reader's Digest*）』誌が1996年に行った実験がある（Felte, 2001）。現地通貨で50米ドル相当の現金と架空のIDが入ったいくつもの財布を、世界中から選ばれた主要都市の公共の場で「落とした」とする。そして、戻ってきた財布の割合を、『リーダーズ・ダイジェスト』誌はそれらの都市が信頼に値するか（trustworthiness）を示す指標として用いた。この実験は2001年にも行われ、様々な都市で合計1,100個以上の財布が落とされた（Felte, 2001）。この結果は、調査データが示す概要とほぼ一致していた。財布が戻ってきた割合が高かったのは、北欧諸国、ニュージーランド、韓国、日本で、低かったのはイタリア、アルゼンチン、メキシコである。同様の実験は2007年にも行われたが、このときに使われたのは財布ではなく携帯電話である（Shanahan, 2007）。

　『リーダーズ・ダイジェスト』誌の財布と携帯電話を使ったフィールド実験は、直感的にわかりやすいが、いくつもの重大な制約がある。特に、実験に使われた財布または携帯電話の数が、一都市につき10個と少なく、また戻ってきた落とし物の割合が、それぞれの都市で物が落とされた地域の特徴の違いに影響されていないという確証を得ることが難しい。『リーダーズ・ダイジェスト』誌の実験は影響力があり、ギャラップ世論調査も落とした財布についての質問を用いるようになった（上述の「実験」の項目を参照）ものの、多数の財布を様々な都市で「落とす」ことによる多大なコストと方法論的制約から、このアプローチが信頼データの主要なデータ源になることはないと言える。

実験室での実験については、信頼と信頼行動を実験するためのより体系的で厳格なアプローチがバーグら（Berg, Dickhaut and McCabe, 1995）によって開発された。以来、信頼ゲームは制御された設定で信頼を測る実験の標準的なアプローチとなっており、信頼と信頼行動の様々な側面をテストする多種多様なゲームの基礎となっている。このゲームはこれまでに数十か国で何万人もの人々が参加して繰り返し行われており、それらの結果を大規模にメタ分析することができる（例えば、Johnson and Mislin, 2011; Johnson and Mislin, 2012; Zelmer, 2003）。制御された状況で行われているため通常は賭け金が少ないが、それより賭け金が多い信頼ゲームの主な結果が再現されており、社会的望ましさバイアスや参加者に認められる戦略の幅による影響は見られない（Naef and Schupp, 2009）。今日、信頼ゲームで得られた実験室での結果と実社会での結果との関係を検証する文献の数が増えている。

　バーグらが開発した信頼ゲームの原型では、2人の匿名のプレーヤーが実験室の異なる部屋に入る。始めに、各プレーヤーは実験の主催者から10米ドルの実際の現金を与えられる。プレーヤー1は、その現金の一部（または全部）をプレーヤー2に与えるよう求められる。プレーヤー1が与える金額を主催者が3倍にする。したがって例えばプレーヤー1がプレーヤー2に5米ドル与えると、プレーヤー2は15米ドル受け取ることになる。最初の取引の後、プレーヤー2は自分の現金の一部（または全部）をプレーヤー1に返す機会を与えられる。この金額には主催者は手を加えない。実験の構造から、両プレーヤーが受け取る報酬総額が最大になるのは、プレーヤー1がプレーヤー2に自分のお金を全部渡した場合で、2人が受け取る総額は40米ドルになる（プレーヤー1からの10米ドルが3倍の30米ドルになり、プレーヤー2が10米ドル持っている）。もしプレーヤー2が信頼できる人でゲームの最後に自分が持っている現金の半分をプレーヤー1に与えるならば、両者は始めはそれぞれ10米ドルしか持っていなかったのに、20米ドルを手にして終われることになる。しかし、プレーヤー1にはプレーヤー2がこのように行動すると確信する方法がないため、プレーヤー1の立場からすると、プレーヤー2がもらったお金を全て持って行ってしまうリスクが常にあることになる。

　信頼ゲームからは、信頼についての2つの尺度が得られる。1つ目は、プレ

ーヤー1がプレーヤー2に与える現金の割合で、これはプレーヤー1が「プレーヤー2は同じように自分に現金を返してくれる」と信頼する（trust）度合いを測る尺度と捉えることができる。2つ目は、プレーヤー2からプレーヤー1に返される現金の割合で、これはプレーヤー2の信頼に足る性質（trustworthiness）の尺度と解釈できる。このゲームを人口の代表標本に対して繰り返すことで、参加者の信頼（trust）のレベルと信頼に足る性質（trustworthiness）を推定することができる。

　しかし、ゲームを使った実験にも制約があり、より広く一般の人々の信頼を測るという目的には、あまり適していない。実験にはコストがかかり、これまでのところ実験室での実験は大学生に限られていることが多く、したがって小規模の標本についての結果しかないため、全人口を代表するものとは言えないだけでなく、セルフセレクション・バイアスの影響を受ける可能性がある[6]。これは、多くの実験室での実験結果の外部妥当性を確立する場合には、重大な制約になる。アルガンとカユック（Algan and Cahuc, 2013）は、数多くの研究を調べ直し、実験室という設定の中での実験的行動は、実社会での幅広い様々な結果を予測する調査への回答よりも有効だということを明らかにしている。実験室での実験の外部妥当性について、さらに有望な実証を、ネフとシャップ（Naef and Schupp, 2009）が挙げている。それによると、調査による信頼尺度と実験の尺度は、いずれも、起業家である、株主であるといった関連する因子と相関がある。起業家であるということは、特に他者との非公式の合意に関わるリスクに晒されることが増えるということであり（Guiso et al., 2006）、株式市場への投資は、株式市場のシステム全体への信頼と、投資対象となる企業の経営管理への信頼の双方を含む（Guiso et al., 2008）。さらに、カーラン（Karlan, 2005）は、ペルーのマイクロクレジット（無担保の小口融資）プログラムの借主の研究で、信頼ゲームにおける行動は、1年後の参加者の返済率と合致したと述べている[7]。

　信頼ゲームのような実験手法は国立統計局が行う大規模な標本調査に直接含めるのには適していないかもしれないが、本ガイドラインには以下の2つの理

由で適している。第一に、実験データは様々な調査尺度の妥当性をテストし、より良い調査質問を開発するために最良の情報源の1つである（Fehr et al., 2003; Naef and Schupp, 2009; Falk et al., 2015）。これは、信頼のような無形の概念の尺度の妥当性をテストする際の課題を考えると重要である。第二に、国立統計局は大規模標本調査で実験データを集める立場ではないかもしれないが、それはこのようなアプローチを取れないということではない。トラストラボ（Trustlab）プロジェクトは、いくつものOECD諸国で正にこれを行うことを目的としている。時間が経てば、このプロジェクトを通じて集められた実証は、OECD諸国の人口の代表標本から比較可能な基礎に基づいて集められた信頼に関する豊富な情報基盤となる（コラム2.4）。

第4節　信頼尺度の統計の質

　信頼を測る尺度が重要視されるには、統計の質が非常に重要である。データが測定される概念を正確に捉えない限り、そのデータを集める意味はない。これは、最も質が高いと考えられる公的統計に特に当てはまる。国連の公的統計の基本原則は、次のように述べている。「公的統計は、社会の情報システムの不可欠な要素を構成し、政府や経済界、一般市民に対して経済、人口、社会、環境の諸状況についてのデータを提供する」（United Nations, 2014）。したがって、本ガイドラインが信頼尺度の質の明確な理解の上に立脚していることが極めて重要である。

　統計の質の問題に対するOECDのアプローチは、「OECD統計活動のための質枠組みとガイドライン（Quality Framework and Guidelines for OECD Statistical Activities)」（OECD, 2008）に詳しい。この枠組みでは統計の質を、利用者のニーズという点で使用適合性があることと定義している。統計の質の究極の基準は、統計が有益な情報を提供するという点で利用者のニーズを満たしているかどうか、ということである。利用者は、統計情報の入手可否にかか

第2章　信頼の概念と妥当性

わらず、どうすべきか意思決定をしなければならないことが多いので、尺度の目的適合性に焦点を当てる方が、当の尺度が捉えようとしている概念の「完璧な」代表性を有しているか否かよりも、有益である。これは、完璧に正確とはいえないデータでも、それが意思決定の質を損ねるのではなく向上させるに十分な質を備えていれば、それを利用するということでもある。

　OECDの枠組みでは、統計の質を7つの次元（dimension）で定義している。これらの次元では、質の高いデータの特徴を明らかにし、特定の統計セットの質を評価する構造的な方法を提供している。7つの次元は以下のとおりである。

- ●関連性（Relevance）：データが利用者の目的に適う度合い。
- ●正確性（Accuracy）：データが測定対象としているものの数量または性質を正しく表す度合い。
- ●信用性（Credibility）：利用者がデータ生産者についての評判に基づいて統計に対して持つ信用の度合い。
- ●適時性（Timeliness）：データが入手できる時点と、そのデータが表す現象または出来事が現れる時点との時間の長さ。
- ●利用しやすさ（Accessibility）：利用者がデータをいつでも使えるようになっていること。
- ●解釈しやすさ（Interpretability）：利用者がそのデータを理解し、適切に用い、分析できる容易さ。
- ●一貫性（Coherence）：そのデータが他の類似の尺度と互いに調和がとれていて、論理的に統計システムに統合される度合い。

　これらの7つの基準（criteria）は、このようなデータを作成／収集する際のコスト効率についてのより一般的な原則とともに、統計の質を評価するためのOECDの総合的な枠組みを明確にしている。しかし、これらの基準のほとんどはどのように統計を測定、収集するかに関わるものであって、何を収集するかを決めるものではない。例えば、信用性は、尺度の質ではなく、データ生産者

75

の質に対する信用である。同様に、適時性、入手可能性、解釈しやすさ、一貫性はデータが収集され一般に公開されるまでを含む比較的広い文脈に関わるもので、利用する尺度の選択に関わるものではない。本ガイドラインで統計の質が指すのは、何を収集すべきかと、提示されている測定方法が目的に適っているかどうかというより狭い範囲に限られている。したがって、信頼を測る尺度の質を評価するための主な焦点は、関連性と正確性の原則に当てられる。

4.1 関連性

　データが利用者のニーズを満たしているとき、そのデータは関連性があるといえる。公的統計では、回答者がデータ収集に参加するための法的要件がある場合があり、データの利用が明確な場合と他に明確な情報源がない場合にのみ情報を集めることが特に重要である。そのため、信頼データの測定について助言する前に、信頼データを収集する目的を明らかにすることが不可欠である。信頼データの関連性を明らかにすれば、信頼のどの尺度を集めるべきか特定でき、そもそも信頼尺度を収集する価値があることに自信が持てるようになる。

　現代社会は複雑さを増しており、間違った情報に基づく政策選択をすると高いコストがかかり、それを覆すことが難しくなる。したがって、主要な社会的成果がどのように変化しているのか、その変化の要因、これらの成果に政策が及ぼす影響についての情報は、適切な意思決定にとって不可欠である。そのため、データで政策に情報を与えられるということが、特に国家統計局にとって関連性の中心となる。それ以上に、主な社会経済的成果に関する情報の利用には、一般の人々が関心を寄せている。この関心は政策策定のそれとは異なり、人々に多様な情報を届けるという価値観に立脚している。したがって信頼データは、政策または広く一般の人々に情報提供するならば、関連性があると見なすことができる。

　信頼データの中核的な利用方法は、以下の2つである。

●進捗状況の把握（現在の人々の幸福のレベルと将来の持続可能な発展）

第2章　信頼の概念と妥当性

● 政府の政策の有効性の評価

　これら2つの中核的な利用方法は、政策策定の観点からも一般人の観点から
も関連性がある。もちろん政策当局は、自分たちの決定が望んだとおりの成果
を上げているか評価できることと、様々な政府機関が政策をいかに有効に実施
しているかを理解することに関心がある。しかし、持続可能性、幸福（well-
being）、政府の有効性を評価するということには、民主的説明責任の観点から
一般の人々も関心を持っている。

進捗状況の把握（現在の人々の幸福のレベルと将来の持続可能な発展）

　政策の究極目標（幸福）の成果を測るとともに、その成果を長期にわたり持
続させるために必要な資本ストックを全て勘定に入れる必要性については、過
去10年間に合意が形成されてきた。この2段階モデルは、天然資源、経済資本、
人的資本、社会関係資本に支えられた人々の幸福のフローに注目しており、幸
福と持続可能な発展の測定についての現在の合意の中核をなしている
(Stiglitz, Sen, and Fitoussi, 2009; OECD, 2011; UNECE, 2014)。このアプロー
チの中心にあるのは、人々の幸福を多角的に捉えるという考え方で、人々がそ
れ自体を価値あるものと見なしている、または人々が価値があると思う生活を
追求できるようにするために必須のあらゆる結果——客観的なものと主観的な
もの——が含まれている。この見方に加え、幸福を生み出すために用いられる
資本ストックの変化を測ることが、持続可能性を理解する上で不可欠だと認識
されている。この見解は、OECDの『幸福度白書（*How's Life*）』（OECD,
2011, 2013c, 2015）や、最近では国連の持続可能な開発目標（SDGs）（UN,
2015; OECD, 2017b）といった国際機関の報告書に反映されている。幸福と持
続可能な発展を測るという各国の取り組みも、この一般的な枠組みに反映され
ており、その中には、英国統計局（ONS, 2016）、イスラエル環境保護省
(Ministry for Environmental Protection, 2014)、イタリア国立統計研究所
(ISTAT, 2013) などがある。本ガイドラインの対象となる信頼の2つの次元

——他者への信頼と制度・組織への信頼——は、いずれも幸福と持続可能性の測定に不可欠である。

国連持続可能な開発目標（SDGs）

　今後10年間の国家統計局の主な役割は、持続可能な開発目標（SDGs）に向けた進捗を測ることであろう。SDGsは人々、地球、繁栄、平和のためにパートナーシップを通じて、誰も取り残されないようにするという最重要目標を達成するための意欲的な行動計画を設定している。この計画の中核には、169のターゲットから構成される17の持続可能な開発目標がある。国連が設定した2030アジェンダ（UN, 2015）では、各国は独自のアプローチでSDGsへの進捗状況を測れるが、「各国には国レベル及び地域レベルで定期的かつ包摂的に進捗状況を見直すことが推奨されている」。この方法は、進捗を測る方法については裁量の余地を残しているものの、各国に対して何らかの方法でSDGsを測るよう非常に強く求めている。

　信頼——制度・組織への信頼と一般的信頼——は、SDGsに向けた進歩を監視する中心にある。特に、SDGsの目標16（「持続可能な開発のための、平和で誰もが受け入れられる社会の推進、すべての人が司法制度を利用できる環境の整備、誰もが利用できる効果的かつ責任の所在が明確な制度のあらゆるレベルでの構築」）は、ガバナンス、制度の質、政治参加に明確に焦点を当てている。これらのテーマは信頼と明らかにつながりがあり、このことはガバナンス統計に関するプライア・グループの活動でも認められている。プライア・グループが目標に掲げているは、SDGsの目標16を念頭に置いて、ガバナンスの測定を向上させ、ガバナンスに関する国際比較可能な統計の作成を奨励することである[8]。その中には、市民の公的制度・組織に対する信頼、市民の公的制度・組織の実績にかかわる経験、一般的信頼尺度など、ガバナンスの様々な要素を網羅するプログラムが含まれている。

　プライア・グループが制度・組織への信頼をSDGsの目標16の指標となり得ると考える主な根拠は、それが制度の質の直接的尺度として重要だということ

である（Klijn, Edelenbos and Steijn, 2010）。OECD の報告書『幸福度白書
（*How's Life?*）』（OECD, 2011）では、制度・組織への信頼は市民参加とガバ
ナンスの重要な要素と定義されている。本報告書では、この次元の統計的側面
を論じる際に、この分野における測定の向上を目的とした様々な行動を明らか
にしている。

　……自国の民主的機関の質を人々がどう見ているかを評価するのにも、優れた
指標の開発が必要である。民間の調査には、市民参加とガバナンスを評価する
ための設問があるものが多いが、そうした調査は一般に対象地域が狭く、サン
プルサイズも小さく、標本抽出手順も不適切である。したがって、公的な大規
模調査に、市民参加と公共機関への信頼に関する質問を取り入れる努力がなさ
れるべきで、それには、定期的に実施される調査に 2 〜 3 の質問を周期的に盛
り込むと同時に、（実施頻度が比較的少なく）目的を特化した調査にもっと細
目にわたる質問を織り交ぜることが考えられる。これは、一部の OECD 加盟国
ではすでに行われている。例えば、米国で実施されている「人口現況調査
（Current Population Survey）」の投票と市民参加に関する特別調査がこれ
に当たる。

　幸福の次元の 1 つである市民参加とガバナンスの指標の 1 つとして制度・組
織への信頼尺度を用いるという OECD の決定は、主観的幸福の要因の分析に
よって支持されている。ボアリーニら（Boarini et al. 2012）は、司法制度に対
する信頼（confidence）は、その他の様々な幸福の潜在的要因を調整すると、
人々の生活満足度と感情のバランスの双方に相当なプラスの影響を与えると述
べている[9]。生活満足度への影響という点では、この影響の度合いは、個人の
所得が 2 倍になった場合に受ける影響の 1.1 倍になると報告されている。同様
に、ヘリウェルとパットナム（Helliwell and Putnam, 2004）は、警察への信
頼と生活満足度との間には強い関連があると述べており、ヘリウェルとワング
（Helliwell and Wang, 2010）でも別のデータセットで同様の結果が再現されて

いる。

　一般的信頼もガバナンスの質の尺度として非常に関連性がある（OECD,
2011）。これは、制度の質と社会における一般的信頼のレベルの間にフィード
バックループが存在しているためである。ロスタインとアスレイナー
（Rothstein and Uslaner, 2005）は、一般的信頼のレベルの高さは、ガバナンス
と司法制度が有効に機能しているか否かに決定的に左右されると論じている。
これらの制度が公平かつ有効に機能している場合にのみ、人々は自分を危険に
さらすことなく知らない人を信頼できる。さらに、反対方向に働く因果経路も
存在する。つまり、一般的信頼のレベルが高いと、公的制度が公平かつ有効に
なるということである。特に、個々の公務員が他の公務員と市民が信頼に足る
と信じている社会や、汚職や不正行為のコストが高く、そのような行為で捕ま
るリスクがより高い社会では、公的制度はより公平かつ有効になりやすい。こ
うした理由から、一般的信頼そのものの概念は、制度・組織への信頼やより一
般的にガバナンスのそれと区別されるとしても、一般的信頼はガバナンスの質
の有力な指標である。

持続可能な開発のために社会関係資本を測る

　信頼尺度は、持続可能な開発目標（SDGs）の目標16の監視に貢献するだけ
でなく、幸福が生み出されるのを支える資本ストックを把握する上でも重要で
ある。OECDと国連欧州経済委員会（UNECE, 2014）は、持続可能性を、現
在の幸福の水準が資本ストックを維持または増加させて実現できる状態と定義
している。これは、持続可能な発展を支える資本ストック——経済資本、自然
資本、人的資本、社会関係資本——を正確に測る尺度が必要だということであ
る（OECD, 2011）。ここでいう社会関係資本とは、様々文献で見られるよりも
狭義の社会関係資本を指す。社会関係資本という用語は数多くの概念に適用さ
れてきた。その中には、エリート層が社会的優位性を何世代にもわたって受け
継ぐことができるネットワークと価値（Bourdieu, 1984）、人々が自分の成果
を上げられるようにするネットワークに帰属する資源（Coleman, 1988）、社会

的に有益な規範と価値（Putnam, 1993）などがある。しかし、持続可能な開発の測定に関連性があるのは、後者の概念のみである。OECDはこの定義の変形を用いて、社会関係資本を「グループ内またはグループ間での協力を促進する共有された規範、価値、理解」（OECD, 2001）と捉えている。

　社会関係資本は重要だが、無形の資本ストックなので測るのが難しい。無形資本（経済資本、自然資本、人的資本以外）の重要性を推定すると、これらの無形のストックが他の成果に及ぼす影響が大きいことがわかる（World Bank, 2006; Hamilton and Liu, 2013）。社会関係資本は他の貴重な結果を出すために重要だという一般的な観察から有益な政策アドバイスを引き出すには、社会関係資本ストックの規模とそれが時間の経過とともにどのように変化するかを測る直接的尺度が不可欠である。一般的信頼は入手できる最良の代替尺度の1つで、一般的信頼尺度が改良されれば社会関係資本とその推進力、結果の理解に大きく貢献できる（Scrivens and Smith, 2013）。社会関係資本の測定における一般的信頼の役割については、他の研究者も強調している（例えば、Knack and Keefer, 1997; Helliwell and Putnam, 2004; Morrone, Tontoranelli and Ranuzzi, 2009; Sturgis and Smith, 2010; Algan and Cahuc, 2013）。しかし、一般的信頼の情報を政策に用いるためには、正確な情報を入手できなければならない。既存の分析は大部分が静学的で本質的に断片的であり、社会関係資本のストックの動向または政策変更がこのストックに及ぼす影響についての情報はごく限られている。既存データの主な制約は、世界価値観調査のような民間調査のサンプルサイズが相対的に小さいこと、他者への信頼の経時的変化を有意義に分析できるほどの十分な定期データがないことである。

幸福指標

　他者への信頼は、幸福の指標としても明らかに関連性がある。自分の周りにいる人々を信頼できないと感じる状況で暮らすことは不愉快であり、知らない人への信頼のレベルが低いと暮らし方に重大な制約が生じる。幸福を、ある人が価値があると思う人生を送ることという観点から見るならば（Sen, 1992,

2009)、社会の他者への信頼はそれ自体が幸福の重要な要素の1つである。特に、人が同胞に対して持つ信頼のレベルは、人が喜んで選択するであろう種類の選択肢を形成する（Alsop et al., 2006）。この根拠を踏まえて、OECDは一般的信頼を『幸福度白書』（OECD, 2011）では「社会とのつながり」という次元の指標の1つに選んでいる。同様に、幸福をもっと実用的な観点から見ると、他者への信頼は主観的幸福の主要な原動力の1つである。

　幸福の評価にとって他者への信頼が重要であることは、世界各国の主観的幸福の主な要因に世界中の国々で違いがあることを分析した『世界幸福度レポート（World Happiness Report）』（Helliwell et al., 2016）が強調している。他者への信頼それ自体は、『世界幸福度レポート』の元になっているデータセット（ギャラップ世論調査）に含まれていないため分析対象になっていないが、知らない人への信頼と密接に相関している社会的支援の利用しやすさという項目が、そのレポートで明らかにされた生活満足度における各国間の差異を決める主な要因6つのうちの1つになっている。

　ヘリウェルとワング（Helliwell and Wang, 2010）は、ギャラップ世論調査とカナダの一般社会調査（General Social Survey）のデータを用いて、より直接的に一般的信頼と主観的幸福との関係をさらに深く調査している。所得と様々な社会人口的要素を調整した後で、筆者らは一般的信頼と人々の生活満足度との間に頑健な関係があることを見いだしている。このプラスの関係は、信頼を一般的信頼に関する従来の（ローゼンバーグ）質問で測っても、落とした財布が戻るかについての質問で測っても維持されている。ボアリーニら（Boarini et al., 2012）は、ギャラップ世論調査のデータを用いて、OECDの「より良い暮らしイニシアチブ（Better Life Initiative）」で用いられている幸福の諸側面が総合的な生活評価と相関しているかをテストしている。それによると、一般的信頼の平均水準は生活満足度に対して非常に大きなプラスの影響を及ぼしている（幸福の他の諸側面を調整済み）。フレッシュら（Fleche, Smith and Sorsa, 2012）も世界価値観調査のデータを用いた国際分析で、同様の結果を出している。

しかし、幸福に直接関係するのは一般的信頼だけではない。制度・組織への信頼も、その他の成果を得るという手段としての価値に加えて、幸福において重要な役割を果たしていると言える理由がある。この点で、制度・組織への信頼は確かに重要だが、ここで制度・組織への信頼を測ることは、それが人々の幸福に対して本質的に重要だということで正当化される。これは、フライら（Frey, Benz and Stutzer, 2004）及びフライとスタッツアー（Frey and Stutzer, 2005, 2006）が研究している。彼らは幸福の「手続的効用」、つまり重要な決定がなされるプロセスが幸福に対して持つ重要性を強調している。このアプローチは、「手続的効用」がその結果とは別に、人々の幸福に重大な影響を及ぼすことを示唆している。この点で、総所得を増やすという政策決定で得られる福祉利益は、人々が不公平または正統性がないと考える政策決定過程から生じる損失で、部分的または全体的に相殺されてしまう可能性がある。このアプローチは制度の構造が人々の幸福にとって非常に重要であることを強調している。「人類の繁栄」の主要な諸側面を定義した様々な国際的イニシアチブを調査し、アルカイヤ（Alkire, 2002）は、集団的決定が行われ実施されるプロセスの一翼を人々が担うことが重要だと繰り返し述べ、政治参加とプロセスに関わる項目がこれらイニシアチブのほぼすべてで考慮されていると結論づけている。

政府の有効性の評価

社会関係資本を測る上では一般的信頼が最も重要だが、政府の政策とプログラムの有効性を評価するのに最も関連性があるのは、制度・組織への信頼である。制度・組織への信頼は、制度とネットワークを有効に機能させるために不可欠である（例えば、Klijn, Edelenbos and Steijn, 2010）。人々の制度に対する信頼度が高い場合は、法令遵守が問題になることは少なく、短期的と長期的のトレードオフ、または社会の異なる部門間のトレードオフを含む可能性がある政策の実施が比較的容易になる（Marien and Hooghe, 2011; OECD, 2013b）。制度・組織への信頼は、政府が市場の失敗に取り組む場合（例えば、公衆衛生、

環境保護)、あるいは長期的利益のために短期的な犠牲を払う場合（例えば、教育、年金）に特に重要である。これらの場合のほとんどにおいて、個人は政策行動からすぐに排他的利益を得ることはできず、ただ乗りのリスクが大きい。このような場合、制度への信頼は、人々に自分自身または共同体全体の将来のより大きな便益のために、個人的な短期的犠牲を受け入れさせる可能性がある。制度・組織への信頼は、事業免許の取得のような場合にも重要である。事業免許を取得するという決定は、その決定を形成するルールの信頼性、またはそうしたルールを作った制度・組織の信頼性に影響される。したがって、制度・組織への信頼が高ければ政府の失敗やルールの実施とトレードオフのコストが削減されるが、制度・組織への信頼が欠如していると、日和見主義、非公式活動、ただ乗りのインセンティブが高まり、公共政策の有効性を損ねることになる。

　制度・組織への信頼と政府の有効性との関係については、数多くの研究が行われている。この研究の大部分は非公式データを元に行われているが、制度・組織への信頼と政府の実績との関係の主要素が明らかになっている。その1つは、制度・組織への信頼が人々（と企業）の選好（つまり、何を適切で公平なことと解釈するか）と、政府がどのように機能するかという彼らの認識とが一致しているかどうかにかかっているということである（Bouckaert and van de Walle, 2003）。これらの文献に共通の中心的テーマは、政府の有効性の一尺度としての制度・組織への信頼の価値であるが、この研究ではさらに詳細な情報が必要だということも強調している。特に制度・組織への信頼の測定を向上させるには、測定の対象となる信頼関係の範囲を狭めるだけでなく、有意義な政策問題に分解できるより実践的な信頼の概念を用いる必要がある。

4.2　正確性

　正確性は、どのような統計尺度でも基本的に重要である。もし提案されている尺度が、把握しようとしている事柄の根底にある概念を正確に反映しなければ、有益な情報を提供するという基本テスト（basic test）を通らないことになる。正確性は、信頼性（reliability）と妥当性（validity）という、尺度の2

つの次元（dimension）によって評価されることが多い。信頼性（reliability）は、ある尺度が時間が経っても異なる測定枠組みの間で一貫性のある情報を作り出せる度合いを把握する。短期間に繰り返された調査で異なる数値が出る尺度は明らかに信頼性がなく、正確性の基本テストを通らない。したがって、信頼性は尺度の分散に関わる。妥当性は、尺度の分散ではなく中心傾向、つまりその尺度が測定される根底の概念を実際に反映しているか、ということに関わっている。ある尺度が正確な平均値を出していても、その分散が大きければ、その尺度は妥当ではあるが信頼性がないということになる。同様に、ある尺度が関心のある変数に無関係な項目を捉えていれば、その尺度は信頼性はあるが妥当ではないということになる。

　妥当性は、通常は表面的妥当性（その尺度が直感的に意味をなしているか）、収束的妥当性（その尺度が同じ概念の他の代替尺度と高い相関があるか）、構成概念妥当性（その尺度が理論および常識として通用するか）という観点から分析される。ある尺度の妥当性を直接的に評価できない場合、上述のすべての側面で良い結果が出れば、その尺度は妥当だと見なすことができる[10]。理想的には、妥当性の主なタイプをすべて網羅する多数の優れた学術文献を通して評価することが望ましく、そうすれば十分な合意が得られよう。

　場合によっては、すでに測定概念について多くの優れた文献が存在している。例えば、『主観的幸福を測る：OECD ガイドライン（*OECD Guidelines on Subjective Well-being*）』は、実験心理学者による様々な種類の主観的幸福尺度の妥当性についての広範囲に及ぶ研究を元にしている。そこからは、過去10年以上にわたって数多くの著名な経済学者、心理学者、社会学者が主観的幸福の測定に関心を寄せてきたことが窺える。残念ながら、信頼の測定についてはそうはいかない。信頼についての優れた学術研究は存在するが、全体的に見ると、そこには主観的幸福尺度の妥当性の特徴となっていた規模、厳格さ、方法論が欠けている。そのため、本ガイドラインの焦点は信頼性尺度の妥当性の評価に当てられる。その中には、『主観的幸福を測る：OECD ガイドライン』には収録されなかった統計的要素が含まれる。この統計的研究については本章で

85

概要を示すが、主にOECD信頼データベース（OECD Trust Database）に依拠している（コラム2.3参照）。

コラム 2.3　OECD信頼データベース

　信頼の要因とそれが他の結果に及ぼす影響についてより良く理解するに当たって、主な課題は入手できるデータが限られていることである。この制約は、信頼データの妥当性と信頼性を厳密に評価できるか否かにも重大な影響を及ぼしている。

　長い間、世界価値観調査（WVS）が、国際比較可能な信頼データの唯一のまとまった情報源だったが、近年、様々な非公式データが入手できるようになってきた。OECD信頼データベース（OECD Trust Database）は、既存の（欧州所得生活状況調査（EU-SILC）以外は非公式の）データ源を図示し、それらを一つの情報格納庫（リポジトリ）にまとめる取り組みである。表2.3は、国際的なパネル調査のデータセットとして構築されているOECD信頼データベースに収録されている様々な調査を一覧にしたものである。その対象はOECD加盟諸国のみならず、調査によっては最大124か国を収録、期間は2002年から2015年または入手可能な最新年にわたっている。2002年がデータベースの最初の年とされたのは、この年に欧州社会調査（ESS）が登場したことで、信頼データを定期的に集めている調査の数が2倍になったためである。

　調査ごとに地理的範囲と収集頻度が異なる。ギャラップ世論調査の場合、世界中のあらゆる地域の国々で毎年データを収集しているが、WVS、ESS、欧州生活の質調査（EQLS）など他の調査では、ごく少数の国々に限られている。ESSは2年ごと、EQLSは3年ごと、WVSはだいたい5年ごとにデータを収集している。

　OECD信頼データベースには、制度・組織への信頼と他者への信頼の双方が収録されている。制度・組織への信頼の場合、質問は従来通り一般的な質問（例えば、「あなたはご自分の……を信頼していますか」）から始まり、公的機関（例えば、政府、議会など）、そして一般的な民間機関（例えば、主要企業）へと続く。調査で使われる文言は、質問の一般的構成という点でも、信頼という用語または様々な類語（例えば、自信（confidence））の使い方という点でも、大きな違いがある。また、調査が異なると、または1つの調査の中でも質問が異なると、回答尺度が異なる場合がある。例えば、ギャラップ世論調査では、主に「はい／い

第2章　信頼の概念と妥当性

表2.3　OECD信頼データベースに収録されている調査とその主な特徴

調査名	開始年	頻度	OECD信頼データベースに収録されている国数	OECD信頼データベースに収録されている調査年
欧州所得生活状況調査（EU-SILC）	2003	2013年暫定モジュール	33	2013
ギャラップ世論調査（GWP）	2006	毎年	115	2006-2015
世界価値観調査（WVS）	1981	5年ごと	6（第4ウェーブ） 46（第5ウェーブ） 45（第6ウェーブ）	1999-2004（第4ウェーブ） 2005-2009（第5ウェーブ） 2010-2014（第6ウェーブ）
欧州社会調査（ESS）	2002	2年ごと	22（第1ラウンド） 25（第2ラウンド） 23（第3ラウンド） 28（第4ラウンド） 27（第5ラウンド） 29（第6ラウンド）	2002（第1ラウンド） 2004（第2ラウンド） 2006（第3ラウンド） 2008（第4ラウンド） 2010（第5ラウンド） 2012（第6ラウンド）
欧州生活の質調査（EQLS）	2003	3年ごと	31（第2ラウンド） 34（第3ラウンド）	2007-2008（第2ラウンド） 2011-2012（第2ラウンド）
ユーロバロメーター（EB）	1973	毎年	34	2003-2015
ラティーノバロメーター（LB）	1995	毎年	19	2002-2015

StatLink : http://dx.doi.org/10.1787/888933584070

いえ／わからない」という回答形式で答えるようになっているが、ESS、EQLSなどの調査ではより長い数値尺度（ESSの場合は0〜10、EQLSでは1〜10）を用いている。WVSの場合、通常は4段階リッカート尺度（「非常に信頼する」「やや信頼する」「あまり信頼しない」「全く信頼しない」）を用いて答えるようになっている。OECD信頼データベースでは、異なる質問を2値の「はい／いいえ」に尺度を変更し、複数の調査の間の比較を可能にしている。

　制度・組織への信頼に関して入手できるデータをさらに観察すると、複数の質問が非常に異なる記述をしていながら類似の概念を意味している場合がある。例えば、「裁判所」と表記する調査もあれば、「司法制度」と表記している場合もある。ほとんどの場合、これらの概念は容易に解釈できる場合が多いが、明確でないことが重大な意味を持ってくる場合もある。例えば、ほとんどの調査は、政府に対する信頼を尋ねているのに対して、ESSは政治家に対する信頼、EU-SILCは政治制度に対する信頼を尋ねている。逆に、ラティーノバロメーター（LB）では

政府、州政府、行政に対する信頼を尋ねている。これらの概念は相互に関連があるが、厳密に言うと同義語ではない。EQLSには、もっと包括的な文言が使われた質問が含まれている。特定の制度・組織について尋ねる代わりに、EQLSの質問は、一連の制度・組織を包含するシステム（例えば、国の年金制度または社会福祉制度）にまで広げている。

　一般的に、非公式の世帯調査では、制度・組織への信頼に比べて他者への信頼についての情報が少なく、他者への信頼が含まれている場合でも、その焦点は一般的信頼に限定されている。最も一般的な質問（4つの調査に含まれている）は、ローゼンバーグが1957年に導入したバージョンに非常に類似している以下の質問である。

　　「一般的に言って、ほとんどの人は信頼できると思いますか、それとも人と交流するときはできるだけ気をつけた方が良いと思いますか。」

　WVSの場合、「ほとんどの人」に加えて、特定のグループに対する信頼を問う質問がある（例えば、家族、隣人、知り合い、初めて会った人など）。EQLSのみ、一般的な人々に対する信頼について直接問う質問を収録している。

　OECD信頼データベースに収録されている調査は、データの質という点でばらつきがある。いずれの調査もそれぞれ長所と短所があるが、いくつかは方法論的厳格さと一貫性を他の調査よりも特に重視している。ESSとEQLSは欧州委員会が直接資金提供しており、非常に高度なデータの質を目指している。各国間の一貫性に特に注意を払っており、調査期間（ウェーブ）が異なることで生じる変化を注意深く管理している。ギャラップ世論調査はそれより多くの国を対象としており、ウェーブごとの調査内容の変更点が多いが、方法論の一貫性には常に注意を払っており、固定された中核的質問票を用いることで、質問票の変更による影響を最小限に抑えている。WVSは徐々に変化しており、最近のウェーブの方が過去のウェーブよりもデータの質が高い。それに対して、ユーロバロメーター（EB）とラティーノバロメーター（LB）は政策的問題への反応の早さを重視しており、したがって質問票は他の調査より頻繁に変更され、回答率は総じて比較的低い。OECD信頼データベースは、ゴンザレスとスミス（Gonzalez and Smith, 2017）の電子版の附録として、オンラインで公開されている。

信頼性（*Reliability*）

　上述のように、ある尺度の信頼性とは、別の時点で測っても一貫した結果を出せる度合いを表している。理想的には、良い測定方法なら、似たような状況であればいつでも、測定される概念について同じ推計値を出し、測定対象が大幅に変化した場合にのみ異なる結果が出るはずである。調査研究においては、信頼性の標準的な尺度は試験・再試験信頼度で、同じ測定項目について同じ人に一定期間おいてからもう一度問うというものである。これは同じ調査内で後で行う場合、または一定期間後に同じ回答者に再調査を行う場合がある。残念ながら、信頼性尺度の試験・再試験信頼度についての研究は比較的に少ない。その中の1つがネフとシャップ（Naef and Schupp, 2009）で、一般的信頼を測る尺度の信頼性を調査している。筆者は、信頼が測られた二時点間の相関係数は非常に低い（0.48）が、一般的信頼の3つの尺度を総合的に考えると信頼性のレベルは妥当だということを明らかにしている。それだけを見ると、十分なレベルの信頼性を得るには信頼について複数の尺度が必要であるかのように見える。しかし、信頼尺度の信頼性を評価する代わりの方法がある。OECD信頼データベースでは、様々な調査から集められ、異なる時期に数多くの国々で繰り返された、測定方法も異なる信頼尺度を提供している。これは、各国平均レベルでの信頼尺度の信頼性を評価する強い根拠となっている。特に、異なる調査が異なる国々について、タイミングや方法が異なっていても、一貫した結果を出すならば、信頼尺度が国際比較において信頼性が高いということができる。制度・組織への信頼と他者への信頼それぞれについて、OECD信頼データベースのデータ分析に基づいた信頼性の実証が下記の通り存在する。

──制度・組織への信頼

　OECD信頼データベースに収録されている制度・組織への信頼に関する質問の幅広さと、あらゆる調査に少なくともその一部が含まれているという事実から、これらの尺度の信頼性をかなり総合的に分析することが可能である。そこには、制度・組織への信頼についての質問の信頼性が制度の種類によって異なるか、という問題の考察も含まれている。表2.4は、7つの異なる調査で測っ

表2.4　自国政府に対する信頼の調査間相関

調査名	GWP	EB	ESS	WVS	EQLS	LB	EU-SILC
GWP							
EB	0.84						
ESS	0.81	0.74					
WVS	0.84	0.91	‥				
EQLS	0.89	0.91	0.89	‥			
LB	0.77	‥	‥	0.59	‥		
EU-SILC	0.81	0.85	0.87	‥	0.86	‥	

StatLink：http://dx.doi.org/10.1787/888933584089

注：ピアソン相関係数は、2つの変数またはデータセットの関係の強さをテストするものである。この方法では、データは正規分布になっており、両者の予測される関係は線形であると仮定する。もし、両者の相関が強ければ、両尺度が同じ概念を捉えていると考えられる。GWP＝ギャラップ世論調査、EB＝ユーロバロメーター、ESS＝欧州社会調査、WVS＝世界価値観調査、EQLS＝欧州生活の質調査、EU-SILC＝欧州所得生活状況調査、LB＝ラティーノバロメーター。ESSの質問は、政府ではなく政治家への信頼を尋ねている。
出典：OECD事務局算定。データ源：OECD信頼データベース。

た各国政府に対する信頼尺度の間の相関係数である。いずれも同じ国、年の政府への信頼の各国平均水準を比較したものだが、異なる調査で測っている。これらの調査が同じ年内の異なる時期に行われたためかもしれないが、また調査ごとに回答者の標本が異なっているせいかもしれないが、報告された信頼水準にいくらかの違いがあることが予測できる。それでも、相関係数が高いということは、この尺度が信頼性の高い情報を与えてくれるという強い実証となっている。

表2.4は、0.59（LBとWVS）と0.91（EBとWVS、EQLS）という調査間の相関係数を表している。LBとWVSの結果を除くと、すべての相関係数は0.74を上回っており、大半は0.80を優に上回っている。0.80を下回っている相関はいずれもLBまたはEBのいずれかを含んでいることは留意すべきで、これらはいずれも方法論的正確さのレベルが最も低いとされる分析に含まれている。特に、この両者は質問票と実施のタイミングが他の調査と比較して頻繁に変更され、回答率が相対的に低い。また、政府ではなく政治家への信頼を問うESSの相関が他の調査より低いことも興味深い。

表2.5は、政府ではなく司法制度に対する信頼に焦点を当てた同様の分析の結果である。ここでも、異なる調査から得られた結果が非常に強く相関してお

第 2 章　信頼の概念と妥当性

表2.5　司法制度への信頼の調査間相関

調査名	GWP	EB	ESS	WVS	EQLS	LB	EU-SILC
GWP							
EB	0.90						
ESS	0.93	0.93					
WVS	0.82	0.82	‥				
EQLS	0.92	0.84	0.90	‥			
LB	0.68	‥	‥	‥	‥		
EU-SILC	0.92	0.96	0.95	‥	0.91	‥	

StatLink：http://dx.doi.org/10.1787/888933584108

注：ピアソン相関係数は、2つの変数またはデータセットの関係の強さをテストするものである。この方法では、データは正規分布になっており、両者の予測される関係は線形であると仮定する。もし、両者の相関が強ければ、両尺度が同じ概念を捉えていると考えられる。GWP＝ギャラップ世論調査、EB＝ユーロバロメーター、ESS＝欧州社会調査、WVS＝世界価値観調査、EQLS＝欧州国内における生活の質調査、LB＝ラティーノバロメーター、EU-SILC＝欧州所得生活状況調査。
出典：OECD事務局算定。データ源：OECD信頼データベース。

り、その幅は0.68（LBとGWP）から0.93（ESSとGWP、ESSとEB）まで幅がある。LBを除くと、相関係数の範囲は政府への信頼の場合より狭く（0.82〜0.96）、ここで検証されたすべての調査で、司法制度への信頼を問う質問が比較的似ていたことがわかる。同様に、警察への信頼について同じ分析を行うと、相関係数の範囲は0.75〜0.90となる。

　総合すると、表2.4と表2.5は、制度・組織への信頼尺度が各国平均レベルでは信頼性があるという見解を支持している。質問が直接比較可能で、調査の質が比較的高い場合は、各国間の相関係数が0.80上回り、データの質が高い調査（GWP、ESS、EQLS）では0.90を上回る。データの質が低めでも、各国平均の間の相関は依然としてかなり高い。

——他者への信頼

　他者への信頼尺度の信頼性に関するOECD信頼データベースの実証は、制度・組織への信頼の場合よりも低い。これは、ギャラップ世論調査では中核的質問票に他者への信頼という尺度が含まれていないこと、WVSではその対象国がOECD信頼データベースの対象となっている2002年以降についてはESSとEQLSのそれと一部分しか重複していないことによる。それでも、可能な比

91

図2.1　一般的信頼尺度の調査間相関

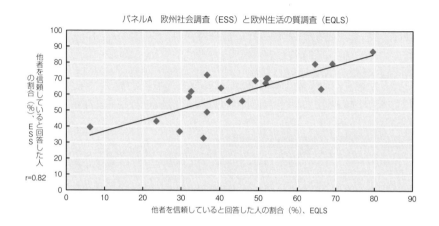

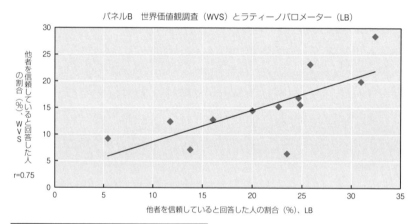

StatLink：http://dx.doi.org/10.1787/888933583576

注：欧州社会調査（ESS）と欧州生活の質調査（EQLS）双方の回答のコードがつけ直されているため、ESSの0～10の回答尺度のうち5～10という回答、およびEQLSの1～10の回答尺度のうち6～10という回答を他者を信頼しているとみなす。
出典：OECD事務局算定；データ源：OECD信頼データベース。

較については、見えてくる信頼性の全体像はかなり良い。図2.1は、OECD信頼データベースで可能な一般的信頼比較の2つの事例である。ESSとEQLSは相関係数0.82と、非常に一貫した結果を出している。さらに、各国の一般的信

第2章　信頼の概念と妥当性

表2.6　一般的信頼のウェーブ間相関（欧州社会調査）

ウェーブ	1	2	3	4	5	6
1						
2	0.98					
3	0.98	0.97				
4	0.97	0.97	0.98			
5	0.94	0.94	0.98	0.96		
6	0.94	0.95	0.96	0.95	0.98	

StatLink：http://dx.doi.org/10.1787/888933584127

注：この相関は、次の標準的な一般的信頼に関する質問を元にしている。「一般的に言って、ほとんどの人は信頼でき
ると思いますか、それとも人と付き合うときは非常に気をつける必要があると思いますか」。
出典：OECD事務局算定。データ源：欧州社会調査（European Social Survey, ESS）（データベース）（www.
europeansocialsurvey.org/data）（OECD信頼データベース収録）。

頼の絶対水準は両調査とも非常によく似ている（パネルA）。WVSとLBの一
般的信頼の水準の相関は、それより若干低くて0.75だが、それでも相対的に高
い（パネルB）。

　OECD信頼データベースに収録されている調査の多くでデータが欠如してい
るため、調査間で比較できるものの数が限られているが、信頼性を調べるため
の第二の戦略がEQLSとESSを用いれば可能である。それは、同じ調査の異な
るウェーブ間の相関を見るというものである。用いられている尺度が信頼性の
あるものならば、連続するウェーブ間の相関は相対的に高くなり、その相関は
ウェーブとウェーブの間が長くなるほど低くなるはずである。WVSは、ウェ
ーブとウェーブの間が長期になるため、またウェーブごとに対象国が替わるた
め、このアプローチに適さない。しかし、EQLSとESSではウェーブとウェー
ブの間の期間が同程度（それぞれ2年と3年）で、対象国も一貫している。

　表2.6は、ESSのウェーブとウェーブの間の相関を表している。これを見る
と、相関は非常に高いといえる（連続したウェーブ間で0.96～0.98）。予想通
り、ウェーブとウェーブの間の期間が長くなると、相関は低くなる。それでも、
その相関は依然として高く、ウェーブ間の相関の高さが時間とともに下がると
いうことは、信頼性のレベルの高さと一貫している。

　一般的信頼尺度を入手できるウェーブは、ESSよりもEQLSの方が少ない。

93

図2.2 一般的信頼のウェーブ間相関（欧州生活の質調査）

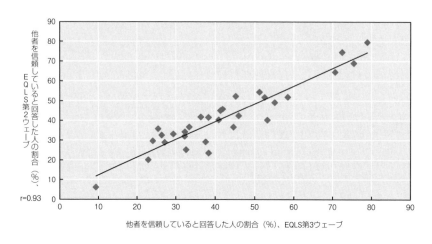

StatLink: http://dx.doi.org/10.1787/888933583595

注：この相関は、次の標準的な一般的信頼に関する質問を元にしている。「一般的に言って、ほとんどの人は信頼できると思いますか、それとも人と付き合うときは非常に気をつける必要があると思いますか」。回答のコードがつけ直されているため、1〜10の回答尺度のうち6〜10という回答を他者を信頼していると見なす。
出典：OECD事務局算定。データ源：欧州生活労働条件改善財団（Eurofund）2016年欧州生活の質調査（European Quality of Life Survey）データベース（https://discover.ukdataservice.ac.uk/catalogue/?sn=7316&type=Data%20catalogue）（OECD信頼データベース収録）。

それでも、EQLSの第2ウェーブと第3ウェーブの間の相関を調べることは可能である。図2.2はこのことを明らかにしており、係数0.93という高い相関を示している。これは、ESSの相関を少し下回っているが、ESSと比べると、EQLSではウェーブとウェーブの間の期間が若干長くなる。しかし、この相関のレベルは絶対量では依然として高く、尺度の信頼性は一貫して高い。

表面的妥当性

　表面的妥当性は、ある尺度の直感的妥当性の度合いを測るものである。これは、データの質と理解に影響を及ぼしうるため重要である。回答者はつまらない、または意味がないと感じた質問にはよく考えて答えようとしないので、表面的妥当性が低いとデータの質に影響を及ぼす。同様に、データ利用者は信じ

がたい、または理解しづらい実証を信じないものである。したがって、表面的妥当性は数値化が難しい比較的「ルーズ」で不正確な概念ではあるが、データが目的に適っているかを見る上で根本的に重要である。調査質問の表面的妥当性を評価する明確な基準はなく、したがって表面的妥当性についての議論は定性的な実証または裏付けに乏しい証拠を用いるか、回答者の行動から推論するかしなければならない。表面的妥当性を評価する両アプローチとも信頼尺度に適応できる。

　定性的な側面では、主な問題は、使われる信頼尺度が直感的に妥当だと見えるかどうかである。これは主観的な判断であり、決定的な答えが出るものではない。標準的な信頼に関する質問の文言に対しては、これまで何年もの間数多くの反論があり、中でも顕著なのはハーディン（Hardin, 2004）とデルヘイら（Delhey et al., 2011）によるものである。両者とも、一般的な信頼についての標準的なローゼンバーグ質問は一般的すぎて有意義な回答が得られないと述べている。ハーディンは、制度・組織への信頼に関する質問についても同様の問題を提起し、回答者が有意義な回答をするためには、このような質問では対象の機関についてだけでなく、どのような活動についての回答が期待されているかということも明らかにすべきだと述べている。

　これらの問題は重要だが、これらの質問を調査で用いている、またはこれらを用いることを認めてきた多くの研究者が、これらの標準的な質問には意味があると認めている。ナック（Knack, 2001）は、これらの質問を用いた調査で他者への信頼について高い測定値を示した国々は「北欧諸国で、市民は自転車に鍵をかけずに放置したり、公共の場でベビーカーを放置したりできる」と述べている。こうした考察それ自体は、信頼性尺度の表面的妥当性を断定的に判断できるわけではないが、より定量的なアプローチは、回答者が信頼に関する質問に答えることをどの程度難しいと感じているかを見るというものである。これを評価する単純な方法は、信頼尺度の項目の無回答率を他の幅広く用いられている調査項目と比較することである。回答者が信頼に関する質問をわかりにくい、答えにくいと感じていれば、これらの項目の無回答率は高くなるはずである。

図2.3 質問項目別無回答率（欧州社会調査）、2002～14年

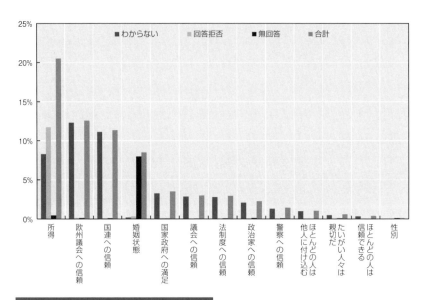

StatLink : http://dx.doi.org/10.1787/888933583614

出典：OECD事務局算定。データ源：欧州社会調査（European Social Survey, ESS）データベース（www.europeansocialsurvey.org/data）（OECD信頼データベース収録）。

図2.3は、欧州社会調査に収録されている様々な調査質問の無回答率を表している。この中には制度・組織への信頼に関する質問（欧州議会、国連、各国議会、司法制度、警察などへの信頼）、一般的信頼に関する質問（ほとんどの人は他人に付け込む、たいがい人々は親切だ、ほとんどの人は信頼できるなど）と、世帯調査で通常問われる信頼とは無関係の項目に関するいくつかの質問（所得、婚姻状態、性別など）が収録されている。所得は、他の項目と比べて圧倒的に、回答者が答えるのが最も難しいと感じる項目である。それは、同じ世帯のそれぞれの構成員の所得源が非常に異なっているため、情報をまとめる必要があるからである。全回答者の20％以上が回答拒否、またはわからないと答えている。それに対して、婚姻状態に関する質問に答えなかった人はわずか8％で、性別に関する質問の回答率はほぼ100％である。

図2.4　質問項目別無回答率（ギャラップ世論調査）、2006〜16年

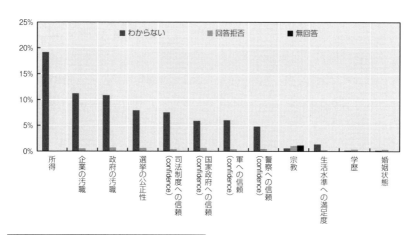

StatLink：http://dx.doi.org/10.1787/888933583633

注：宗教に関する質問について、2011年までは「無回答」という選択肢が与えられていた。所得データは、ギャラップ世論調査の第1ウェーブから第9ウェーブのものである。所得については、回答が欠損している場合は、「わからない」に含まれている。
出典：OECD事務局算定。データ源：ギャラップ世論調査（Gallup World Poll, GWP）データベース（www.gallup.com/services/170945/world-poll.aspx）（OECD信頼データベース収録）。

　性別や婚姻状態と比べると、制度・組織への信頼に関する質問は特に良い結果だったわけではない。回答者の10％以上が、欧州議会または国連についての質問に答えておらず、もっと馴染みがあるはずの国内機関についての質問でも、無回答率は1％から3％の間である。この無回答率は、所得の場合よりもはるかに低いが、性別よりはずっと高い。一般的信頼に関する質問の場合はもっと良い結果で、無回答率はここに収録された3つの質問のいずれも1％以下である。

　図2.4は、無回答率の分析をギャラップ世論調査に広げて、制度・組織への信頼の表面的妥当性をさらに実証している。この調査のサンプルサイズは欧州社会調査よりもかなり大きく、もっと多くの国々のクロスセクション分析を収録している。GWPの分析から得られる全体像は、ESSのそれと非常に良く似ている。所得の無回答率が最も高く19％であるのに対して、婚姻状態と学歴

はいずれも低く（約0.50％）、宗教の無回答率は3％だった。GWPの制度・組織への信頼尺度はいずれも無回答率が高く、警察に対する信頼の5％から、司法制度の8％まで幅がある。汚職と公正な選挙に関する質問の無回答率は、それよりさらに高い。

　したがって、無回答率の分析から得られる表面的妥当性の全体像は複合的である。信頼に関する質問は、どれも所得についての質問——ほぼすべての世帯調査に収集されている——よりも無回答率が低いが、信頼に関する大部分の質問については婚姻状態、教育、性別についての質問よりは高い。宗教は比較的注意を要すると考えられているが、それでも、その無回答率はほとんどの制度・組織への信頼に関する質問の半分未満である（しかし、ESSの一般的信頼の場合よりは無回答率がかなり高い）。無回答率の分析それ自体は、表面的妥当性について決定的な証拠をもたらすわけではない。制度・組織への信頼尺度に対する無回答率が高いのは、その質問が合理的でも、有意義な回答をするための適切な情報を多くの人々が持っていないというだけの理由かもしれない。国内の組織と比べて、国連や欧州議会といった馴染みの薄い組織についての質問で無回答率が非常に高いのは、この見解をある程度支持している。

収束的妥当性

　ある尺度が同じ構成概念の他の尺度と良い相関がある場合、その尺度は収束的妥当性があると言える。例えば、個人の健康状態の自己申告尺度は、それが医療サービスの利用率（利用率が高いと健康状態が悪いということになる）やその主体の健康状態を第三者が評価した結果と相関があるならば、収束的妥当性が高いと見なすことができる。収束的妥当性は、同じ構成概念について様々な妥当な代替尺度が存在する分野では比較的評価しやすいが、理想的な尺度が存在しない場合には評価が難しい（その場合、条件妥当性が適合しない）。信頼の場合、明白な直接的尺度はないが、いくつかの代替尺度が存在する。他者への信頼、特に一般的信頼尺度の場合がそうで、信頼の試験的尺度と非試験的尺度の双方が、収束的妥当性のテストに幅広く用いられている。しかし制度・

組織への信頼の場合、収束的妥当性について入手できる実証が少ない。

──他者への信頼

　収束的妥当性の評価に用いられる他者への信頼に関するデータ源は、主に2つある。1つ目は信頼に関する異なる調査の質問の間の相関を見ることである。第3節では、信頼に関する質問についてのいくつかのアプローチを明らかにしたが（評価、期待、経験）、これらの様々な種類の質問への回答の相関が、貴重な情報源の1つになる可能性がある。また、信頼については様々な情報源から得られる回答がいかに多様であるかを観察することが可能である。収束的妥当性の2つ目の主な情報源で、しかも最も強い実証となり得るものは、試験的研究の結果の中にある。今では、信頼に関する調査質問の妥当性を実証するのに用いられる信頼に関する試験的データが豊富である。最後に、上記よりは範囲が限られているものの、信頼の生物物理学的相関に関して少ないが実証があり、これはまた、収束的妥当性の評価にも関連性がある。これらの実証のほぼすべては、一般的信頼に焦点を当てているが、その理由は一般的信頼に関するデータが限定的な信頼の場合よりも広く入手可能であること、そして一般的信頼の方が限定的信頼よりもほとんどの政策及び分析の目的にとって関連性が高いことによる。

　ナック（Knack, 2001）は、収束的妥当性の観点から一般的信頼尺度の妥当性を概観している。それによると、特に、『リーダーズ・ダイジェスト（*Reader's Digest*）』誌の落とした財布の実験（コラム2.2）から得られたデータは、一般的信頼の調査尺度と相関が良い。落とした財布の実験では、サンプルサイズが比較的小さいが、戻ってきた財布の割合は、WVSの一般的信頼尺度の各国の値との相関が0.65であった（p < 0.01）。1人当たりの所得を調整すると、相関はさらに強くなる。この結果はヘリウェルとワング（Helliwell and Wang, 2010）によっても裏付けられている。ヘリウェルとワングによると、『リーダーズ・ダイジェスト』誌の実験で落とした財布が戻ってきた割合は、落とした財布が戻ってくるという期待を尋ねる質問で得られたデータと相関が良く、WVSの一般的信頼の質問とも相関が良い。さらに、これは他の一般的

信頼に関する質問にも当てはまる。例えば、ファルクら（Falk et al., 2015）は、信頼の選好尺度（「人々は好意だけを持っていると思う」）は、WVSの他者への信頼尺度との相関が0.53（p < 0.01）だと述べている。

　ナック（Knack, 2001）は、様々な質問を考察して、一般的信頼についてのWVSの質問に対する回答が、同調査の他者を利用するような行動（例えば、税金をごまかす、駐車中の車に損害を与えたのに報告しないなど）に対する回答者の態度に関する項目と強い相関があると述べている。これらの相関は、人々が他者が信頼できるかどうかではなく、自分自身の信頼に足る性質を評価することに焦点を当てているので、これらの尺度は実質的な情報を追加するわけではない。ナックとキーファー（Knack and Keefer, 1997）は、一般的信頼と他者を利用するような行動に対する態度との関係は、信頼と落とした財布が戻ってくる割合との関係と同様、1人当たりの所得を調整するとより強くなる。ネフとシャップ（Naef and Schupp, 2009）は、人々の過去の信頼行動（例えば、自分の持ち物を貸す、お金を貸す、ドアに鍵をかけずにおくなど）と一般的信頼尺度との関係を考察している。ドイツ社会経済パネル調査のデータを用いて、筆者は一般的信頼と信頼行動の過去の例との間には頑健な関係があると述べている。

　別の収束的妥当性の実証は、一般的信頼の各国平均水準と、様々な国から来た人々がいかに信頼できるかということの外国人の評価との相関である。ナックは、ユーロバロメーターの「外国出身の人々をどの程度信頼しますか」という質問から得られたデータと、WVSの一般的信頼との相関が0.45（p = 0.056）であると述べている。

　調査データ以外に、今では一般的信頼尺度の妥当性について、数多くの実験的証拠がある。その大半は、コラム2.2で述べたように、信頼ゲームの1つ以上の確率変数を用いた実験室の実験に依拠している（Berg and McCabe, 1995）。グレイザーら（Glaeser et al., 2000）は、信頼の調査尺度の正当性を立証するために、実験室での実験を初めて体系的に用いた。189人のハーバード大学の学生をサンプルとして、筆者は一般的信頼の標準的なWVS尺度[11]と、

100

第2章　信頼の概念と妥当性

信頼ゲームで測る信頼（プレーヤー1からプレーヤー2に渡される最初の報酬の割合）との間には重要な関係がないことを明らかにした。これは、信頼尺度に反する強い実証になるように見えるかもしれないが、グレイザーらは、一般的信頼を問う調査尺度が信頼ゲームにおける信頼に足る行動（trustworthy behaviour）（プレーヤー2がプレーヤー1に返す純報酬の割合）（コラム2.2参照）の強く重要な予測判断材料であることも明らかにしている。言い換えると、実験的証拠から、標準的な一般的信頼の質問で人の信頼に足る性質について妥当なデータを集められるが、個人が信頼しようとする意思があるかどうかについては事前のデータは得られないということである。ラザリーニら（Lazzarini et al., 2004）はブラジルで同じ実験を行っているが、信頼ゲームが匿名で行われたのに対して、対面式で行った場合の影響を調査している。この結果から、一般的信頼の調査尺度は信頼ゲームにおける個人の信頼に足る性質のデータと相関しているが、個人の信頼のレベルとは相関していないというグレイザーらの結論が証明された。コックス（Cox, 2004）とカペラら（Capra et al., 2007）は、信頼の調査尺度と実験結果との関係をさらに詳細に調査している。他人のことを考えたがる選好（other-regarding preferences）という尺度——実験的尺度と調査尺度の双方——を含むことで、著者らは信頼ゲームの他者を信頼するという行動は、利他主義を調整すれば標準的なWVSの質問で十分予測されることを明らかにしている。最後に、ゲヒターら（Gachter et al., 2004）は、標準的な一般的信頼を問う質問が公共財ゲームにおける協力と関係があると述べている。

　これらすべての研究に共通する1つの制約がある。その実験的ゲームで用いられたサンプルサイズが小さく、たいていは非代表標本だということである。このことは、その結果を人口全体に拡大できるのかという問題を提起する。大規模な各国の代表標本を含む国際的な実験研究はまだないが、代替アプローチとして、実験研究の体系的なメタ分析の結果を観察するという方法がある。ジョンソンとミスリン（Johnson and Mislin, 2011, 2012）は、信頼ゲームを使って、35か国の2万3,000人以上の回答者を含む、バーグとマッケーブ（Berg

101

and McCabe, 1995）の信頼実験を再現する162の実験研究の総合的なメタ分析を行った。これらの実験のほとんどは小規模（平均サンプルサイズは148）だが、開発途上国（例えば、カメルーン、ウガンダ）から先進国（例えば、米国、スウェーデン）まで、様々な国が対象となっている。先の実験研究とは異なり、ジョンソンとミスリンは、WVSの一般的信頼尺度と実験的ゲームにおける他者を信頼するという行動との間に正の相関があるが、信頼に足る性質（trustworthiness）とは関係がないことを明らかにしている。この明らかな矛盾に対する1つの説明は、著者らが調査への回答と実験の結果の間の関係を考える際に信頼の水準の各国平均の関係を考察したのに対して、先に引用した実験では個人レベルの相関を考察していたということである。

　一般的信頼尺度の収束的妥当性を評価するための最後の情報源は、フェール（Fehr, 2009）によるもので、オキシトシン（哺乳類の向社会的行動を引き起こす神経伝達物質）の影響を分析する一連の実験について論じている。実験場では、信頼ゲームの直前にオキシトシンを含んだ鼻腔用スプレーを嗅いだプレーヤーは、偽薬のスプレーを嗅いだプレーヤーよりも他者を信頼するという行動のレベルが非常に高くなった。フェールはこの実験の設定によれば、オキシトシンがプレーヤーの一般的な利他主義またはリスク選好に影響を及ぼすことで、信頼に影響を及ぼしたという可能性を排除することができると述べている。したがって、ひるがえってこの研究では、信頼ゲームで得られた信頼尺度は純粋に他者を信頼する行動を把握するもので、神経系統に確実に根ざしているということを示唆している。

──制度・組織への信頼

　制度・組織への信頼については、ギャラップ世論調査、ユーロバロメーター、ラティーノバロメーターに制度・組織への信頼尺度が含まれているおかげで、他者への信頼の場合よりも多くの調査データがあるが、制度・組織への信頼尺度の収束的妥当性についての情報はそれよりはるかに少ない。これは特に実験的分析に当てはまることで、標準的な信頼ゲームが制度・組織への信頼の分析に適していないからである。もう一つの複雑な要因は、他者への信頼について

は一般的信頼を他者への信頼の好ましい尺度として用いるという明確な合意があるのに対して、制度・組織への信頼は複数の次元を対象としており、そのいずれも関心あるものだということである（コラム2.1参照）。

　ブッカートとヴァン・デ・ウォーレ（Bouckaert and Van de Walle, 2003）は、信頼という観点から行政に関する文献を精査し、制度・組織への信頼尺度がグッドガバナンスを適切に把握していないと述べているが、彼らの分析は実証されたものではなく推論である。ダヴィドフとコロミナ（Davidov and Coromina, 2013）はそれより実証的アプローチを取って、欧州社会調査の第4ウェーブから得られたデータを用いて、欧州諸国内における測定の不変性（measurement invariance）を、他者への信頼と政治に対する信頼の双方についてテストしている。他者への信頼尺度について尺度の不変性（scale invariance）については限られてはいるが裏付けが得られた（Reeskens and Hooghe, 2008の結論に似ている。彼らは欧州社会調査の2002年と2004年のウェーブにおける信頼項目について計量的同等性検定（metric equivalence test）を用いた）のに対して、その実証は、政治に対する信頼尺度についての裏付けがさらに少ない。特に、彼らのモデルは政治家への信頼と議会または司法制度への信頼尺度の間の強い収束性を却下している。クックとグロンケ（Cook and Gronke, 2005）は、制度・組織への信頼の別の尺度について同様の矛盾を明らかにしており、異なる質問の間の相関は0.22〜0.36だったとしている。クックとグロンケは、これらの相関を許容範囲内と考えているが、それらがわずかに異なる概念を把握していることを考えても、他者への信頼の異なる尺度間の相関と比べると低い。制度・組織への信頼の調査尺度と実験尺度を比較した暫定的な実証があり、それは精神測定法の潜在的連合テスト（psychometric implicit association testing）に依拠している（OECDのトラストラボ（Trustlab）プロジェクトについてはコラム2.4参照。または、Intawan and Nicholson, 2017参照）。各国政府への信頼についての初期の結果から、調査尺度と実験尺度の間の相関は低いが有意であることがわかり、潜在的信頼は一貫して自己申告の信頼より高いスコアを示している。

コラム 2.4　トラストラボ

　信頼ゲームに関する既存の実験的文献の主な制約は、ほぼすべての実験で小規模の非代表標本を用いている点である。回答者はある専攻の大学生または大学院生といった便宜的抽出の場合が多く、より一般的な環境で同じ結果がどの程度得られるかという懸念が提起されている。それでも実験的テクニックは、実社会における行動をかなり良く予測できると考えられ（Karlan, 2005; Benz and Meier, 2006; Algan and Cahuc, 2013）、また標準的な調査質問に関わる方法論的バイアスと比較すると、実験的テクニックからは異なる種類の方法論的バイアスが関わるため、魅力的である。つまり、これら2つのアプローチは互いに妥当性を評価するのに適しているということである。ジョンソンとミスリン（Johnson and Mislin, 2011）のようなメタ分析は、こうした問題に対処する方法の1つで、別の研究者（Fehr et al., 2003; Falk et al., 2016）は、学生を使った小規模の実験サンプルから得た妥当性に基づいて代表標本調査を行っているが、理想的なアプローチは、大規模な国単位の代表標本に対して各国とも同じ質問票と実験設計で国際比較を行うことである。

　トラストラボ（Trustlab）は、OECD、パリ政治学院（Sciences Po）、その他様々な学術パートナーと政府パートナーが共同で行っているイニシアチブで、OECD諸国における信頼について一連の比較可能な実証研究を行っている。各研究では、年齢、性別、所得で層化された1,000人の各国の代表標本を元にしている。現状では、回答者は専用のオンライン・プラットフォームにログインして、社会規範と価値観の行動尺度がわかる3つの実験的ゲームに参加する。その3つのゲームとは、独裁者ゲーム（利他主義に関する情報を提供）、信頼ゲーム（信頼と信頼に足る性質に関する情報を提供）、公共財ゲーム（公共財に協力、貢献する意思に関する情報を提供）である。この3つのゲームのいずれにおいても、回答者は他の回答者と組み合わされ、約10米ドルの実際のお金を使ってプレーする。一部の国々では、特定の人口グループの信頼を評価する条件付き信頼ゲームが含まれている。ゲームが終わると、回答者は様々な制度・組織（具体的には、政府、司法制度、マスコミ）に対する態度について、一連の潜在的連合テストに応える。潜在的連合テストは精神測定のテクニックで、社会的望ましさのせいで回答者が

第2章 信頼の概念と妥当性

正直に応えたくない可能性がある状況、または認識の欠如によって明示的な自己申告で測ることが難しい場合に、回答者の態度をテストするために使われる (Greenwald et al., 2002)。こうしたテストは、黒人、女性、高齢者など一般に差別されてきた社会的グループに向けられる認識、ステレオタイプ、態度を測るのに用いられ、成功を収めている (Dasgupta and Asgari, 2004; Aberson et al., 2004)。トラストラボの最後では、回答者に信頼についての一連の質問を収録した調査質問票に答えてもらう。その中には、他者への信頼と制度・組織への信頼双方を測る様々なアプローチ、利他主義や相互依存といった他の社会的規範に対する自分の考え、信頼の潜在的政策的動機に関する様々な質問が、基本的な人口的、社会経済的情報に関する質問とともに収録されている。トラストラボはすでに、フランス、韓国、米国、ドイツ、イタリア、スロベニアで全国規模の代表標本で実施されており、今後その他の国々でも実施されることになっている。その最初の実証は、2018年初頭に公表される予定である＊。

＊訳注 : Murtin, F., et al. (2018), "Trust and its determinants: Evidence from the Trustlab experiment", *OECD Statistics Working Papers*, No. 2018/02.

──制度・組織への信頼尺度の妥当性を判断するための新たなアプローチ

　制度・組織への信頼尺度の収束的妥当性については、既存の実証が限られているが、それは尺度の改良が不可能だということではない。実際、有益な情報を生み出す可能性があるこれらの尺度の収束的妥当性を調査するために開かれた、いくつかの実験的戦略がある。これらのほとんどには、実際の行動の中での制度・組織への信頼に関する既存のデータの分析と、人々の行動からわかる信頼のレベルが制度・組織への信頼の調査尺度と一致しているかどうかの評価が含まれている。これらが今まで詳細な分析の対象とされてこなかったということが、学術的リソースが適切に配分されていないことを表している。特に、制度・組織への信頼の諸側面を分析した政治学の文献は数多くあるが、実際の行動に対する制度・組織への信頼尺度の妥当性を体系的にテストしたものはなく、大きな研究ギャップとなっている。制度・組織への信頼尺度の妥当性をテ

ストするためのあらゆる研究戦略の可能性を詳細に挙げることは、本ガイドラインの範囲外だが、学術的取り組みが非常に重要な問題に向けられるようにするために、以下にいくつかの提案を行う。

　警察と、もっと広く司法制度に対する信頼は、収束的妥当性に関する情報を得られる2つの分野である。警察と司法制度双方への信頼尺度は、様々な国々を網羅したいくつもの調査から得ることができる（例えば、ESS、EQLS、WVS）。これは、分析のための調査データを提供している。調査尺度の妥当性をテストするための行動データは、犯罪被害調査と警察のデータから得られる。特に、警察と司法制度に対する信頼の高さは、警察に通報される犯罪被害の割合の高さに反映されているはずである。犯罪被害調査は、犯罪被害の基準率に関する情報を提供しているのに対して、警察の統計は、警察に通報された犯罪の比率を記録している。したがって、警察に通報された犯罪被害が犯罪全体に占める割合が、警察への信頼の値と各国とも密接に関連しているかを調べることができるはずである。

　他の同様の分析から、制度・組織への信頼の他の諸側面についての情報を得ることができる。例えば、ボトル入り飲料水の一人当たりの消費量は、上水に携わる機関への信頼の代替尺度として用いることができ、一国内の異なる自治体間でテストすることができる。このような場合は明らかに、様々な地域間の所得を調整することが不可欠であるが、これは大きな問題ではない。また、民間の医療保険に加入している人の割合の国際的な違いは、公的医療サービスへの信頼の代替指標として用いることができるかもしれない。似たような代替指標は、教育や防災といった分野にも見られる。この種の分析からは、公共機関への全体的な信頼に関する情報はあまり得られないが（概念の中の特有の難しさを反映している可能性がある）、特定機関への信頼尺度にとっては非常に強い基礎となる。そのため、行動データを用いた制度・組織への信頼の収束的妥当性についての研究は、制度・組織への信頼という観点から優先される研究課題とすべきである。

構成概念妥当性

　異なる情報源から引用された信頼尺度が各国間の信頼の散らばりについて同じ絵を提供してくれるという実証に加え、信頼尺度が期待通りに反応するかどうかを考察することも有益である。例えば、知らない人に対する信頼（一般的信頼に関するWVSの標準的質問）が（Scrivens and Smith, 2013が論じているように）社会関係資本の重要な一部だとするならば、経済社会的成果が良いほど信頼のレベルは高くなると期待できる。同様に、制度・組織への信頼のレベルが高いほど、共通の目標を追求するために政府機関に協力しようとする人々の意思が強くなる、または政府の信頼に足る性質の尺度が高くなるはずである。

　一般的に、他者への信頼と制度・組織への信頼双方の尺度は、構成概念妥当性という点で十分な根拠がある。収束的妥当性の観点から信頼（特に制度・組織への信頼尺度）を分析した論文は少ないが、他者への信頼、制度・組織への信頼双方の決定要因と相関を考察した文献は多い。これは、経済学、政治学、社会学、公共経営学などの分野で信頼尺度に対する関心が高いことを反映している。実際、構成概念妥当性という点で信頼尺度がうまく機能しているという事実は、こうした尺度の他の種類の妥当性をもっと公式にテストしようとする動きが起こらないことの理由である。

──他者への信頼

　他者への信頼については、既存の非公式データに限定された中では、収束的妥当性は特に一般的信頼については十分な根拠がある。一般的信頼のレベルが高い国々は、所得が高い傾向があり（Fukuyama, 1995; Whitely, 1997; Knack and Keefer, 1997; La Porta et al., 1997; Algan and Cahuc, 2013）、これは、一般的信頼が社会関係資本の中核的要素で互いによく知らない人々の間のやりとりのコストを下げるために重要だという見解と一致する。図2.5は、所得（一人当たりGDP）と2002年から2014年のESSにおける一般的信頼との関係を表しているが、欧州諸国についてこの2つの尺度の間には明確な相関があることがわかる（r = 0.67）。

　所得水準だけでなく、信頼は経済の短期的な実績とも相関している。図2.6は、2002年から2014年のESSにおける一般的信頼と欧州諸国の失業率との相

図2.5　一般的信頼と一人当たりGDP（欧州諸国）、2002～14年

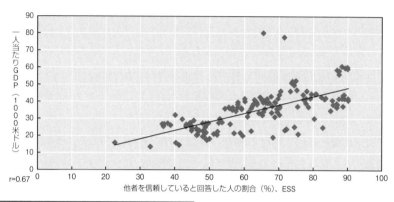

注：この相関は、次の標準的な一般的信頼に関する質問を元にしている。「一般的に言って、ほとんどの人は信頼できると思いますか、それとも人と付き合うときは非常に気をつける必要があると思いますか」。0～10の回答尺度のうち5～10が他者を信頼していることを表すように回答のコードがつけ直されている。
出典：OECD事務局算定。データ源：欧州社会調査（European Social Survey, ESS）データベース（www.europeansocialsurvey.org/data）（OECD信頼データベース収録）及びOECD.Statデータベース（http://stats.oecd.org/index.aspx?DataSetCode=PDB_LV）。

図2.6　一般的信頼と失業（欧州諸国）、2002～14年

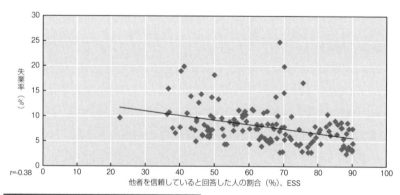

注：この相関は、次の標準的な一般的信頼に関する質問を元にしている。「一般的に言って、ほとんどの人は信頼できると思いますか、それとも人と付き合うときは非常に気をつける必要があると思いますか」。回答のコードがつけ直されているため、0～10の回答尺度のうち5～10が他者を信頼していることを表しているものとする。
出典：OECD事務局算定。データ源：欧州社会調査（European Social Survey, ESS）データベース（www.europeansocialsurvey.org/data）（OECD信頼データベース収録）及びOECD.Statデータベース（http://stats.oecd.org/index.aspx?queryid=36324）。

図2.7　一般的信頼と平均寿命（欧州諸国）、2002〜14年

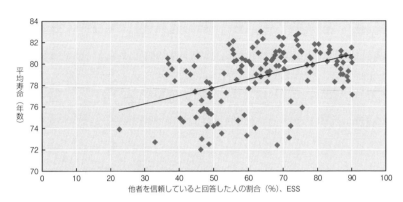

StatLink : http://dx.doi.org/10.1787/888933583690

注：この相関は、次の標準的な一般的信頼に関する質問を元にしている。「一般的に言って、ほとんどの人は信頼できると思いますか、それとも人と付き合うときは非常に気をつける必要があると思いますか」。0〜10の回答尺度のうち5〜10が他者を信頼していることを表すように回答のコードがつけ直されている。
出典：OECD事務局算定。データ源：欧州社会調査（European Social Survey, ESS）データベース（www.europeansocialsurvey.org/data）（OECD信頼データベース収録）及びOECD.Statデータベース（https://stats.oecd.org/index.aspx?queryid=24879）。

関を表している。その関係性は所得の場合より弱いが、欧州諸国の一般的信頼は失業率と明らかに負の相関がある。

一般的信頼が個人の健康と正の相関があるという証拠もある（Kawachi and Berkman, 2000; Boreham et al., 2004; Ginn and Arber, 2004）。図2.7は、図2.5、図2.6と同じデータセットを用いて、一般的信頼と平均寿命との関係を明らかにしている。その関係性は所得の場合より弱いものの、平均寿命も一般的信頼と強い相関がある（r = 0.44）。

一般的信頼とその他の重要な社会的結果との間に頑健な関係があるという実証もある。所得と同様に、これは社会関係資本に関する文献とも一致しており、多岐にわたる様々な目標を達成するために知らない人同士が協調行動を取る際に、一般的信頼が重要だということを示している。サンプソン（Sampson, 2012）は、一般的信頼と犯罪発生率の間には負の相関があることを明らかにしているが、一般的信頼と主観的幸福の尺度との間の関係については数多くの文

図2.8　一般的信頼と生活満足度（欧州諸国）、2002〜14年

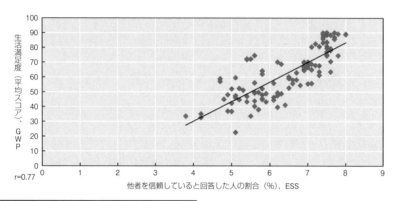

注：この相関は、次の標準的な一般的信頼に関する質問を元にしている。「一般的に言って、ほとんどの人は信頼できると思いますか、それとも人と付き合うときは非常に気をつける必要があると思いますか」。0〜10の回答尺度のうち5〜10が他者を信頼していることを表すように回答のコードがつけ直されている。生活満足度のスコアは、以下の質問に対する回答尺度0〜10の各国の平均スコアで表している。「全体として、あなたは最近のご自分の生活にどの程度満足していますか」。回答尺度の0は、「全く満足していない」、10は「完全に満足している」ことを表す。
出典：OECD事務局算定。データ源：欧州社会調査（European Social Survey, ESS）データベース（www.europeansocialsurvey.org/data）（OECD信頼データベース収録）及びギャラップ世論調査（Gallup World Poll, GWP）データベース（www.gallup.com/services/170945/world-poll.aspx）（OECD信頼データベース収録）。

献がある（例えば、Algan and Cahuc, 2013; Helliwell and Wang, 2010）。図2.8は、国レベルの一般的信頼と生活満足度の相関を表しており、欧州諸国では一般的信頼の変動が生活満足度の変動と強い共変を示すことを明らかにしている（r = 0.77）。ボアリーニら（Boarini et al., 2012）は、この分析をさらに進め、人口変数と経済変数について調整すると、国レベルの他者への信頼の平均水準が、個々人の信頼とは無関係に、それらの国々の住民の生活満足度と強い相関を示すことを明らかにしている。

――制度・組織への信頼

　制度・組織への信頼と政府の政策に対する市民の支持の間には、正の関係があるという確かな実証がある。チョウとキム（Zhao and Kim, 2011）は国際分析を行い、制度・組織への信頼と、各国が受け入れる海外直接投資の水準との間には正の相関があることを明らかにしている。マーフィー（Murphy, 2004）

とマーフィーら（Murphy et al., 2009）は、規制当局への信頼と規制対象分野における自主的遵守との間には、顕著な正の関係があることを明らかにしている。同様に、ダウデら（Daude et al., 2012）は、制度・組織への信頼と納税意思との間にも強い関係があることを証明している。また、ナックとキーファー（Knack and Keefer, 1997）は、約30か国のWVSへの回答を分析し、市民の政府への信頼と官僚制度の効率性の客観的指標の尺度の間には、正の相関があることを明らかにしている。さらに、ドイツの政府サービスに対する満足度調査（Zufriendenheitsbefragung）（2015年）は、サービスへの満足度と、特定機関の能力とその機関への信頼尺度との間に正の相関があることを指摘している。制度・組織への信頼と汚職の起こりやすさとの間にも、国際的に頑健な相関がある（OECD, 2013b）。図2.9は、OECD諸国についてこの関係を表したもので、汚職の発生度が政府への信頼（r = 0.65）と司法制度への信頼（r = 0.74）の双方と相関していることがわかる。

　他者への信頼と同様に、制度・組織への信頼も経済的成果と結びついているという証拠がある。図2.10は、政府と司法制度という2つの制度への信頼と一人当たりGDPとの関係を表している。いずれの場合も強い正の相関で、司法制度への信頼の方がわずかではあるがさらに強い。これは直感的に理にかなっている。契約の執行または市場の規制といった経済的成果に制度が影響を及ぼすときに使う主な手段の多くは、より一般的な政府よりも司法制度と直接的に結びついているからである。

　ロス（Roth, 2015）は、1999年から2014年のユーロ圏の12か国において、他者への信頼と失業との間に強い負の相関があることを明らかにしている。図2.11は、別のデータ源を用いてこの関係を証明し、さらに制度・組織への信頼の別の形態について関係の相対的な強さの情報を提供している。司法制度への信頼と失業率の間に関係はあるが（r = − 0.31）、政府への信頼と失業率の方が関係が強い（r = −0.37）。これは、制度・組織への信頼についての質問への回答は、回答者の制度・組織一般への信頼と質問の焦点となっている特定の制度・組織への信頼の双方が反映するという意見と一致している。この場合、司

図2.9　制度・組織への信頼と汚職の起こりやすさ（OECD諸国）、2006～15年

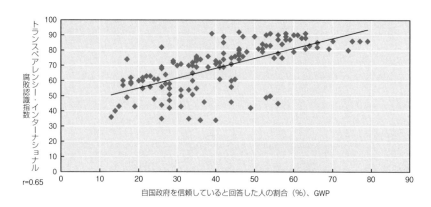

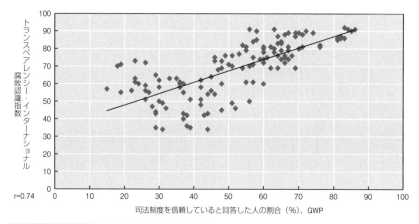

StatLink：http://dx.doi.org/10.1787/888933583728

注：ギャラップ世論調査の質問は以下の通り。「この国で、あなたは以下のそれぞれについて信頼していますか。政府について。司法制度と裁判所について」。トランスペアレンシーインターナショナルの腐敗認識指数は、諸国に0～100のスコアをつけている。スコアが高い国ほど、透明性があり汚職が少ないとされる。

出典：OECD事務局算定。データ源：ギャラップ世論調査（Gallup World Poll, GWP）データベース（www.gallup.com/services/170945/world-poll.aspx）（OECD信頼データベース収録）及びトランスペアレンシーインターナショナル（Transparency International）2016年腐敗認識指数（Corruption Perception Index）データベース（www.transparency.org/news/feature/corruption_perceptions_index_2016）（OECD信頼データベース収録）。

第2章 信頼の概念と妥当性

図2.10 制度・組織への信頼と一人当たりGDP（OECD諸国）、2006〜15年

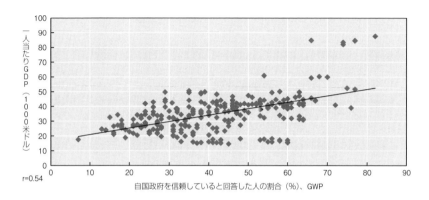

r=0.54

横軸：自国政府を信頼していると回答した人の割合（%）、GWP
縦軸：一人当たりGDP（1000米ドル）

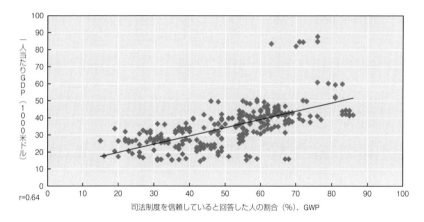

r=0.64

横軸：司法制度を信頼していると回答した人の割合（%）、GWP
縦軸：一人当たりGDP（1000米ドル）

StatLink：http://dx.doi.org/10.1787/888933583747

注：ギャラップ世論調査の質問は以下の通り。「この国で、あなたは以下のそれぞれについて信頼していますか。政府について。司法制度と裁判所について」。
出典：OECD事務局算定。データ源：ギャラップ世論調査（Gallup World Poll, GWP）データベース（www.gallup.com/services/170945/world-poll.aspx）（OECD信頼データベース収録）及びOECD.Statデータベース（http://stats.oecd.org/index.aspx?DataSetCode=PDB_LV）。

113

図2.11 制度・組織への信頼と失業率（OECD諸国）、2006～15年

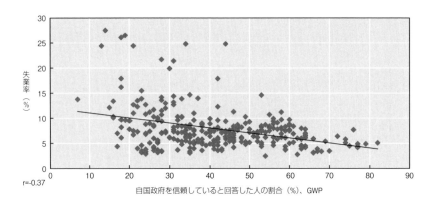

自国政府を信頼していると回答した人の割合（%）、GWP
r=-0.37

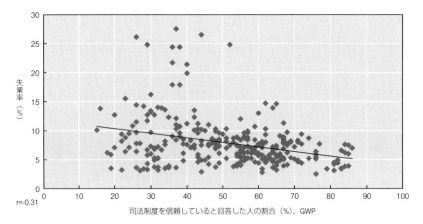

司法制度を信頼していると回答した人の割合（%）、GWP
r=-0.31

StatLink：http://dx.doi.org/10.1787/888933583766
注：ギャラップ世論調査の質問は以下の通り。「この国で、あなたは以下のそれぞれについて信頼していますか。政府について。司法制度と裁判所について」。
出典：OECD事務局算定。データ源：ギャラップ世論調査（Gallup World Poll, GWP）データベース（www.gallup.com/services/170945/world-poll.aspx）（OECD信頼データベース収録）及びOECD.Statデータベース（https://stats.oecd.org/index.aspx?queryid=3632）。

第2章　信頼の概念と妥当性

図2.12　制度・組織への信頼と殺人率（OECD諸国）、2006～15年

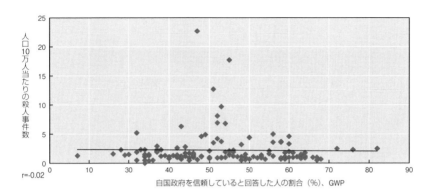

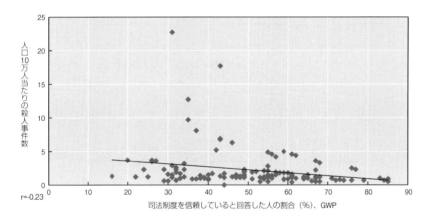

StatLink：http://dx.doi.org/10.1787/888933583785

注：ギャラップ世論調査の質問は以下の通り。「この国で、あなたは以下のそれぞれについて信頼していますか。政府について。司法制度と裁判所について」。
出典：OECD事務局算定。データ源：ギャラップ世論調査（Gallup World Poll, GWP）データベース（www.gallup.com/services/170945/world-poll.aspx）及び国連薬物・犯罪事務所（UNDOC）殺人統計（Homicide Statistics）データベース（www.unodc.org/gsh/en/data.html）（OECD信頼データベース収録）。

図2.13 制度・組織への信頼と生活満足度（OECD諸国）、2006～15年

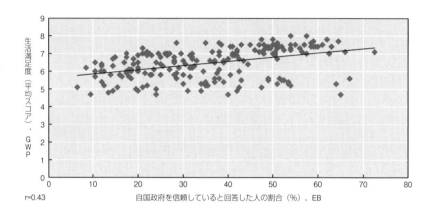

r=0.43　　自国政府を信頼していると回答した人の割合（%）、EB

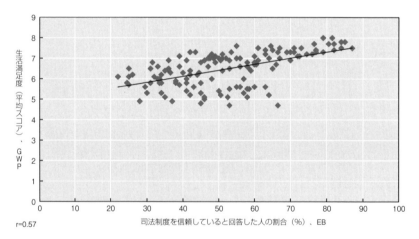

r=0.57　　司法制度を信頼していると回答した人の割合（%）、EB

StatLink：http://dx.doi.org/10.1787/888933583804

注：ユーロバロメーターの2つの質問は以下の通り。「ある制度に対してあなたがどのくらい信頼しているかを尋ねます。以下のそれぞれの制度について、どちらかといえば信頼している、またはどちらかといえば信頼していない、のいずれかでお答えください。中央政府。立法制度」。生活満足度のスコアは、以下の質問に対する回答尺度0～10の各国の平均スコアで表している。「全体として、あなたは最近のご自分の生活にどの程度満足していますか」。回答尺度の0は、「全く満足していない」、10は「完全に満足している」ことを表す。

出典：OECD事務局算定。データ源：欧州委員会（European Commission）ユーロバロメーター（Eurobarometer、EB）データベース（http://ec.europa.eu/commfrontoffice/publicopinion/index.cfm#p=1&instruments=STANDAR）及びギャラップ世論調査（Gallup World Poll, GWP）データベース（www.gallup.com/services/170945/world-poll.aspx）（OECD信頼データベース収録）。

第2章　信頼の概念と妥当性

法制度よりも政府の方が相関が高く、司法制度と雇用政策との関連性の方が弱いことが反映している。

　司法制度への信頼が、より一般的な政府への信頼との関係よりもはるかに強いと人々が考えるであろう分野は、犯罪である。制度・組織への信頼尺度が正当であれば、犯罪率の変動は政府全体への信頼よりも司法制度への信頼とより強く結びつくはずである。これは、図2.12が示していることである。同図は人口10万人当たりの殺人率を犯罪の起こりやすさの代替指標として用いて、犯罪率と政府への信頼との間には基本的に相関はないが、司法制度への信頼との間には重大な負の相関がある（r = − 0.23）ことを明らかにしている[12]。

　制度・組織への信頼尺度の収束的妥当性の最終チェックは、これらの尺度と全体的な生活満足度との関係を見ることである。制度・組織への信頼と生活満足度との間に正の相関があることは、信頼される機関の方がよりよく機能し、したがって人々の生活満足度にとって重要な他の成果にも関連しやすくなること、また信頼に足る政府は人々が自分の生活をどのくらい大事にするかということに直接的に重要な関わりを持っていることから、推測できる（Frey and Stutzer, 2005, 2006）。図2.13は、全体的な生活満足度と、政府への信頼と司法制度への信頼双方との間に強い正の関係があることを明らかにしている。この関係は、司法制度への信頼との方が（r = 0.57）政府との信頼（r = 0.43）よりもわずかに強いが、いずれも図2.8で見られた一般的信頼と生活満足度との相関（r = 0.77）よりは低い。

主な問題点
──他者への信頼尺度の妥当性

　一般的に、一般的信頼尺度の妥当性については強い実証があるが、特に限定的信頼尺度の妥当性に焦点を当てた実証は比較的少ない。一般的信頼尺度は、表面的妥当性、構成概念妥当性、収束的妥当性という観点からうまく機能している。そこには、尺度が国際レベルで評価されるのか、個人の回答レベルかという問題がある。個人レベルでは、一般的信頼のいくつかの尺度の試験・再試

117

験信頼度にはいくらかの疑問が残るが、国レベルの結果はデータ源が異なっても時間がタイミングが異なっても信頼度が高い。一般的信頼尺度の妥当性のエビデンス・ベースは、理想的と言えるほどは開発されていないものの、そのような尺度が目的に適っていると結論づけるに十分なレベルである。特に、一般的信頼尺度は人々の幸福や社会関係資本について、またその他の社会的、経済的成果を引き出すものについての有意義な情報を提供することができる。限定的信頼に関しては、実証がないことは恐らく最初の印象ほどは重要な問題ではない。限定的信頼については直接的な実証はほとんどないが、最も限定的な信頼に関する質問でも概念的には一般的信頼に関する質問と非常に類似しており、妥当性についてもっと詳細な分析を行うことで類似の正の結果が得られる可能性がある。

——制度・組織への信頼尺度の妥当性

制度・組織への信頼尺度の妥当性についての実証は、他者への信頼の場合よりも錯綜している。一般に制度・組織への信頼尺度は構成概念妥当性についてはうまく機能しているが、表面的妥当性と収束的妥当性については様相がそれよりはるかに不透明である。入手できる無回答率の実証から、所得の尺度（公式統計の一部として定期的に収集されている）よりは依然として無回答率が低いものの、制度・組織への信頼尺度の無回答率は、他者への信頼尺度や典型的な人口統計的質問の場合よりも高い。国連、欧州連合といった人々が日常接する機会が少ない機関ほど無回答率が高く、その要因には回答者側の知識の欠如が挙げられる。収束的妥当性の場合は、問題は実証そのものが全くないことであって、制度・組織への信頼尺度の側に妥当性がないことを指摘する証拠があることではない。

——妥当性の限界

妥当性に関する議論のほとんどは、信頼性尺度の妥当性を支持する実証の有無という観点から論じられている。全体像がほぼ肯定的であるため、そこにはこのテーマに関する学術研究のバランスがかなり反映されている。しかし、信頼尺度の妥当性に関して重大な限界があることを示す結果があることも事実である。懸念材料の1つは、グレイザーら（Glaeser et al., 2000）とラザリーニら（Lazzarini et al., 2004）の報告結果である。それによると、一般的信頼の

第2章　信頼の概念と妥当性

調査尺度は信頼ゲームの信頼の標準的尺度ではなく、信頼に足る性質（trustworthiness）と相関しているだけだと述べている。しかし上述の通り、他者のことを考えたがる選好（other-regarding preferences, 自分自身に加えて他者の物質的報酬を優先したがる）を調整すると（Cox, 2004; Capra et al., 2007）、あるいは個人の結果とは対照的に国際比較の平均を見ると、逆の結果が出る（Johnson and Mislin, 2012）。

デルヘイら（Delhey, Newton and Welzel, 2011）が挙げるもっと重要な問題は、ローゼンバーグの一般的信頼に関する質問を人々がどう解釈するかが、国によって大きく異なるということである。特に、デルヘイらは、大半の国々では、ローゼンバーグの一般的信頼に関する質問にある「ほとんどの人々」を、回答者が知らない人々と解釈しているのに対して、少数だが無視できない数の国々では、回答者は自分がよく知っている家族や人々のことだと解釈して回答していることを明らかにしている。後者は特に貧しい国々と儒教文化の国々で見られる。デルヘイらの意見の重要性については議論があるが（Uslaner 2002; Algan and Cahuc, 2013）、質問の解釈の仕方に無作為ではない国際的なパターンがあることは懸念材料である。一般的質問の解釈における系統的な違いが測定誤差を増やすだけでなく、結果に系統的なバイアスを生じさせ、それが国際比較またはグループ間比較の解釈を困難にする恐れがある。

他者への信頼尺度に対して、制度・組織への信頼は知らない人への信頼か、知っている人への信頼かという問題はないが、シュナイダー（Schneider, 2016）は別の重要な問題を提起している。東欧と旧ソ連諸国の制度・組織への信頼の分析において、シュナイダーは、制度・組織への信頼尺度に関する誤差項は各国間で測定しようとしているものと相関すると述べている。つまり、制度・組織への報告される信頼度は、その制度・組織の信頼に足る性質（trustworthiness）との関係が「U字型」になるということである。これは、始めは、機関の質が落ちるにつれて人々は政府機関への信頼度を低く報告するが、政府の機関の腐敗がさらに進むと、回答者は政府への信頼の欠如を報告すらしなくなることを意味しており、恐らく、その情報を集めている機関に対す

119

る信頼が欠如していることを反映していると考えられる。デルヘイらが挙げる一般的信頼についての問題は、尺度の機能に対する実際の影響は限られている見えるが、それとは対照的に、シュナイダーが提起する制度・組織への信頼についての問題は重要である。

　すでに論じた3つの問題に加えて、強調しておくべきもっと重要な問題が1つある。それは、信頼尺度の妥当性に関わる多くの要点に関して、実証がないということである。一般的信頼については、実証は総じてかなり強く、実証がないのは比較的狭い範囲の問題に限定されている。特に、他者への信頼尺度の試験・再試験信頼度についての実証がもっと多ければ有益であろう。収束的妥当性の非試験的側面についてももっと系統的に考察することが、同じく有益であろう。ナック（Knack, 2001）及びネフとシュップ（Naef and Schupp, 2009）は、入手できる実証を総合的に概観していて有益だが、妥当性に関するテスト質問のために設計された調査から得たデータを用いて、収束的妥当性の問題についてもっと系統的な量的調査を行うことが有益であろう。これは、ある程度すでに行われており（Naef and Schupp, 2009; Falk et al., 2015; Trustlab）、ここで比較的楽観的であることには理由がある。

　制度・組織への信頼の場合、妥当性に関して入手できる実証の欠如はより深刻である。制度・組織への信頼尺度の収束的妥当性については、実証がほとんどない。表面的妥当性と構成概念妥当性の実証が曖昧であることから、これは主な制約となる。制度・組織への信頼尺度が機能しない実証は強くはないものの、制度・組織への信頼尺度の妥当性を決定的に支持できる研究は依然としてない。さらに重要なのは、この分野における改善が重要だという提案もほとんどないということである。実験的尺度の最近の動向は、ほとんどが制度・組織への信頼ではなく他者への信頼に焦点を当てており、こうした実験的研究は確かに広く存在しているが、幅広く適用するには制約がある（例えば、Penczynski and Santana, 2016）。このギャップが埋まらない限り、実証の欠如は依然として、制度・組織への信頼尺度の妥当性における信頼度を高める上での障壁となる。

第2章　信頼の概念と妥当性

第5節　結論

本章で挙げた主な問題点は、以下の通りである。

◉ 信頼の水準に対する社会の関心が今ほど高まったことはなく、それが信頼を測る方法を発見する強いインセンティブを創出している。他者への信頼と制度・組織への信頼のいずれも、社会が機能するための重要な要素である。国立統計局の観点からすると、主な問題は、このような関心を、信頼を測るための系統的な取り組みに転換するべきかということである。関連性と正確性は、国立統計局がこの決定を行うための2つの重要な基準であり、どのような公的統計尺度もこの2つを満たしているということが重要である。関連性が重要なのは、収集されたデータが利用者にとって重要か、またそれが政策当局と広く一般市民への情報提供に貢献できているかということを反映しているからである。また、正確性が重要である理由は、データが評価しようとする問題の真の姿を提供できて初めて、そのデータが意思決定に有効に寄与していると言えるからである。

● 信頼尺度の関連性については、疑問の余地はない。他者に対する信頼——特に一般的信頼——の尺度は、社会の幸福度の評価、社会関係資本の測定、社会経済的成果を高める他の要因の理解に不可欠である。これは、一般的信頼を高める要因とその結果に関する文献数がさらに増加していることと、英国やイスラエルが行っている幸福の測定イニシアチブから国連持続可能な開発目標（SDGs）まで幅広く、関心の結果として一般的信頼を含む各国及び国際的な様々なイニシアチブの幅が広がっていることの双方に反映されている。同様に、制度・組織への信頼にも高い関心が集まっており、そのことは測定イニシアチブと多種多様な学術文献の双方から窺える。制度・組織への信頼を理解することは、幸福の測定にとって重要であるだけでなく、政府の有効性と政府の民主制度の機能性を理解する上でも不可欠である。

121

- 信頼尺度の正確性は、それほど明確ではない。総じて、一般的信頼尺度の妥当性については強い実証があるが、限定的信頼尺度の妥当性に焦点を当てた実証は比較的少ない。一般的信頼尺度は、表面的妥当性、構成概念妥当性、収束的妥当性という観点からうまく機能している。そこには、その尺度が国際的に評価されるのか、あるいは個人の回答レベルで評価されるのかという問題が残る。個人レベルでは、一般的信頼のいくつかの尺度の試験・再試験信頼度にはいくらかの疑問が残るが、国レベルの結果はデータ源が異なっても時間が異なっても信頼度（reliable）が高い。あらゆる無形概念がそうであるように、一般的信頼の測定は回答者が目の前にある質問をどう解釈するか、また彼らの主観的判断といったいくつもの問題を提起するが、これらの問題は解決困難ではない。こうした問題があっても、一般的信頼に関する質問から妥当なデータを得られるという実証があり、またその他の測定の問題に新たな視点を提供してくれる幅広い研究がある。実際、一般的信頼尺度の妥当性の方が、公的統計の従来型要素の場合よりも、多くのことが理解される可能性もある。この観点から、一般的信頼尺度は目的に適っているとみなすことができ、関連する公的調査で測定されるべきである。

- 制度・組織への信頼尺度の全体像は、他者への信頼尺度の場合よりも複雑である。制度・組織への信頼尺度は、一般に構成概念妥当性という点では比較的うまく機能するが、表面的妥当性や収束的妥当性については、状況はそれほど明白ではない。したがって、このような尺度が場合によってバイアスの影響を受けているかもしれないと考えられる理由があり、妥当性のいくつかの主要側面については、どちらにせよ単純に実証がない。こうした理由から、制度・組織への信頼尺度の関連性にもかかわらず、公式統計の文脈で目的に適っているとは簡単には言えない。しかし、これはこのような尺度が公的統計制度にふさわしくないという意味ではない。むしろ、このような尺度を試験的なものと捉え、その試験的な立場が明確な文脈で実施されるべきだと述べているのである。これは特に国立統計局にとって重要である。その一方で、このような尺度の関連性は、学界と国立統計局の双方において、更なる研究を優先的に

第2章　信頼の概念と妥当性

行う必要があることを示唆してもいる。制度・組織への信頼尺度の正確性に関する主な方法論的疑問の多くは、国立統計局のみが実現できる大規模なサンプルサイズと回答率があれば解決できる。これらの問題のいくつかについては、すでに進捗が見られる。そのことについては、第3章で詳述する。

注

1. 経済学学術文献データベースEconLitで、2000年から2016年の文献から"trust"または"trustworthiness"という用語を検索すると、5,242件の結果が表示される。Google Scholarで同期間について同様の検索をすると、8万9,200件の結果が表示される。そこからわかるのは、信頼に関する文献が多い上に、経済という一分野のみを観察するだけでは、入手可能な実証と理解の多くを見過ごすことになるということである。このように多様な文献が信頼の多くの定義を生み出すことも、もっともなことである。

2. ハーディン（Hardin, 2004）は、制度・組織が信頼される対象ではなく、信頼する側になる可能性を検討していないが、彼の枠組みは理論的にはこのように拡大することができる。

3. ドイツの政府サービスに対する満足度調査（Zufriedenheitsbefragung）（2015年）から、個々の公的機関の間で信頼（度）に大きな差があることがわかっており、この実証がこの議論を支持している。

4. ここでいう信頼行動（trusting behaviour）とは、ある人が他者の行動への期待についてのリスクを取ることで信頼することを指し、信頼に足る行動（trustworthy behaviour）とは、期待に沿う方法で回答することである。

5. 信頼以外の選好や社会的慣習を測るために、他の様々な双方向型ゲームが用いられている。その中には、独裁者ゲームで測る利他主義、公共財ゲームで測る向社会的行動（pro-social behaviour）、最後通牒ゲームで測る互恵関係、くじ引きで測るリスク回避などがある。実験経済で用いられるゲームの概要については、スミス（Smith, 2008）を参照されたい。

6. 例えば心理学では、アーネット（Arnett, 2008）の調査は、最も権威ある雑誌（トップジャーナル）に収録される論文が対象としている96％は、WEIRD（西側の教育を受けた産業化されて豊かで民主的な国々、Western, Educated, Industrialized, Rich and Democratic）の人々であることを明らかにした。研究者は、しばしば暗黙のうちに、様々な母集団の間で実験結果にあまりばらつきはないか、またはこうしたWEIRDの標準的な対象が他の母集団と同じように人類を代表すると仮定している。しかし、これは適切ではない。ハインリッヒら

123

（Heinrich et al., 2010）は、行動科学の分野で行われた研究結果から、対象としてのWEIRDは母集団の中の少数派で、これが人類全体に当てはまると決めつけることはできず、国によって結果に大きなばらつきがあると結論づけている。

7. 実験室での実験を実社会と比較したスイスの学生の利他主義的行動についての議論は、ベンツとメイヤー（Benz and Meier, 2006）も参照されたい。

8. 「様々な公的制度に対する信頼」は、国連2030アジェンダのターゲット16.6（「あらゆるレベルでの有効で透明かつ責任の所在が明らかな制度の構築」）を将来的に監視するときに利用可能な指標として提案されている。https://unstats.un.org/unsd/statcom/48th-session/documents/2017-2-IAEG-SDGs-E.pdf 参照。

9. 感情（affect）の尺度は、喜び、充足感、怒り、不安といった特定の気持ち（feelings）または情動状態（emotional states）の尺度と考えることができ、特定の時点の参考として収集される場合が多い。ボアリーニら（Boarini et al., 2012）では、情動バランスは、前日に回答者が報告したプラスの情動の数値から、マイナスの情動の数値を差し引いて、全回答者の平均を出すという方法で計算されている。

10. 妥当性の4番目の側面が条件妥当性で、妥当性を直接評価できるときに適用される。例えば、納税という尺度では、ある人の納税額全体でまとめられれば、条件妥当性があるといえる。この尺度は、関心のある概念を直接測るデータ源を用いるという条件次第で、必然的に妥当である。

11. 他者への信頼に関する様々な質問——ローゼンバーグ質問「人々は機会があれば人を利用しようと思っているか、ほぼ常に人々は助けようとしていると思うか」——から得られた指標を用いて、グレイザーら（Glaeser et al., 2000）は、調査に基づく信頼尺度と実験による信頼との間には有意ではない負の関係があると述べている。

12. この相関は絶対値としては低いが、これはより一般的な犯罪の代替として殺人率を用いることの限界によるものと考えられる。殺人は相対的に稀に起こる犯罪で（殺人事件の実数には大きな変動はなくても、発生率は毎年大きく変動する）、必ずしも非暴力的犯罪の代替にはならないからである。

参考文献・資料

Aberson, C.L., C. Shoemaker and C. Tomolillo (2004), "Implicit bias and contact: The role of interethnic friendships", *The Journal of Social Psychology*, Vol. 144, No. 3.

Algan, Y. and P. Cahuc (2013), "Trust, growth and well-being: New evidence and policy implications", *IZA Discussion Paper*, No. 7464.

Algan, Y. and P. Cahuc (2010), "Inherited trust and growth", *The American*

Economic Review, Vol. 100, No. 5, pp. 2060-2092.

Alkire, S. (2002), "Dimensions of Human Development", *World Development*, Vol. 30, No. 2, pp. 181-205.

Almond, G. and S. Verba (1963), *The Civic Culture: Political Attitudes and Democracy in Five Nations*, Sage Publications, London. (『現代市民の政治文化：五カ国における政治的態度と民主主義』G・A・アーモンド, S・ヴァーバ著、石川一雄ほか訳、勁草書房、1974年)

Alsop, R., M. Bertelsen and J. Holland (2006), "Empowerment in practice: Fromanalysis to implementation", *Directions in Development*, World Bank, Washington, DC.

Arnett, J.J. (2008), "The neglected 95%: Why American psychology needs to become less American", *American Psychologist*, Vol. 63, No. 7, pp. 602-614.

Arrow, K. (1972), "Gifts and exchanges", *Philosophy & Public Affairs*, Vol. 1, No. 4, pp. 343-362.

Benz, M. and S. Meier (2006), "Do people behave in experiments as in the field? Evidence from donations", *Federal Reserve Bank of Boston Working Papers*, No. 06-8.

Berg, J., J. Dickhaut and K. McCabe (1995), "Trust, reciprocity, and social history", *Games and Economic Behavior*, Vol. 10, pp. 122-142.

Boarini, R. et al. (2012), "What makes for a better life? The determinants of subjective well-being in OECD countries: Evidence from the Gallup World Poll", *OECD Statistics Working Papers*, No. 2012/03, OECD Publishing, Paris, *http://dx.doi.org/10.1787/5k9b9ltjm937-en.*

Boreham, R. et al. (2004), "Neighbourhood social cohesion and health: Investigating associations and possible mechanisms", *Social Capital for Health: Issues of definition, Measurement and Links to Health*, A. Morgan and C. Swann (eds.), Health Development Agency, London.

Bouckaert, G. (2012), "Trust and public administration", *Administration*, Vol. 60, No. 1, pp. 91-115.

Bouckaert, G. and S. Van de Walle (2003) , "Comparing measures of citizen trust and user satisfaction as indicators of 'good governance': Difficulties in linking trust and satisfaction indicators", *International Review of Administrative Sciences*, Vol. 69, No. 3, pp. 329-343.

Bourdieu, P. (1984), *Distinction: A Social Critique of the Judgement of Taste*, Routledge & Keegan Paul (eds.), London.

Capra, C. M., K. Lanier and S. Meer (2007), "Attitudinal and behavioral measures of trust: A new comparison", *Working Paper*, Department of Economics, Emory University, Atlanta.

Coleman, J. (1988), "Social capital in the creation of human capital", *American Journal of Sociology*, Vol. 94, Supplement: Organizations and Institutions: Sociological and Economic Approaches to the Analysis of Social Structure, pp. S95-S120.

Cook, T. E. and P. Gronke (2005), "The skeptical American: Revisiting the meanings of trust in government and confidence in institutions", *Journal of Politics*, Vol. 67, No. 3, pp. 784-803.

Cox, J. (2004), "How to identify trust and reciprocity", *Games and Economic Behaviour*, Vol. 46, pp. 260-281.

Dasgupta, N. and S. Asgari (2004), "Seeing is believing: Exposure to counterstereotypic women leaders and its effect on the malleability of automatic gender stereotyping", *Journal of Experimental Social Psychology*, Vol. 40, No. 5, pp. 642-658.

Daude, C., H. Gutiérrez and A. Melguizo (2012), "What drives tax morale?", *OECD Development Centre Working Papers*, No. 315, OECD Publishing, Paris, *http:// dx.doi.org/10.1787/5k8zk8m61kzq-en*.

Davidov, E. and L. Coromina (2013), "Evaluating measurement invariance for social and political trust in Western Europe over four measurement time points (2002-2008)", *ASK. Research and Methods*, Vol. 22, pp. 37-54.

Delhey, J., K. Newton and C. Welzel (2011), "How general is trust in 'most people'? Solving the radius of trust problem", *American Sociological Review*, Vol. 76, No. 5, pp. 786-807.

Eurobarometer (2016), *Eurobarometer Data Service, www.gesis.org/eurobarometer-data-service/search-dataaccess/data-access* (accessed 06 February 2017).

Eurofund (2016), *European Quality of Life Survey, www.eurofound.europa.eu/surveys/european-quality-of-lifesurveys* (accessed 06 February 2017).

European Social Survey (2016), *European Social Survey, www.europeansocialsurvey. org/data/* (accessed 06 February 2017).

Eurostat (2016), *European Union Statistics on Income and Living Conditions (EU SILC)*, *http://ec.europa.eu/eurostat/web/microdata/european-union-statistics-on-income-and-living-conditions* (accessed 23 March 2017).

Falk, A. et al. (2016), "The preference survey module: A validated instrument for

第2章　信頼の概念と妥当性

measuring risk, time, and social preferences", *Working Paper*, University of Bonn.

Falk, A. et al. (2015), "The nature and predictive power of preferences: Global evidence", *IZA Discussion Paper*, No. 9504.

Fehr, E. (2009), "On the economics and biology of trust", *Journal of the European Economic Association*, Vol. 7, No. 2-3, pp. 235-266.

Fehr, E. et al. (2003), "A nation-wide laboratory: Examining trust and trustworthiness by integrating behavioral experiments into representative surveys", *CESifo Working Paper Series*, No. 866; *IZA Discussion Paper*, No. 715.

Felte, E. (2001), "Finders keepers", *Reader's Digest*, 2 April.

Fleche, S., C. Smith and P. Sorsa (2012), "Exploring determinants of subjective well-being in OECD countries: Evidence from the WVS", *OECD Statistics Working Papers*, No. 2012/01, OECD Publishing, Paris, *http://dx.doi.org/10.1787/5k9ffc 6p1rvb-en.*

Frey, B.S. and A. Stutzer (2006), "Political participation and procedural utility: An empirical study", *European Journal of Political Research*, Vol. 45, No. 3, pp. 391-418.

Frey, B.S. and A. Stutzer (2005), "Beyond outcomes: measuring procedural utility", *Oxford Economic Papers*, No. 57, No. 1, pp. 90-111.

Frey, B.S., M. Benz and A. Stutzer (2004), "Introducing procedural utility: Not only what, but also how matters", *Journal of Institutional and Theoretical Economics*, Vol. 160, No. 3, pp. 377-401.

Fukuyama, F. (1995), *Trust: The Social Virtues and the Creation of Prosperity*, Hamish Hamilton, London.

Gachter, S., B. Herrmann and C. Thoni (2004) "Trust, voluntary cooperation, and socioeconomic background: Survey and experimental evidence", *Journal of Economic Behavior & Organization*, Vol. 55, No. 4, pp. 505–531.

Gallup (2016), *Gallup World Poll, www.gallup.com/services/170945/world-poll.aspx* (accessed 06 February 2017).

Ginn, J. and S. Arber (2004), "Gender and the relationship between social capital and health", *Social Capital for Health: Issues of definition, Measurement and Links to Health*, A. Morgan and C. Swann (eds.) Health Development Agency, London.

Glaeser, E. et al. (2000), "Measuring trust", *The Quarterly Journal of Economics*, Vol. 115, No. 3, pp. 811-846.

Gonzalez, S. and C. Smith (2017), "The Accuracy of Measures of Institutional Trust

127

in Household Surveys: Evidence from the OECD Trust Dataset", *OECD Statistics Working Papers*, OECD Publishing, Paris.

Greenwald, A. G., B. A. Nosek and M.R. Banaji (2002), "Understanding and using the implicit association test: I. An improved scoring algorithm", *Journal of Personality and Social Psychology*, Vol. 85, No. 2, pp. 197-216.

Guiso, L., P. Sapienza and L. Zingales (2008), "Trusting the stock market", *The Journal of Finance*, Vol. 63, No. 6, pp. 2557-2600.

Guiso, L., P. Sapienza and L. Zingales (2006), "Does culture affect economic outcomes?", *The Journal of Economic Perspectives*, Vol. 20, No. 2, pp. 23-48.

Hamilton, K. and G. Liu (2013), "Human capital, tangible wealth, and the intangible capital residual", *OECD Statistics Working Papers*, No. 2013/02, OECD Publishing, Paris, *http://dx.doi.org/10.1787/5k4840h633f7-en*.

Hardin, R. (2004), *Trust and Trustworthiness*, Russel Sage Foundation, New York.

Helliwell, J., H. Huang and S. Wang (2016), "The distribution of world happiness", *World Happiness Report 2016, Update (Vol. I)*, Helliwell, J., R. Layard and J. Sachs (eds.), Sustainable Development Solutions Network, New York.

Helliwell, J. and S. Wang (2010), "Trust and well-being", *NBER Working Papers*, No. 15911, National Bureau of Economic Research.

Helliwell, J. and R. Putnam (2004), "The social context of well-being", *Philosophical Transactions of the Royal Society*, Vol. 359, pp. 14.

Henrich, J., S. Heine and A. Norenzayan (2010), "Most people are not WEIRD", *Nature*, Vol. 446, p. 29.

Intawan, C. and S.P. Nicholson (2017), "My trust in government is implicit: Automatic trust in government and system support", unpublished manuscript.

ISTAT (2013), *Benessere Equo e Sostenibile*, Rome.

Johnson, N. and A. Mislin (2012), "Howmuch should we trust the WVS trust question?", *Economics Letters*, Vol. 116, pp. 210-212.

Johnson, N. and A. Mislin (2011), "Trust Games: A meta-analysis", *Journal of Economic Psychology*, Vol. 32, No. 5, pp. 865-889.

Karlan, Dean, S. (2005), "Using experimental economics to measure social capital and predict financial decisions", *American Economic Review*, Vol. 95, No. 5, pp. 1688-1699.

Kawachi, I. and L. Berkman (eds.), (2000), *Social Epidemiology*, Oxford University Press, New York.

Klijn, E.H., J. Edelenbos and B. Steijn (2010), "Trust in governance networks: Its

第２章　信頼の概念と妥当性

impact and outcomes", *Administration and Society*, Vol. 42, No. 2, pp. 193-221.

Knack, S. (2001), "Trust, associational life, and economic performance", *MPRA Paper*, No. 27247, University of Munich.

Knack, S. and P. Keefer (1997), "Does social capital have an economic payoff? A cross-country investigation", *Quarterly Journal of Economics*, Vol. 112, No. 4, pp. 1251-88.

La Porta, R. et al. (1997), "Trust in large organisations", *American Economic Review, Papers and Proceedings*, Vol. 87, pp. 333-38.

Lazzarini, S.G. et al. (2004), "Measuring trust: An experiment in Brazil", *Insper Working Papers*,Vol. 049/2004.

Marien, S. and M. Hooghe (2011), "Does political trust matter? An empirical investigation into the relation between political trust and support for law compliance", *European Journal of Political Research*, Vol. 50, No. 2, pp. 267-291.

McKnight, D.H., V. Choudhury and C. Kacmar (2002), "The impact of initial consumer trust on intentions to transact with a web site: A trust-building model", *The Journal of Strategic Information Systems*, Vol. 11, No. 3, pp. 297-323.

Ministry for Environmental Protection, Israel (2014), *Well-being Indicators for Israel*, State of Israel, Jerusalem.

Morrone, A., N. Tontoranelli and G. Ranuzzi (2009), "How good is trust? Measuring trust and its role for the progress of societies", *OECD Statistics Working Papers*, No. 2009/03, OECD Publishing, Paris, *http://dx.doi.org/10.1787/220633873086*.

Murphy, K. (2004), "The role of trust in nurturing compliance: A study of accused tax avoiders", *Law and Human Behaviour*, Vol. 28, No. 2, pp. 187-209.

Murphy, K., T. R. Tyler and A. Curtis (2009), "Nurturing regulatory compliance: Is procedural justice effective when people question the legitimacy of the law?", *Regulation and Governance*, Vol. 3, No. 1, pp. 1-26.

Naef, M. and J. Schupp (2009), "Measuring trust: Experiments and surveys in contrast and combination", *IZA Discussion Paper*, No. 4087.

Nannestad, P. (2008), "What have we learned about generalized trust, if anything?", *Annual Review of Political Science*, Vol. 11, pp. 413-436.

New Zealand Ministry of Justice (2014), *New Zealand Crime and Safety Survey*, *www.justice.govt.nz/justicesector-policy/research-data/nzcass/* (accessed 21 April 2017).

Nooteboom, B. (2007), "Social capital, institutions and trust", *Review of Social Economy*, Vol. 65, No. 1, pp. 29-53.

129

OECD（2017a）, *Trust and Public Policy: How Better Governance Can Help Rebuild Public Trust*, OECD Publishing, Paris, *http://dx.doi.org/10.1787/9789264268 920-en*.

OECD（2017b）, *Measuring Distance to the SDGs Targets: An Assessment of where OECD Countries Stand*, OECD Publishing, Paris, *www.oecd.org/std/OECD-Measuring-Distance-to-SDGs-Targets.pdf*.

OECD Stat（2016）, *OECD Statistics, https://stats.oecd.org/*（accessed 22 April 2017）.

OECD（2015）, *How's Life? 2015: Measuring Well-being*, OECD Publishing, Paris, *http://dx.doi.org/10.1787/how_life-2015-en*.（『OECD幸福度白書3——より良い暮らし指標：生活向上と社会進歩の国際比較』OECD編著、西村美由起訳、明石書店、2016年）

OECD（2013a）, *OECD Guidelines on Measuring Subjective Well-being*, OECD Publishing, Paris, *http://dx.doi.org/10.1787/9789264191655-en*.（『主観的幸福を測る：OECDガイドライン』経済協力開発機構（OECD）編著、桑原進監訳、高橋しのぶ訳、明石書店、2015年）

OECD（2013b）, *Government at a Glance*, OECD Publishing, Paris, *http://dx.doi.org/10.1787/gov_glance-2013-en*.（『図表でみる世界の行政改革OECDインディケータ（2013年版）』OECD編著、平井文三訳、明石書店、2014年）

OECD（2013c）, *How's Life? 2013: Measuring Well-being*, OECD Publishing, Paris, *http://dx.doi.org/10.1787/9789264201392-en*.（『OECD幸福度白書2：より良い暮らし指標：生活向上と社会進歩の国際比較』OECD編著、西村美由起訳、明石書店、2015年）

OECD（2011）, *How's Life*, OECD Publishing, Paris, *http://dx.doi.org/10.1787/97892 64121164-en*.（『OECD幸福度白書：より良い暮らし指標：生活向上と社会進歩の国際比較』OECD編著、徳永優子，来田誠一郎，西村美由起，矢倉美登里訳、明石書店、2012年）

OECD（2008）, "Quality Framework and Guidelines for OECD Statistical Activities", OECD Publishing, Paris.

OECD（2001）, *The Well-being of Nations*, OECD Publishing, Paris, *http://dx.doi.org/10.1787/9789264189515-en*.（『国の福利：人的資本及び社会的資本の役割』OECD編著、日本経済調査協議会訳、日本経済調査協議会、2002年）

ONS（2016）, *Measuring National Well-being in the UK: Domains and Measures*, Office for National Statistics, UK, London.

Penczynski, S. and M. Santana（2016）, *Measuring Trust in Institutions: A Lab-in-the-Field Study Using Time Preference Elicitation*, University of Mannheim.

130

Putnam, R.（1993）, *Making Democracy Work: Civic Traditions in Modern Italy*, Princeton University Press, New Jersey.（『哲学する民主主義：伝統と改革の市民的構造』ロバート・D・パットナム著、河田潤一訳、NTT出版、2001年）

Reeskens, T. and M. Hooghe（2008）, "Cross-cultural measurement equivalence of generalized trust. Evidence from the European Social Survey, 2002 and 2004", *Social Indicators Research*, Vol. 85, pp. 515-532.

Rosenberg, M.（1957）, "Misanthropy and attitudes toward international affairs", *Journal of Conflict Resolution*, pp. 340-345.

Roth, F.（2015）, "Political economy of EMU. Rebuilding systemic trust in the euro area in times of crisis", *EC Discussion Papers*, No. 16, Brussels.

Rothstein, B. and E. Uslaner（2005）, "All for all: Equality, corruption and social trust", *World Politics*, Vol. 58, No. 3, pp. 41-72.

Sampson, R.（2012）, *Great American City: Chicago and the Enduring Neighbourhood Effect*, The University of Chicago Press, Chicago and London.

Schneider, I.（2016）, "Can we trust measures of political trust? Assessing measurement equivalence in diverse regime types", *Social Indicators Research*, *http://dx.doi.org/10.1007/s11205-016-1400-8*.

Scrivens, K. and C. Smith（2013）, "Four interpretations of social capital: An agenda for measurement", *OECD Statistics Working Papers*, No. 2013/06, OECD Publishing, Paris, *http://dx.doi.org/10.1787/5jzbcx010wmt-en*.

Sen, A. K.（2009）, *The Idea of Justice*, Harvard University Press, Cambridge.（『正義のアイデア』アマルティア・セン著、池本幸生訳、明石書店、2011年）

Sen, A. K.（1992）, *Inequality Re-examined*, Harvard University Press, Cambridge.（『不平等の再検討：潜在能力と自由』アマルティア・セン著、池本幸生，野上裕生，佐藤仁訳、岩波書店、1999年）

Shanahan, E.（2007）, "Excuse me, is this your phone?", *Reader's Digest*, July.

Smith, V.L.（2008）, "Experimental economics", *The New Palgrave Dictionary of Economics*, 2nd Edition.

Stiglitz, J. E., A. Sen and J.-P. Fitoussi（2009）, *Report by the Commission on the Measurement of Economic Performance and Social Progress*, *www.stiglitz-sen-fitoussi.fr/documents/rapport_anglais.pdf*.

Sturgis, P. and P. Smith（2010）, "Assessing the validity and reliability of generalized trust questions: What kind of trust are we measuring?", *International Journal of Public Opinion Research*, Vol. 22, No. 1.

Transparency International（2016）, *Corruptions Perception Index*, *www.transparency.*

org/research/cpi/overview (accessed 06 February 2017).

UNECE (2014), *Conference of European Statisticians Recommendations on Measuring Sustainable Development*, United Nations, New York and Geneva.

United Nations (2014), *Fundamental Principles of Official Statistics*, No. A/RES/68/261, United Nations General Assembly, New York.

United Nations (2015), "Transforming our world: The 2030 Agenda for Sustainable Development", No. A/RES/70/1, United Nations General Assembly, New York.

UNODC (2016), *Crime and Criminal Justice*, United Nations Office on Drugs and Crime, *www.unodc.org/unodc/en/data-and-analysis/* (accessed 06 February 2017).

Uslaner, E. (2008), "Trust as a moral value", *The Handbook of Social Capital*, D. Castiglione, J. Van Deth and G. Wolleb (eds.), Oxford University Press, Oxford, pp. 101-121.

Uslaner, E. (2002), *The Moral Foundations of Trust*, Cambridge University Press.

Whitely, P. (1997), *Economic Growth and Social Capital*, Political Economy Research Centre, Sheffield.

World Bank (2006), *Where is the Wealth of Nations? Measuring Capital for the 21st Century*, The World Bank, Washington, DC.

Zak, P. and S. Knack (2001), "Trust and growth", *The Economic Journal*, Vol. 11, pp. 295-321.

Zelmer, J. (2003), "Linear public goods experiments: A meta-analysis", *Experimental Economics*, Vol. 6, pp. 299-310.

Zhao, H. and S. Kim (2011), "An exploratory examination of the social capital and FDI linkage and the moderating role of regulatory quality: A cross-country study", *Thunderbird International Business Review*, Vol. 53, No. 5, pp. 629-646.

第3章

方法論的考察

　本章では、信頼度調査データにおける潜在的測定誤差の問題を、調査設計によってそれを増幅させる、または縮小させる方法に焦点を当てて論じている。質問の文言（question wording）、回答形式（response formats）、調査文脈（survey context）、調査方式（survey mode）、異文化間の回答の癖（cross-cultural response style）などの様々な問題について、データの質についての主な方法論的課題についての実証と、調査設計についての実務的な注意点を強調している。本章の結論では、更なる方法論の研究の必要性を指摘している。

第1節 はじめに

本章では、信頼に関する調査データの測定誤差の可能性とそれが調査設計とどう関わるか、またそこからどういう影響を受けるかを論じる。まず、回答者が提示し測定誤差を引き起こしうる回答バイアスの様々な種類を概観し、続いてこれらのバイアスに影響を及ぼす質問及び調査のデザインの様々な方法論的側面について論じる。

特に、本章は信頼の測定に特に重要な方法論の問題を取り上げる。その中には、質問の文言（第3節）、回答形式（第4節）、調査文脈（第5節）、調査モード（第6節）、（異文化間の）回答の癖（第7節）が含まれる。それぞれの節で、データの質に関する主要な方法論の問題についての実証を提示し、調査設計に関する主な提言を行っている。可能な場合には、信頼に特化した研究を実証として引用している。しかし、信頼の調査質問の方法に関する文献はごく限られているので、自己申告尺度から得られるより幅広い実証に大幅に依存している。このような状況で、2013年に出版された『主観的幸福を測る：OECDガイドライン（*OECD Guidelines on the Measurement of Subjective Well-being*)』は、無形概念の測定における方法論的考察をより幅広く論じたものとして有益な参考資料となっている。本章の結論では更なる研究の方向性を示している。

第2節 測定誤差

どのような尺度も、客観的な尺度であっても、ある程度の誤差を示すものだという認識を持つことが重要である。したがって、目指すべきは完璧な（恐らく存在しない）尺度を選ぶことではなく、有意義なパターン、例えば時間の経過による信頼の変化や人口サブグループ間の違いをデータのノイズから区別す

るのに「十分な」尺度を選ぶことである。信頼項目（trust items）は調査条件の変化と質問の組み立て方に対して敏感であるため、その測定に関する助言は、学歴のような比較的「客観的な」指標の場合よりも具体的にする必要がある。しかし、議論の余地はあるが、この敏感さは主観的幸福尺度や所得のようにすでに収集されている他の多くの自己申告調査尺度にも存在する。

　測定誤差とは、調査尺度に調査実施主体が意図した以外の概念が反映されている度合いである（OECD, 2013）。この誤差は、系統的な場合、つまりデータの中に何らかの一貫したバイアスを引き起こし、その結果、例えば値が予測されたよりも一貫して高くまたは低くなる場合と、無作為の場合、つまり予測不能な形で変化する場合がある（Maggino, 2009）。誤差のリスクは、基本的には方法論的要因（特定の質問による認知力の要求や、回答に影響を及ぼしうる調査の文脈的特徴など）、回答者の要因（意欲、疲労度、記憶力など）、興味の構成概念自体（回答者がその調査にどの程度関心を持ち自分に関連があると思うか）の間の複雑な相互作用の産物である。

　回答者は、どのような調査質問にも答えるためにいくつもの認知的ステップを経ると考えられる。そのステップは順番に行われる場合もあれば、同時並行で行われる場合もある。そのステップの中には、質問を理解する、記憶から情報を呼び起こす、判断する、その判断を回答の選択肢に沿うように定式化する、最終的な回答を編集して調査者に提出するということが含まれる（Sudman, Bradburn and Schwarz, 1996）。この問答のプロセスを単純なロボット作業と理解するのではなく、回答者、面接者、質問の設計、調査文脈の間の社会的相互作用プロセスの一環として捉えることが重要である。

　調査設計と調査文脈は、測定誤差の原因になる、あるいはそれを悪化させる可能性がある。回答者の記憶違い、意欲や伝達力、知識の欠如は、いずれも自己申告尺度においては回答者の誤りにつながり得るもので、回答バイアスや、経験則（ヒューリスティクス）を利用するリスクが高まることが多い（Bradburn, Sudman and Wansink, 2004）。回答バイアスとは、個人または個人の集まりが質問に答える答え方に見られる特定のパターンまたは歪みのことで、

表3.1　回答バイアスと経験則の概要

回答バイアスまたは経験則	予測される回答パターン
黙従回答または肯定回答	調査項目の内容にかかわらず、同意あるいは肯定的に回答する傾向。
否定回答	調査項目の内容にかかわらず、不同意あるいは否定的に回答する傾向。
極端な回答	回答尺度の両端または最も極端な回答カテゴリーを用いる傾向。
穏当な回答	回答尺度の中央値または最も穏当な回答カテゴリーを用いる傾向。
どちらとも言えないという回答	意味合いにおいて最も中立的な回答カテゴリーを選ぶ傾向（例えば、「賛成でも反対でもない」）。
無作為回答	有意義にではなく、無作為に回答する傾向。
特定数値選好	数値を用いた回答形式において、特定の数字を他の数字より好む傾向。
初頭効果	回答選択肢の一覧で最初に出てくる回答カテゴリーを選ぶ傾向。
新近性効果	回答選択肢の一覧で最後に載っている回答カテゴリーを選ぶ傾向。
社会的に望ましい回答	社会的慣習によりふさわしい、または回答者の良い面を強調する回答を選ぶ意識的または潜在的な傾向。
要求特性	質問者が回答者はどう答えるべきと考えているか、あるいはこの調査の目的についての回答者本人の考えを反映する微妙なきっかけに対する反応（例えば、「誘導質問」では、その質問の調子や文言が、特定の回答が望ましいということを回答者に示唆する）。
一貫性バイアス	回答者が複数の質問への回答に一貫性を持たせようとする傾向（例えば、喫煙についての考え方を問う質問と、タバコを購入する習慣についての質問との一貫性）。
プライミング効果	調査環境（例えば、質問の順序、調査実施主体）が、回答者が質問をどのように理解するかに影響を及ぼす、あるいはある種の情報を回答者に利用しやすくすること。

StatLink：http://dx.doi.org/10.1787/888933584146

出典：OECD（2013）, *OECD Guidelines on Measuring Subjective Well-being*, OECD Publishing, Paris（http://dx. doi.org/10.1787/ 9789264191655-en）（『主観的幸福を測る：OECD ガイドライン』経済協力開発機構（OECD）編著、桑原進監訳、高橋しのぶ訳、明石書店、2015年）。

回答の経験則（ヒューリスティクス）とは、回答者が自分の答えを選ぶときに依存する（しばしば潜在意識的な）精神的近道のことである（OECD, 2013）。表3.1ではポザコフ（Podsakoff et al., 2003）の分類を用いて、全ての自己申告尺度に共通して起こる回答バイアスと経験則の概要を示している（OECD, 2013）。全てではないが、一部は信頼尺度にも適用できる。以下の節では、最も関連のあるバイアスを導きうる調査設計の様々な方法論的特徴を考察する。

第3章　方法論的考察

第3節　質問の文言

　質問の構築がもたらしうる影響の評価は、似ているように見えるが微妙に異なる調査項目の比較可能性、内部均一性（internal consistency）、試験・再試験信頼度を保証する上で中心となるものである。容易に理解できて曖昧さがなく、回答者に無用な負担を強いない質問は、回答の妥当性を高めると同時に誤差のばらつきを減らす（OECD, 2013）。

　信頼尺度について、質問の文言には質問の理解、複数の言語間及び社会的サブグループ間での翻訳可能性、そして文言の変更という側面が含まれる。本節では、これらの諸側面から提起される課題を考察し、特に質問の文言の効果に焦点を当てている（入手できるほとんどの研究がこの側面に着目している）。

3.1　測定上の問題点

　第一に、信頼の自己申告項目を調査参加者及び参加国の間で比較し、測定誤差によるばらつきを減らしたい場合には、回答者が質問を同じように曖昧なところなく理解、解釈していることが重要である。これはまた、複数の国々の異なる言語間の翻訳可能性と、1つの社会の中の異なる社会経済的、人口的サブグループ間ので翻訳可能性も含まれている。例えば、もし信頼に関する質問の特定の文言を高齢者と若者が異なる意味合いで理解しているとしたら、またはその文言が特定の文化には概念として存在しないとしたら、調査の比較可能性は損なわれる。

　第二に、特に信頼尺度のような態度に関する質問（attitudinal question）のための調査設計において重要な問題は、質問の文言の些細な変更が結果に重大な影響を及ぼすかどうかということである。一方では、質問の文言が変更されても結果が変わらないとしたら、それは回答者が質問のニュアンスをよく理解しておらず、別の質問が区別しようとしている概念を認知的に処理していない

137

ことになるので、懸念すべきである。他方、同じ構成概念を測るために設計され（比較研究では互換的に用いられることが多い）項目の文言がわずかに変わることで、回答者がその質問に異なった解釈をするとしたら、それも問題になりかねない。

3.2 実証

　質問の理解を評価する共通の方法（認知テストの結果はほとんど公表されないので除く）は、各項目の回答所要時間、つまり質問を処理し答えを出すのにかかる時間を見ることである。しかし、ある項目の回答所要時間が短いのは、それがよく理解されたからか、または回答者が無作為に答えたからなのか、自明ではない。残念ながらどちらについても、信頼尺度について回答にかかる時間を考慮した研究はこれまでのところ存在しない。回答者が質問の意味を理解し、有意義な回答をしていることを最もよく実証するのは、その尺度自体と実社会の成果、その他の非調査指標との間に強い相関が見られることである（OECD, 2013）。前章で述べたように、信頼尺度、特に他者への信頼尺度の全体的な妥当性を強く支持するものは存在する。

　質問の文言の問題に移ろう。類似した質問の文言は、同じ基本的概念をどの程度捉えなければならないか、そして実際に信頼を指していると結論づけるためには質問の文言はどの程度具体的でなければならないか、という2つの中心的側面を考察する。

　他者への信頼の評価的尺度について、どの時期のどの調査でも見られるほとんどの項目は、総じて以下のローゼンバーグ質問の原型と大きく違わない。「一般的に言って、ほとんどの人は信頼できると思いますか、または人と交際するときは十分に注意すべきだと思いますか」。しかし、いくつかの調査——定期的に行われるものもあれば、意図的な方法論的研究の一環として行われるものもある——では、この原型の質問と異なる質問を用いている。全ての調査が、様々な回答の分布が質問の表現が異なる結果だと特定できるスプリットサンプル実験（split-sample experiments）というわけではないが、入手できる

138

実証から、他者への信頼を測る質問への回答が文言の変化に非常に敏感であることは明らかである。

例えばスミス（Smith, 1997）は、1972年からローゼンバーグ尺度を中核的調査項目（core battery item）の1つとして収録している米国の一般社会調査（GSS）に、何年にもわたって標準的質問の変形が追加収録されていることを活用している。これらを検証すると、質問が変化することで回答パターンが非常に異なることがわかる。1983年のGSSの実験では、「ほとんどの人は信頼できると思いますか」という質問に「はい」と答えた回答者の割合は57％だったが、「ほとんどの人は信頼できると言う人もいれば、人と交際するときには十分注意すべきだと言う人もいます。あなたはどう思いますか」という質問では、「ほとんどの人は信頼できる」と答えた人の割合はわずか36.5％だった。どちらの回答尺度も二値尺度だった。このように質問の変化で信頼すると答えた人の割合が20.5％も下がるというのは、極めて異例である。スミス自身が述べているように、この差は質問の文言の効果だけでなく、回答尺度や順序効果によるものとも考えられる。なぜなら、これらの質問の回答の選択肢がわずかに異なっているからである（一方は単純な「はい／いいえ」であるのに対して、もう一方はもっと明示的で「ほとんどの人は信頼できない／十分気をつけるべき」となっている）。さらに、どちらもその質問の前には全く違うトピックに関する質問があった。回答尺度の種類や一調査内での質問の順序は、誤差のばらつき（error variability）の要因となる可能性が高い。このことは、第4節と第5節で論じる。しかし、質問の構成の影響はより一般的に態度（attitudinal）に関する質問についての文献で明らかにされてよく知られているが、それを考慮しても、異なる回答の分布と2つの質問の間の違いの方向性は、直感的に理解できる。一方で、「あなたはほとんどの人は信頼できると思いますか」という質問は信頼の一方向しか示しておらず、別の選択肢として「またはほとんどの人は信頼できないと思いますか」という方向性を示していないという点で偏っている。信頼以外の態度に関する質問も、無形で曖昧な概念を意味しているという点で共通しているが、このようなバランス効果が黙従を引き起こしてい

る場合がある（Schuman and Presser, 1996; Peabody, 1961）。他方で、2番目の質問には、標準的なローゼンバーグ質問と同様に「注意する」という表現が含まれている。これは信頼しないということと必ずしも同義ではないとも言え、したがって回答者に異なる基本概念をもたらすことになる。

　他の場所では、信頼に関する質問の中の「注意（caution）」の概念に問題があるという認識がある。「注意する（being careful）」ということは、人口サブグループによっては、非常に異なった捉え方をするからである。ホーホとレスケン（Hooghe and Ressken, 2008）は次のように述べている。「注意深いことは、弱くて傷つきやすい人と、健康で賢く裕福な人とでは異なる意味合いを持つ可能性がある」。

　この仮説を経験的に裏付けているものが、少なくとも次の2つの研究である。ソロカら（Soroka, Helliwell and Johnston, 2007）は、カナダで行われた2000/01年度の公平性・安全性・共同体調査（ESC）に含まれている他者への信頼についての4種類の質問形式を調査している[1]。そのうちの2つは、「注意すべきという付記事項（caution rider）」を挿入している。この研究により、筆者らは第一にその質問が信頼できる／できないという選択肢を完全なバランスで提供しているかどうかで、上述のバランス効果と黙従効果を実証している。第二はもっと重要で、筆者らは「人と交際するときは十分注意すべきだという表現と、一般的に人々は信頼できないという表現は、同じことを意味していない。前者は注意深い性質を表しているのに対して、後者は単に『ほとんどの人々は信頼できると思いますか』という質問を裏返したものにすぎない」と論じている（Soroka, Helliwell and Johnston, 2007, p. 114）。さらに筆者らは、「標準的な（バランスの取れた）信頼に関する質問が用いられると女性は男性よりも信頼度が低くなるが、『十分注意すべき』という文言が含まれていない質問では、女性は男性よりも信頼度が高くなる」と主張する。したがって、ローゼンバーグの信頼に関する質問においては、信頼に足る性質（trustworthiness）よりも注意深いこと（cautiousness）の方が男女差の要因になり得る。

　この仮説を裏付ける2つ目の実証は、英国統計局（ONS）がOECDと協力し

140

第3章　方法論的考察

表3.2　他者への信頼に関する質問の比較（性別及び年齢層別）

実験が行われた時期	質問の文言	回答尺度	「信頼できる」と答えた人の割合（%）				
			全体	男性	女性	16-44歳	45歳以上
2015年10月	「一般的に言って、あなたはほとんどの人は信頼できると思いますか、または人と交際するときは十分注意する必要があると思いますか。」	二値尺度	32.1	33.6	30.7	31.8	32.3
	「一般的に言って、あなたはどの程度人々を信頼できると思いますか。0は全く信頼できない、10は完全に信頼できるとします。」	11段階尺度	38.6	36.8	40.4	33.7*	43.1*
2016年5月	「一般的に言って、あなたはほとんどの人は信頼できると思いますか、または人と交際するときは十分注意する必要があると思いますか。」	二値尺度	35.6	37.6	33.7	31.4*	40*
	「一般的に言って、あなたはほとんどの人は信頼できると思いますか、または人と交際するときは十分注意する必要があると思いますか。0から10のスコアで答えてください。0は「十分に注意すべきだと思う」、10は「ほとんどの人々は信頼できる」ことを表します。	11段階尺度	36.5	38.4	34.8	38.3	35.3

StatLink : http://dx.doi.org/10.1787/888933584165

注：回答尺度が二値になっている質問では、表中の数値は「信頼できる」と答えた人の割合を表す。11段階尺度を用
　　いた質問では、数値は7〜10と回答した人の割合を表す。
　　* は、有意水準が10％であることを表している。
出典：ONS（2016）, "Statistics on trust for methodological testing from the opinion's survey, Oct 2015 to May
　　2016", Office for National Statistics, UK, www.ons.gov.uk/peoplepopulationandcommunity/wellbeing/adhocs/
　　006326statisticsontrustformethodologicaltestingfromthe opinionssurveyoct2015tomay2016.

て2015年10月と2016年5月に標準的な世論調査の中で行った、スプリットサ
ンプルを用いた2つの方法論的実験から得られる。この実験の各スプリットサ
ンプルに含まれていたサンプルサイズが500と比較的小さかったため、「明示
的に言及されない限り、統計的に有意ではない」という結果を疑問の余地がな
いと解釈することはできない。それでも、別の場所で現れた特定グループにつ
いての注意すべきという付記事項の効果に関する直観を確認している。最初の
実験では（表3.2参照）、回答者には以下の注意すべきと付記事項のある標準の
ローゼンバーグ質問「一般的に言って、あなたはほとんどの人は信頼できる
と思いますか、または人と交際するときは十分注意する必要があると思います

141

か」（回答の選択肢は二値）、または、欧州社会調査（ESS）にあるもっと中立的な11段階評価の質問「一般的に言って、あなたはどの程度人々を信頼できると思いますか。0は全く信頼できない、10は完全に信頼できるとします」が提示された。

　信頼に関する問いで、「注意すべき」という付記事項がある方には、「ほとんどの人が信頼できる」と答えた女性の割合は、男性よりも低かった（女性30.7％、男性33.6％）。それとは対照的に、「注意すべき」という文言のない質問を用いた場合は、7から10の間のスコアを回答した女性（40.4％）の方が男性（36.8％）よりも多かった。類似のパターンは、45歳以上の人々と45歳未満の人々（16〜44歳）の間にも見られる。しかし、16〜44歳の人々はどちらのタイプの質問にも高いレベルの信頼があると回答しているが、45歳以上のグループは女性の場合と同様に、「注意すべき」という文言が質問に含まれていると、信頼のレベルが低くなった。

　追跡実験では（表3.2参照）、11段階尺度項目の文言が若干変更されて、こちらも「注意すべき」という付記事項が含まれている。「一般的に言って、あなたはほとんどの人は信頼できると思いますか、または人と交際するときは十分注意する必要があると思いますか。0から10のスコアで答えてください。0は『十分に注意すべきだと思う』、10は『ほとんどの人々は信頼できる』ことを表します」。これにより、11段階尺度については最初の実験と結果が逆転した。最初の実験では、女性と45歳以上の人々は母集団全体よりも高いレベルの信頼を報告する傾向があったが、注意すべきという文言が含まれると、信頼のレベルが母集団全体（36.5％）よりも女性（34.8％）も45歳以上の人々（35.9％）も低くなった。これらの人々は、議論の余地はあるものの、ホーホとレスケンが言うところの他者の行動に対して相対的に「脆弱な（vulnerable）」人々と見なすことができる[2]。したがって、他者への信頼に関して「十分注意すべき」という文言を用いた質問は、信頼にのみ焦点を当てる中立的な質問の文言と比較して、相対的に脆弱なグループに対してプライミング（下塗り）効果を生じさせていると結論づけることは、妥当と考えられる。

その結果得られる回答には、信頼よりも注意深さの違いが反映されている可能性がある。

　制度・組織への信頼の場合、質問の文言の違いという問題を取り上げた研究はほとんどない。顕著な例外は、上述の同じONSの2015/16年度の実験に見られる。ここでは、2つの問題がテストされている。1つは信頼が発生する文脈を明確にすることで違いが生じるかということ、もう1つは（性善説的な）"trust"という用語を、（確たる証拠に基づく）"confidence"と互換的に用いることができるかという問題である。

　最初の実験では（表3.3参照）、回答者にはAがBを信頼するという質問形式、つまり「今からいくつかの組織の名前を挙げます。それぞれについて、あなたがどの程度その組織を（根拠に基づいて）信頼（confidence）しているかを答えてください。非常に信頼している（a great deal of confidence）、まあまあ信頼している（quite a lot of confidence）、あまり信頼していない（not very much confidence）、全く信頼していない（none at all）」と、AはBがXすると信頼している（trust）という質問形式、つまり「今からいくつかの組織の名前を挙げます。それぞれについて、それがどの程度国益のために働いていると信頼しているかを答えて下さい。非常に信頼している、まあまあ信頼している、あまり信頼していない、全く信頼していない」が示された。これらの質問は、軍隊、警察、司法制度、議会、行政、国民健康保健サービス、銀行、マスコミなど、実に様々な組織について採用された。

　この結果は、組織の種類によって、この二種類の質問の間で回答の分布が異なっていることを示している。ここからわかることは、具体的な信頼の文脈（trust context）を加えると信頼尺度の解釈がわずかに変わる可能性があるということである。「国益になる活動をしている」と追加することで、「非常に信頼している」と答える回答者の割合が、銀行を除く全ての機関で国益に触れない（unspecified）質問の場合よりも高くなり、この回答が全選択肢で最も高い割合を占めている。それとは全く対照的に、銀行については「国益になる活動をしている」かという質問に「非常に信頼している」と答えた回答者はわずか

表3.3 組織への信頼と、組織が国益になる活動をしているという信頼の比較

組織		質問の文言	
		信頼度（%）	国益になる活動をしているという信頼（%）
軍隊			
	非常に信頼している	54.6	59.7
	まあまあ信頼している	37.3	31.7
警察			
	非常に信頼している	22.1*	28.5*
	まあまあ信頼している	50.9	47.5
司法制度			
	非常に信頼している	10.7	14.3
	まあまあ信頼している	44.8	41.2
議会			
	非常に信頼している	3.8	6.2
	まあまあ信頼している	25.4	24.9
行政サービス			
	非常に信頼している	9.2	12.4
	まあまあ信頼している	51.6	45.8
国民健康保健サービス			
	非常に信頼している	36.7	43.7
	まあまあ信頼している	46.8	40.5
銀行			
	非常に信頼している	8.5	5.5
	まあまあ信頼している	39.8	26.7
	合計	48.3**	32.2**
マスコミ			
	非常に信頼している	2.3	4.6
	まあまあ信頼している	20	18.9

StatLink：http://dx.doi.org/10.1787/888933584184

注：回答は4段階尺度で記録されている。「非常に信頼している」「まあまあ信頼している」「あまり信頼していない」「全く信頼していない」。
*は、有意水準が10％であることを表している。
**は、有意水準が1％であることを表している。
出典：ONS（2016）, "Statistics on trust for methodological testing from the opinion's survey, Oct 2015 to May 2016", Office for National Statistics, UK, www.ons.gov.uk/peoplepopulationandcommunity/wellbeing/adhocs/006326statisticson trustformethodologicaltestingfromtheopinionssurveyoct2015tomay2016.

5.5％だった（国益に触れない質問の場合は8.5％）。この傾向は、銀行を「まあまあ信頼している」と答えた回答者の割合を見ると、さらに顕著になる。国益に触れない質問では、この選択肢を選んだ人の割合は39.8％だったのに対し、

第3章　方法論的考察

「国益になる活動をしている」という項目では、26.7％にとどまった。また、銀行はこれらのカテゴリーの双方において減少した唯一の機関だということも注目に値する。

　市民は、銀行が自分たちのお金を管理していることについては比較的信頼しているが、英国の標本が影響を受けた金融危機を考慮すると、金融機関が長期的な国益のために行動していると信じる人の割合が非常に小さくなるのは、当然と言える。これは、少なくとも金融危機という文脈で銀行を捉えると、回答者が考える「信頼」と「国益になる活動をしているという信頼」との間に実際に概念的な差があるということ、またこれが回答の分布に違いを生じさせる可能性があるということを表している。しかし、「国益になる活動をする」という文言が具体化として最適か（または具体化を全くしないより良いのか）は未だ明確ではなく、また他に考え得る選択肢（例えば、「自分個人の利益になるように行動する」または「正しいことをしている」）が様々な種類の組織に及ぼす影響については今後統計的に検証していくべきである。また、このような具体化が英国以外の文化圏にも当てはまるかをテストすることも重要である。現在の調査結果が英国にのみ当てはまる可能性もある[3]。

　二番目の実験で、ONSは組織に対する"confidence"と"trust"の概念の区別に取り組み、回答者を2つのグループに分け、その一方のグループに対して以下の質問をした。「今からいくつかの組織の名前を挙げます。それぞれについて、あなたがどの程度その組織を（根拠に基づいて）信頼（confidence）しているかを答えてください。非常に信頼している（a great deal of confidence）、まあまあ信頼している（quite a lot of confidence）、あまり信頼していない（not very much confidence）、全く信頼していない（none at all）」。そしてもう一方のグループの回答者には以下の質問をした。「今からいくつかの組織の名前を挙げます。それぞれについて、あなたがどの程度その組織を（心から）信頼（trust）しているかを答えてください。非常に信頼している（a great deal of trust）、まあまあ信頼している（quite a lot of trust）、あまり信頼していない（not very much trust）、全く信頼していない（none at all）」。制度・組織への

信頼の理論を論じた文献は、（根拠に基づいた）信頼（confidence）と（心からの）信頼（trust）は若干異なる概念だと述べている（Roberts and Hough, 2005 参照。"trust" は人が行うものでより具体的であるのに対して、"confidence" は人が持つものでもっと曖昧だと述べている）が、この実験からは、この区別が回答者の質問への答え方に実際に反映されているという明らかな実証は得られなかった。表3.4 に示すように、この2種類の質問の間に一貫した論理的なパターンは見られない。マスコミに関しては（心からの）信頼（trust）は（根拠に基づく）信頼（confidence）より低いが、回答者が司法制度についてのみ"confidence" よりも"trust" の方を高いと回答をした理由は、直観的に明らかではない。さらに、"trust" と"confidence" が実際に2つの明確に区別される概念を捉えているとすると、銀行は上述の信頼（confidence）と「国益になるように活動するという信頼（confidence to act in the national interest）」のテストにおいて結果が二極化していたが、"trust" と"confidence" で回答者の割合が同程度だったことは、あまり信用できないようだ。

　したがって、2つの概念の区別があまりにも小さい場合、回答者はそれらを有意義に区別できないと考えられる。"confidence" と"trust" の問題は文化的比較可能性の問題にも関わる。国際的に妥当な尺度については、容易に翻訳できるように記述語を十分広く取ることが重要である（OECD, 2013）。

　英語圏の国々とは対照的に、その他のほとんどの文化は"trust" と"confidence" という2つの用語を区別さえしていない。例えば、フランス語、スペイン語、ドイツ語は"trust" に当たる言葉しかない（それぞれ confiance、confianza、Vertrauen）。（人や制度・組織の種類が異なることで生じる）信頼の種類の区別に関する類似点は、第2章で指摘した通りである。他者への信頼と制度・組織への信頼という2つの主要カテゴリーそれぞれに中にいくつかの明らかに異なる小分類を回答者が見分けたとしても、異なる種類の信頼の間にあるもっと細密な分類の多くは、これまでの経験からあまり有益ではない。

第3章　方法論的考察

表3.4　制度に対する信頼（confidence）と制度に対する信頼（trust）の比較

組織		質問の文言	
		信頼度（confidence）(%)	信頼度（trust）(%)
軍隊			
	非常に信頼している	58.5	53.7
	まあまあ信頼している	36.6	39.8
	合計	95.2	93.5
警察			
	非常に信頼している	34.3	30.2
	まあまあ信頼している	46.4	50.9
	合計	80.7	81.1
司法制度			
	非常に信頼している	12.8	15
	まあまあ信頼している	45	51.1
	合計	57.8	66.2
議会			
	非常に信頼している	4.1	1.8
	まあまあ信頼している	24.8	25.5
	合計	28.9	27.2
行政サービス			
	非常に信頼している	11.2	8.8
	まあまあ信頼している	54	55
	合計	65.2	63.8
国民健康保健サービス			
	非常に信頼している	41.3	38.5
	まあまあ信頼している	45.3	47.8
	合計	86.7	86.3
銀行			
	非常に信頼している	9.1	9.3
	まあまあ信頼している	44.9	45.5
	合計	54	54.8
マスコミ			
	非常に信頼している	5	1.9
	まあまあ信頼している	23.8	16.3
	合計	28.8	18.2

StatLink：http://dx.doi.org/10.1787/888933584203

注：回答は、4段階尺度で記録されている。「非常に信頼している」「まあまあ信頼している」「あまり信頼していない」
「全く信頼していない」。

出典：ONS（2016）, "Statistics on trust for methodological testing from the opinion's survey, Oct 2015 to May
2016", Office for National Statistics, UK, www.ons.gov.uk/peoplepopulationandcommunity/wellbeing/
adhocs/006326statisticson trustformethodologicaltestingfromtheopinionssurveyoct2015tomay2016.

147

3.3 主な問題点

- 回答者が信頼尺度に関する質問を、主に実社会の成果に関する強い妥当性に基づいてよく理解しているということには、説得力のある実証がある。これは特に他者への信頼に当てはまることである。

- 質問の正確な文言は、信頼尺度にとって重要である。質問では信頼以外の概念に言及しない、関心のある状況について具体的かつ的確な文言を選ぶべきである。質問の文言についての結果的に採用されたアプローチにかかわらず、時系列の比較とグループ間、各国間の比較を確実にするために、標準化が不可欠である。

- 他者への信頼の場合、注意するという概念を含む標準的なローゼンバーグ質問の導入部分が回答の分布に影響を与えており、社会的弱者（例えば、女性や高齢者）はこの文言を用いると信頼度が低くなる。したがって、他者への信頼についてはより中立的な質問の文言が望ましい。

- 制度・組織への信頼について、組織の行動の文脈を具体化すると差が生じる場合がある。例えば、金融危機の影響を受けたという文脈で金融機関について問う場合、国益になる活動をしているという具体的な表現を加えると、回答者の評価に大きな影響が及ぶ。他の信頼に関する質問を設計するときに、その他どのような具体化（例えば「自分個人の利益になる行動をする」「正しいことをする」など）がどの制度・組織にとって重要で、具体的な表現を用いるべきかどうかということは、さらに研究する価値がある。

- 複数の概念の関係があまりにも密接な場合、ONSのサンプルで制度・組織に対する"trust"と"confidence"という用語の違いを分析した結果から明らかなように、回答者はそれらを区別できない可能性がある。質問の文言は回答者が理解できるように正確で、極端に微妙なニュアンスを生じさせることがないようにすべきである（微妙なニュアンスは各国間で翻訳可能性の問題を引き起こす場合がある）。

第3章　方法論的考察

第4節　回答形式

　信頼に関する質問のような態度を測る尺度のために選ばれる回答形式は、回答の妥当性、信頼性（reliability）、比較可能性に少なからず影響を及ぼしうる。回答形式は、興味の構成概念を適切に表し、可能な回答の範囲（無回答という選択肢も含む）を全て表すだけでなく、回答者が有意義かつ一貫した回答ができるように理解しやすいものにすることが求められる。次節で考察する回答形式の諸側面には、尺度の長さ、尺度のラベル付け、回答の順序などがある。可能な場合には、信頼に関する質問に特化した実証を挙げるが、そうでない場合は、態度に関する質問についてのより幅広い文献から得られる教訓を重視している。

4.1　測定上の問題点

　尺度の設計は、その概念のための回答選択肢の最適な幅を選ぶことに基づいた、識別力または敏感さを最大化するためのものである。良い尺度は、回答の間にある有意義な変化量をすべて把握できるものである（これは特に単項目尺度の場合に重要である）。回答の選択肢が少なすぎると、変化量を見つけられず回答者が不満に感じ、自分の態度を正確に表現できないと感じる恐れがある。しかし、回答のカテゴリーが多すぎても、特にそのカテゴリーの間が認知的に区別できないほど密接だと、回答者が負担に感じる可能性がある。

　尺度のラベル付けまたは回答選択肢の説明方法は回答が収まると予測される範囲についての基準座標を設定することで回答に影響を及ぼしうる。したがって、尺度の両端のアンカーを含む尺度ラベルの選択には、考え得る回答カテゴリーの全範囲が反映されている必要がある。また、意味のない回答選択肢があると回答者が無作為に答えることがあるので、信頼性を損ねることがないようにそうした選択肢を含めないようにすべきである。最後に、調査方式（モード）の選択との関連で、回答選択肢の順序によっては、満足化した回答者が最

149

初から特定の選択肢を選ぶことになる場合がある。

4.2 実証

　尺度の種類や回答者に提示する選択肢の最適な数については、いくつかの一般的なルールが自己申告尺度についての幅広い文献の中で確立されている。例えば、全ての回答カテゴリーに言語ラベルを付けると、回答者が視覚的手がかりなしで処理できるカテゴリー数は最大5つと考えられる（Bradburn et al., 2004）。回答カテゴリーが数値で表され、両端のアンカーに言語ラベルがつけられている場合、尺度が長くても回答者は両端のみを記憶すれば良いので、うまく答えられる傾向がある。精神測定の実証によると、回答者の大多数は6つまたは7つ以上のカテゴリーを区別することができる（Bradburn et al., 2004）。一般的に、（両端に言語ラベルがついている）数値尺度が長いほど、態度の尺度の中で試験・再試験信頼度と内部均一性が拡大することがわかっており（Weng, 2004; Alwin and Krosnick, 1991; Scherpenzeel and Saris, 1997; Cummins and Gullone, 2000）、数値尺度のポイント数が増えるほど妥当性は向上する（Preston and Colman, 2000）。同様に、プレストンとコールマン（Preston and Colman, 2000）は、項目数が少ないと尺度の内部均一性と識別力が低くなることも明らかにしている。別の一連の調査からは、回答カテゴリー数が奇数が良いか偶数が良いか、前者の場合は中間点を含むかという疑問が提起されている。チャン（Chang, 1994）は、尺度の中間点を入れるとやる気がない、または答えを決められない回答者の答えがその中間点に集まることになり得るが、中間点がないと回答者は特にどちらが良いということがない場合でもどちらかを選ばなければならず、したがって無作為の回答につながる可能性がある。二極の態度の場合（「はい／いいえ」、または「そう思う／そう思わない」）、選択肢の数を奇数にして中間点を含めると回答者が中立の立場を表明できるとして、支持する研究がいくつかある（Alwin and Krosnick, 1991; Bradburn et al., 2004）。

　尺度のラベル付けについて入手可能な実証は、尺度アンカーが特定の回答バ

第3章　方法論的考察

イアスを助長する可能性があることを示唆している。例えば、「そう思う／そう思わない」または「はい／いいえ」を用いると、実際の質問の内容に関わらず、黙従傾向バイアスまたは「肯定回答（yea-saying）」、あるいは社会的に望ましいとされる回答につながる場合がある（Krosnick, 1999）。さらに、尺度の両端を明確にして回答者に可能な態度の範囲全体を示すために絶対尺度アンカー（例えば、「全くそう思う／全くそう思わない」）を採用する場合には注意が必要である（OECD, 2013）。尺度ポイントにラベルを付けるという点で、それを数値目盛りにするか言語ラベルにするかについて議論がある。一方で、全ての数値化された回答カテゴリーに言語ラベルを付けると、回答者にとって異なるカテゴリーの意味が明確になるため、より信頼できる安定した回答が得られる（Alwin and Krosnick, 1991; Pudney, 2010参照）。他方、数値尺度の方が言語ラベルよりも正確で、回答者に尺度の規則性と均等な間隔を伝える一助となる（Newstead and Arnold, 1989; Maggino, 2009）。さらに、数値によるラベルの方が回答選択肢の数を増やすことができ、これは特に単項目尺度の場合に重要である。最後に、国際比較可能性ついて、数値尺度の方が異なる言語間、文脈間における翻訳の問題を提起しづらい（OECD, 2013）。総じて、尺度のラベル付けは回答の分布に無視できない影響を及ぼしうるので、ラベル付けの方法を1つ採用したら、一貫してそのアプローチを取ることが必須である。

　回答選択肢の数やそのラベルの性質だけでなく、選択肢が提示される順序も回答に影響を及ぼしている。回答の順序効果は、初頭効果（primacy effects; 満足化した回答者はリストの始めの方に出てくる選択肢を選ぶ傾向がある）と新近性効果（recency effect; 回答者がリストの最後に近い選択肢を選ぶ傾向がある）に区別することができる。初頭効果は、回答選択肢が視覚的に提示されている場合（回答者を導く上で有益な方法となり得る）に発生しやすく、新近性効果は選択肢を面接者が読み上げる場合に起こる傾向がある（Krosnick, 1999）。いずれの順序効果も、項目が理解しづらかったり回答者が疲労していたりすると強くなり、認知力が低い回答者はこの種の回答バイアスを起こしやすい（Krosnick, 1999）。一般的に、こうした効果は数値尺度よりも全て言語ラ

151

ベルが付けられている尺度の場合に問題となりやすい。しかし、数値の選択肢の順序は、肯定的な結果と否定的な結果との間の精神的な切り替えをなるべく少なくするために、一貫性を持って提示されるべきである（つまり、10～0ではなく0～10）（OECD, 2013）。

この一般的に適用できるアドバイスを、信頼に関する尺度にどのように変換すれば良いのか。最近まで、最も一般的に用いられている他者への信頼尺度――ローゼンバーグ質問――は二値尺度である。これは多くの調査で用いられており、特に有名なのは市民文化調査（Civic Culture surveys）、全米選挙調査（American National Election Studies）の1964～1976年と1992年から現在まで、一般社会調査（GSS）の1972年から現在まで、世界価値観調査（WVS）の1980年以降である。1990年代後半には、スイス世帯パネル調査（Swiss Household Panel）と欧州における市民・政治参加・民主主義調査（CID）が0～10の数値尺度に移行した。その直後に、欧州社会調査（ESS）も11ポイントの尺度を採用するようになった[4]。

回答者が好みそうな尺度の長さを検討する場合、参考になるのは以下の調査である。ランダーセン（Lundasen, 2010）は、世界価値観調査の他者への信頼の質的予備テストを小規模なスウェーデンのサンプルに対して行い、回答者に声に出して回答を考えるよう奨励した。回答者は、4つ以上のポイントがある尺度で項目を評価するのは難しいと述べ、答えが二択の質問を好む傾向があった。しかしこの調査のサンプルは非常に小さかったので、その結果をどのくらい重視すべきかは、特にこの二種類の尺度の実績についてより大規模な量的調査が利用できることを考えると、疑問である。

一方で、アスレイナーは、信頼に関する二値尺度に問題がないわけではないことを認めつつも、二値尺度の質問は回答者がその意味を問われたときによく理解できて、時系列調査で尋ねる場合でも親から子供に尋ねる場合でも安定的だと述べている（Uslaner, 2002, pp. 68-74）。また彼は、ESSとCIDで用いられる11ポイントの数値尺度の方が、制度・組織への信頼についても他者への信頼についても正確だという意見は説得力があるようだが、回答者がより多くの

第3章　方法論的考察

選択肢を処理することで混乱したり、処理できなかったりすると述べている（Uslaner, 2009）。彼は米国、ルーマニア、モルドバ、スペインでESSとCID調査を用いた調査で（後者3か国では二値尺度と11ポイント尺度の双方を制度・組織への信頼と他者への信頼に用いている）、彼の言うところの「中間への逃避の実証（evidence of a flight to the middle）」または「体系的凝集（systematic clumping）」を見いだしている。彼が考察している複数の調査で、11ポイント尺度の質問への全回答の40%以上は、分布の真ん中辺り、つまり値4〜6に集中している。しかし、この回答パターンに問題があると見なせるかどうかは、非常に議論を呼ぶところである。中心の値が実際に回答者の態度を反映していないとする経験的実証は存在しない。それに対して、二値尺度のような中間点がない項目は、回答者に自分の本当の選好とは違う態度を選ぶよう強いている可能性がないとは言い切れない。

　他方で、少なくとも3つの研究が信頼尺度については二値尺度よりも11ポイント尺度の方が良いと明示的に述べている。ホーホとレスケン（Hooghe and Reesken, 2008）は、2006年のベルギー若者調査（Belgian Youth Survey）のデータを分析した。この調査には他者への信頼の両尺度が収録されていた（キャリーオーバー効果を避けるために両項目の間に約40の質問をはさんでいる）。回答者の人口統計的データの回帰分析を行い、彼らは信頼についての11ポイント尺度は二値尺度と異なり、自発的なつながり（voluntary associations）が含まれることを予測していると述べている。自発的なつながりは、社会関係資本に関する文献の中では、理論的に信頼と結びつけられている（Stolle, 1998参照）。しかしこの結論は、この調査のサンプルが16歳だったことと著者が信頼と公平性の多項目尺度（ローゼンバーグの原型尺度が想定していたように）を用いていたことを考慮して解釈する必要がある。ズメーリとニュートン（Zmerli and Newton, 2008）は、他者への信頼と制度・組織への信頼は両立すると仮定する理論的理由があると述べているが、多くの研究がこの2つの構成概念の間に有意な相関がないと述べている。この著者はその理由を、この研究の大多数が世界価値観調査（WVS）やユーロバロメーター（EB）のような短

い信頼尺度（4ポイント尺度、または二値尺度）を用いた調査に基づいている
ためだと述べている。実際、他者への信頼と制度・組織への信頼の間に有意な
相関があるとした横断的調査4点のうちの3点では、11ポイントの評価尺度が
用いられている（Jagodzinski and Manabe, 2004; Denters, Gabriel and Torcal,
2007; Zmerli, Newton and Montero, 2007）。ズメーリとニュートンは、ローゼ
ンバーグの他者への信頼に関する3つの質問と、制度・組織への信頼に関する
6つの質問を収録した（いずれも11ポイント尺度）ESSと米国CIDの調査から
得た24か国のデータを引用して、他者への信頼（interpersonal trust）と制
度・組織に対する信頼（confidence in institutions）との間に強く頑健な相関
があることを発見している（これら2種類の信頼に関連があることが一般的に
知られている様々な社会経済的要因を制御済み）。この結果は、3変数のロー
ゼンバーグ尺度の代わりに一般的信頼のための11ポイント単項目尺度（single
11-point measure）を用いた場合でも変わらない。サリスとガルホファー
（Saris and Gallhofer, 2006）は、英国で行われた第2回ESS調査の予備調査を
調べ、同様の結論を出している。この予備調査では、他者への信頼と制度・組
織への信頼について同じ質問を2回行っているが、1回は4ポイント評価尺度
を、もう1回は11ポイント尺度を用いている。いずれの場合も、ローゼンバー
グ尺度の3つの質問が他者への信頼を測るために用いられ、議会、司法制度、
警察についての3つの質問で公的機関に対する信頼（confidence）を測ってい
る。他者への信頼と制度・組織への信頼の間の9つの相関のうち、4ポイント
尺度の場合は統計的に有意だったのは1つだけだが、11ポイント尺度では9つ
全てが有意だった。サリスとガルホファーの調査もズメーリとニュートンの調
査も、その相関が共通方法分散のせいなのかを明らかにしておらず、この分野
ではっきりした結論が出せるまでには、更なる研究が必要である。

4.3　主な問題点

● 回答の選択肢が異なると、違う尺度、そして必ずしも互換性があるとは言えな

い尺度になる。したがって、特に国際比較を行う場合には、測定方法の一貫性を確保するために回答形式についてのアプローチを標準化することが推奨される。

● 一般的な研究と信頼尺度で得られる具体的な情報という観点から入手可能な実証によると、言語ラベルが尺度アンカーにつけられた11ポイント尺度が他の尺度よりも望ましい。それは、回答の分散の度合いを広げることができ、全体的にデータの質と複数言語間の翻訳可能性を高めるからである。

● 数値の選択肢の順序は、肯定的な結果と否定的な結果との間で精神的な切り替えを最小限に抑えるために、一貫性を持って提示すべきである（10〜0ではなく0〜10）。

● 尺度アンカーを選ぶときには、そのラベルは絶対的な回答（例えば、「全くそう思う／全くそう思わない」）にすべきである。それは、黙従バイアスや社会的に望ましいとされる回答をする可能性を最小限に抑え、どのような回答にも対応できるようにするためである。

第5節　調査文脈

　調査結果は、個々の項目そのものの設計だけでなく、その項目が置かれている調査文脈全体からも影響を受ける可能性がある。個々の調査質問は個別に尋ねるわけではなく、複数の項目の連続した流れの中で尋ねるので、一連の項目内のどこに置かれているかということが、場合によって回答に影響を及ぼす。1つの質問群の中やより大きな調査の中での質問の順序とは別に、調査が実施されるより長期の時間的文脈も、調査文脈を決定づける特徴である。調査方式（モード）、またはデータの収集方法も調査文脈に分類することができるが、それについては次節で別途取り上げる。

5.1 測定上の問題点

　言語そのものの性質のせいで、文言と文章はそれが発生する環境からその意味の一部を取るので（Searle, 1979）、調査文脈は回答者が個々の質問をどう理解しどのように状況に当てはめるか、項目への回答を考える時にどの情報が頭に浮かぶかということに、潜在的に影響する可能性がある。それは、質問または質問群への導入部と、信頼尺度の直前に置かれている質問の性質も含まれる可能性がある。態度の尺度は、回答者が（具体的な記憶を体系的に取り出すのではなく）その場で回答を構成することに結び付いており、それが特に文脈効果を起こしやすくしている（Sudman, Bradburn and Schwarz, 1996; Schwarz and Strack, 2003）。

　例えば、（潜在的に否定的な）他者との関わりの経験についての質問を、他者への信頼を問う質問の直前に置く、または特定の種類の政府サービスについての質問を一般的な制度・組織への信頼の項目の前に置くと、回答者は実際の信頼に関する質問が意図していることを誤解する恐れがある。回答者はある質問に対して、意識的または無意識的に、その質問の意図に基づくのではなく主にその直前の項目の主題との関係で答える可能性がある。これは、プライミング（下塗り）効果と呼ばれるものである。プライミング効果がある母集団内のいくつかのグループに影響をもたらす場合、ある尺度の平均水準とデータの分布の双方に影響を及ぼしうる。そのため、複数の調査間の比較可能性と一調査内でのグループ間の比較が損なわれる。さらに、主に些細な変動に関心がある時系列の研究の場合、たとえ結果がわずかにしか変化しなかったとしても、順序効果は重要である。プライミング効果の性質如何で、順序効果も変数間の相関を下げたり上げたりするので、その関係性について実質的な結論を出すことは難しい。

　したがって、比較的大規模な調査の中に信頼に関する質問を置くことは、回答者が回答する時にどの情報を考慮に入れるかということに強い影響を及ぼす可能性があり、質問票を設計する際には順序効果を念頭に置くべきである。調

査文脈そのものから生じるプライミング効果の他に、回答者が自分の信頼のレベルを回答する時にまず頭に思い浮かべるものは、調査が行われるより広い文脈、例えば大きな政治スキャンダルやテロリストの攻撃、詐欺計画の発覚など、他者への信頼の認識を推測しうる出来事の影響を受ける可能性がある。

5.2 実証

　質問の順序が回答に及ぼす影響に関する文献では、2種類の影響を区別している。すなわち、同化効果と対比効果である。同化効果は、きっかけとなる質問によって明らかにされる情報と回答とが一貫しているときに現れると考えられるのに対して、対比効果は、回答がそれ以前の情報と対比される場合に現れる（OECD, 2013）。

　シューマンとプレッサー（Schuman and Presser, 1996）は、態度に関する質問に対する順序効果は稀ではないものの、配列が崩れると必ず回答が変わるということではなく、同化効果または対比効果のいずれかが生じ得るため、順序効果は実際に予測が難しい可能性があると述べている。単に2つ似たような内容の項目を隣同士に置いたからといって、必ずしも順序効果が生じるというわけではない。回答者が2番目の質問に対して1つ目の質問と同じ答えをしなければいけないと考える場合に、このような順序効果が生じる。したがって、どのような種類の質問またはどのような種類の文脈がどのような効果を引き出すのかを理解するには、もっと的を絞った方法論的調査が必要である。しかし、質問の順序効果の扱い方についての一般的指示は、1970年代に米国の34の異なる調査（例えば、デトロイト地域調査、シカゴ大学全国世論調査センター（NORC）一般社会調査）について行われた実験からいくつかを得ることができる。第一に、文脈効果は2つ以上の質問が同じまたは密接に関連する問題を扱っている場合に起こりやすい（Schuman and Presser, 1996）。したがって、このような項目が1つの質問票の中で離れて配置され、挿入文または質問がその間に入れられれば、順序効果を防ぐことができるということは論理的であろう。デートン（Deaton, 2011）によると、生活評価についての政治的な質問の

影響は、「緩衝材」となる質問を制度に関する質問と生活評価との間に入れることで削減された。移行的な文や質問の実際の影響については、緩衝材となる項目が実際に関心がある質問と関係しているのか無関係なのかということにその影響が左右されるため、さらに体系的な研究が必要である（Schwarz and Schuman, 1997）。さらに、調査をスムーズに行うために、通常は類似の項目をまとめて一貫性を持たせ回答の負担を減らそうとするものなので、順序効果を避けることと面接をなるべく容易にすることとの妥協点を見いだす必要がある。シューマンとプレッサーが構築している一般ルールの2番目は、回答者に複雑な項目を概略的に評価することを求めるような一般的な質問は、より具体的な質問よりも配置に敏感になりがちだということである。例えば、一般的な他者への信頼に関する項目を特定グループへの信頼についての質問の前に置くこと、または政府についての信頼を特定の機関についての質問より先に配置することにより、広い領域から狭い領域へと移行していくということである。

　信頼の測定という具体的な文脈での順序効果を取り上げた研究は、ごくわずかしかない。制度・組織への信頼の場合は、スミス（Smith, 1981）はスプリットサンプル実験を用いて、一連の政治的疎外に関する質問がその後に続く制度・組織への信頼の項目に及ぼす影響をテストし、一番最初の項目（主要企業への信頼）のみが大幅に下落したと述べている。これは、リストの最初の項目が順序効果の影響を受けやすいという、いわゆる突出効果（salience effect）が現れたものと考えられる。このような突出効果は、例えば様々な組織について尋ねる制度・組織への信頼の質問群の場合など、項目のリストが用いられる場合には考慮の必要がある。この発見からは、複数種類の調査間及び過去の調査と最新の調査との間で質問群の中で順序に一貫性を持たせる必要性も浮き彫りになっている。

　他者への信頼の場合、米国の一般社会調査でローゼンバーグ尺度（一般的な他者への信頼に関する質問と、他者の公平性や他者が回答者に付け込もうとするかを尋ねる質問を含む）を調査しているスミス（Smith, 1997）は、次のように述べている。「これらの項目は、一般の人々に恐らく自分の人生経験全体

第3章 方法論的考察

に基づいて幅広い評価を求めるため、文脈効果を受けやすい。そのように大規模な経験的知識に基づく記憶の掘り起こしは難しく、ばらつきが生じやすい。そのように幅広いトピックについてある人の記憶をサンプリングすることは、無作為抽出（random）や全数調査（complete）よりもバイアスがかかりやすい。質問票の文脈は認知的処理にバイアスをかける一要素であり、それが概要の判断（summary judgement）に影響を及ぼす」（Smith, 1997, p. 174）。特に、スミスは、信頼度を問う質問の直前に不愉快な経験（犯罪や犯罪被害）に関する項目を置いた場合の方が、政治的イデオロギーや富の平等、離婚法、マリファナの合法化などに関する質問を置いた場合よりも、信頼しているという回答が7.7%減少したと述べている。

　非常に興味深いことに、態度の尺度と経験の尺度の間の影響の向きは、正反対になる場合もある。1972年から1975年まで行われた米国犯罪調査には、回答者の被害経験に関する質問群が含まれており、それは無作為に選ばれた半数のサンプルに対しては、犯罪についての態度に関する質問群の後に置かれていた。このサブサンプルについて、態度についての質問群が抜けていた場合と比べると犯罪被害の報告が大幅に増えた（Gibson et al., 1978; Cowan, Murphy and Wiener, 1978）。これについて妥当な説明の1つは、態度に関する項目が（通常事実と見なされる）犯罪被害の経験についての記憶を刺激しそれを報告する気にさせたというものである。

　このことは、信頼尺度について2つの潜在的に重要なメッセージを強調している。1つは、評価的な尺度から経験に基づく尺度まで、様々な種類の信頼尺度が順序効果を受けやすいということである。調査の中でそれらをできるだけ始めの方に置くことで、他の質問の影響を抑えるべきである。留意すべきは、「できるだけ始めの方に」というのが、面接者に回答者と何らかの信頼関係を築く機会を与えない程最初に置くという意味ではないということである。最も重要なことは、信頼を問う質問を強い感情的な回答を引き出しやすい項目や、他者または組織についての経験を参照する項目の直後に置かないということである。信頼尺度についてのメッセージの2つ目は、問題となっている信頼項目

159

に対するプライミング効果だけでなく、これらの質問そのものがそれに続く項目に対して与えうるプライミング効果についても、特にそれらが似たような文脈を扱っている場合には、考慮する必要があるということである。

　プライミング効果は、直前直後の文脈にかかわるもの以外にも、より広い環境からの影響についても起こりうる。例えば、主観的幸福尺度の場合、ディートン（Deaton, 2011）は、大きなニュースになる出来事（彼は2008年の金融危機を挙げている）や季節的な祝日といった影響が大きい短期的な出来事は、米国の時系列データでは主観的幸福度のこぶを招くと述べている。このような出来事が、人々の気分や他者への信頼と制度・組織への信頼についての質問への回答に影響を及ぼすという仮説には、正当な理由があると考えられる。金融危機や、テロ攻撃のような出来事は通常は予期せず発生するが、祝日や宗教上の祭事、選挙などの定期的な出来事は、調査のスケジュールを立てるときに考慮に入れることができ、また避けるのが妥当である。主観的幸福尺度の場合と同様、データ収集を一年を通じて、または少なくとも複数の日や週に実施することで、外部の出来事が回答に及ぼす影響を最小限に抑えることが望ましい（OECD, 2013）。

5.3　主な問題点

- 順序効果はどのケース、どの調査にも現れるというものではないが、それが現れた場合には回答に重大な影響を及ぼしうるので、軽視すべきではない。
- 順序効果が最も頻繁に現れるのは、2つ以上の質問が同じ、または密接に関連する問題を扱っている場合で、初期の実証は、その調査内で信頼に関する項目を質問票の一貫性を損なわない程度にできるだけ離して配置するか、緩衝材となるテキストを挿入するかしてその影響を最小限に抑えるという戦略を支持している。
- 信頼に関する項目の一覧を用いる場合には、常に以下の2つのルールが適用される。1つは、回答者に複雑なトピックを総合的に評価させる一般的なサマ

リータイプの質問の方が、より具体的な質問よりも質問が置かれた場所に敏感だということである。したがって、調査では、質問を具体性が広いものから狭いものへと移行するように配置すべきである。例えば、一般的な信頼についての項目を、限定的な信頼についての質問より前に置くということである。2つ目のルールは、突出効果（一覧の最初の項目が順序効果を受けやすい）を制御するために、項目の順序は無作為にすべきだということである。これは特に様々な制度を一覧にした時に重要である。

● 信頼尺度は、調査の中で他の質問の影響を避けられるくらい始めの方で、なおかつ面接者と回答者との信頼関係ができる程度に後の方に配置すべきである。総じて重要なことは、信頼を問う質問を強い感情的な回答を引き出しやすい項目や、他者または組織についての経験を参照する項目の直後に置かないということである。質問票の設計者は、信頼に関する質問自体がそれに続く項目に及ぼしうる潜在的な効果も、特にそれらが似たような文脈を扱っている場合には、忘れずに考慮に入れるべきである。

● 祝日、季節、選挙などの調査を取り巻くより広い外的文脈の影響を最小限に抑えるためには、データの収集を一年を通じて、または少なくとも複数の日及び週に行うことが望ましい。

第6節　調査方式（モード）

調査式法は多種多様である。その中には、従来は紙の質問票にペンで記入していたが、徐々にインターネットによるオンライン調査が含まれるようになっている自記式質問票、コンピュータ支援自己面接（CASI）、コンピュータ支援電話調査（CATI）、記入式面接（PAPI）、そしてコンピュータ支援による個人調査（CAPI）などがあり、通常は調査回答者の自宅を訪問して行われる（OECD, 2013）。近年は、1つの調査で上記の複数のモードを組み合わせた、混合方式のデータ収集が台頭してきている。調査モードには大きく分けると、自

記式と面接式がある（Holbrook et al., 2003; Metzger et al., 2000; Turner et al., 2005; Tourangeau and Yan, 2007）。調査モードが異なると、回答者の質問の処理方法、答え方、さらにどのくらいの情報を快く明かしてくれるかということに相当な影響がありうる。

6.1　測定上の問題点

　実際には、どの調査モードを選ぶかは、標本抽出のカバレッジと利用可能性、財政的コストとフィールドワークの時間、質問票の適切性など、様々な要因に影響される（Roberts, 2007）。それに加えて、調査モードに起因する誤差の可能性も、信頼に関する質問についての調査モードの選択過程で考慮すべきである。カバレッジ誤差、無回答エラー、測定誤差、処理の誤りなどは、全て調査モードの影響を受ける可能性がある（Roberts, 2007）。

　本節では、測定誤差の可能性、具体的には満足化、回答者による回答バイアスやヒューリスティクスの利用、センシティブさ（sensitivity）などに焦点を当てている。全ての調査で、調査が行われるペース、面接者や回答者によって質問の流れが決定される度合い、調査の最中に回答者が前の質問に戻って確認できるか、面接者と回答者との人的交流の度合い、回答のプライバシーなどがそれぞれ異なっている。こうした特徴（dimension）は、回答者が質問をどのように理解しているか、自分の意見をどう表現するかということに少なからぬ影響を及ぼしうる。

　面接方式と比べると、自記式では満足化（satisficing）のリスクが高まると仮定する理論的な理由がある（Roberts, 2007参照）。自記式の調査モードでは、時間的なプレッシャーがなく、面接者による催促や動機付けもない。特にオンライン調査では、並行して他の作業を行うこともできる。したがって、自記式調査の方が全体的な認知的負担と満足化のリスクが高い。

　本章では尺度のセンシティブさという概念がこれまで紹介されていないので、ここで簡単に説明しておきたい。調査モードは、特にそれが保証するプライバシーの度合いによって、回答者があるときは意図的に、またあるときは意図せ

ず自己呈示的な行動を示す原因となり得る。例えば、回答者は全ての回答に一貫性があるように見せたいと思うかもしれない（もし回答者が最初の質問に対して、特定の政治家のリーダーシップを認めると回答すると、その人は一貫性のない人間だと見えないようにするために、後の質問でも自分が民主主義に満足しており、公的機関を信頼しているように見せようとする可能性がある）。自己呈示的な行動のもう1つの例が社会的望ましさで、既存の社会慣習に反していたり社会から不適切と判断され得る態度や行動を正直に報告することの難しさと関係している。社会規範に合わせるために、回答者は自分の実際の態度や本当の行動と無関係に、自分自身を良く見せようとするかもしれない。もっと具体的にいうと、回答者は社会的に望ましい性質や行動を認め、社会的に望ましくないものを否定するようになるかもしれない。これはデータの質の問題である。社会的に望ましくない活動の場合、サンプルの割合により本当の感じ方が真にどの程度行き渡っていてどのくらい頻繁に見られるのかということを過小評価し、それと同時に社会的に望ましい行動を真の水準よりも過大評価することになるからである。これは、もし特定の母集団の不信感をあからさまに表現することが社会的に問題になる場合、または公的機関に対する不信感が社会に蔓延している場合に、特に信頼に関する質問にとって問題となる可能性がある。

　社会的望ましさは、質問の「センシティブさ」ともいえる明らかな特徴である。社会的望ましさから生じる問題は回答のセンシティブさであるが、質問そのものセンシティブさは、もしその質問のトピックが介入的だと判断された場合（あまりにも個人的なことに立ち入っていたり、回答者の文化にとってタブーである場合）、またはもし回答者が自分の本当の答えを公にされたり調査関係者以外の第三者に知られたりすると回答者に危険が及ぶ場合などに問題が生じる。そのコストと否定的結果には、訴追や失職などが含まれる。回答者がセンシティブになる理由は、他者への信頼と制度・組織への信頼とで異なると考えられる。他者への信頼を含む項目の方が社会的望ましさバイアスを受けやすい（他者、特に宗教や国籍が異なる人々を信頼しないというのは社会的に受け

入れられないかもしれない）という推測は妥当であるが、正直に回答すること
への恐れは、むしろ制度・組織への信頼についての質問で、特にその項目が政
府または公的統計機関が行っている公式の調査に含まれている場合に問題とな
る。データの質への影響という点では、あまりにも立ち入った質問や、回答が
公開されると危険が及ぶような質問には、回答者が答えたくないと考えたり、
または欠損値や「わからない」という回答が増えたり、あるいは回答者が「一
般に安全な」回答を選んだ場合には真の態度が過大評価されたりすることにな
る。

　ある質問がセンシティブさに関わる回答バイアスを生じさせるかどうかを評
価するための一般的なアプローチは、項目無回答率のような調査の質に関する
経験的指標を用いた事後評価である（Lensvelt-Mulders, 2008）。本ガイドライ
ンの第2章で、すでにギャラップ世論調査（WVS）と欧州社会調査（ESS）の
信頼に関する質問について項目別無回答率を分析しており、信頼に関する質問
はどれも所得に関する質問よりも無回答率が低いものの、婚姻状態や学歴、性
別といったより明快な質問よりは高いことが明らかになっている。この分析で
は、組織に対する信頼に関する質問の無回答率は、他者への信頼に関する質問
の無回答率より高い。センシティブなトピックと見なされることが多い宗教に
関する質問でさえ、その無回答率は、組織に対する信頼に関する質問のほとん
どの場合の半分未満である。これはつまり、信頼に関する質問、特に制度・組
織への信頼に関する質問が実際にセンシティブだと考えられているということ
を表している。

6.2　実証

　調査モードとの関連で特に信頼と調査測定誤差を考察した試験的研究はほと
んどないが、他の自己申告型の項目についての文献から得られる多くの教訓を
ここでも応用できる。

　調査モードが回答バイアスやヒューリスティクスの使用に及ぼす影響を考慮
すると、様々な形態の満足化が自記式の調査モードでは面接方式の場合よりも

第3章　方法論的考察

起こりやすいという理論を支持する実証が実際に存在する。例えば、黙従傾向
のレベルは、自記式を含む混合調査モードの方が、面接方式のみの混合モード
の場合よりも高く（Beukenhorst and Wetzels, 2009）、複数の研究者が、「わか
らない」という回答の割合は自記式（インターネット）調査の方が面接方式の
調査（電話、対面）よりも高いと報告している（Duffy et al., 2005; Heerwegh,
2009参照）。しかし、自記式調査モードにおける満足化の実証が圧倒的に多い
わけではない。多くの場合、報告されている差は統計的に有意でないか、有意
であっても非常に低い水準である。

　センシティブさの問題に関しては一転して、面接方式より自記式の調査モー
ドの方がはるかに良い結果を出している。様々な実験的フィールド調査によっ
て、自記式の調査モードでは面接方式と比べて、例えば鬱や性感染症といった
社会的に敬遠される健康状態の報告（Villarroel et al., 2008; Krumpal, 2013）
や、違法薬物の使用や危険な性行為、中絶など社会的に望ましくない行動の報
告（Gribble et al., 1999; Tourangeau and Yan, 2007）、そして人種や同性愛に
ついて社会的に受け入れられない考え方の報告（Krysan, 1998; Villarroel et
al., 2006）において、回答率が高まるという強い実証が確立されている。信頼
に特化した実証で同じ方向性を示しているのは、カナダの社会的アイデンティ
ティに関する一般社会調査のサイクル27で、この調査には他者への信頼と制
度・組織への信頼に関する質問が含まれていた。このサイクル27以前は、デー
タはコンピュータ支援電話調査（CATI）のみを用いて収集されていたが、
サイクル27で初めて、回答者はインターネットを使った自記式というオプシ
ョンを選べるようになり、約2万人の回答者のうち7,000人近くがインターネ
ットのオプションを用いて調査を完了した。カナダ統計局は、他のモード効果
（無回答バイアス、選択バイアス、処理バイアスなど）を制御するために傾向
スコアのマッチングを用いて、この2種類のデータ収集方式の回答を比較し、
CATIを選択した回答者の方がインターネットを選択した回答者よりも信頼の
スコアが有意に高いことを明らかにした。

　したがって、自記式調査、特にインターネットによる調査では満足化のリス

165

クがわずかに高まるものの、例えば、国立統計局の間で一般的になりつつある複合方式のデータ収集方法など、可能な場合には自記式の質問票に信頼に関する項目を含める事例がある。

　対面式の調査が唯一のデータ収集方法である場合、3つのルールを設けることでセンシティブさに関わるバイアスの影響を削減することができる。その1つ目は、面接者の性質（例えば、性別や社会経済的地位）の影響は明らかで、面接者の期待が社会的望ましさバイアスになると予想される。カッツ（Katz, 1942）は、労働者階級出身の面接者が面接を行うと勤労態度を肯定する回答が増えることを明らかにした。したがって、国勢調査員は面接中に自分自身の社会的アイデンティティをなるべく明らかにしない方が望ましい。

　2つ目は、複数の画期的な面接方法を採用して回答者のプライバシーに対する安心感を強化することができる。例えば、「親書方式（sealed envelope technique）」（De Leeuw, 2001; Bradburn and Sudman, 1979）は、面接の中でセンシティブな質問の部分を自記式の質問票にして回答者に手渡す方法である。回答者はその質問票に記入して封筒に入れ、封をして面接者に返す。また別の方法に「当てはまる項目の数を回答する方法（unmatched count technique）」がある（Biemer and Brown, 2005）。これは、標本を無作為に2つのグループに分け、片方のグループの回答者には、センシティブではない項目のみを含む一連の短い質問群に答えてもらう。もう一方のグループには、前者と同じセンシティブではない項目に加えていくつかのセンシティブな質問を含む、前者より多くの質問に答えてもらう。どちらのグループの回答者も、面接者にどの項目に「はい」と答えたかを言う必要はなく、各自自分が「はい」と答えた数を数えてその数だけを報告すればよい。この2つのサブサンプルグループの平均の差を計算することで、特定のグループまたは組織を信頼していない人の割合のバイアスがかかっていない推計値を得ることができる。このUnmatched Count法は非常に斬新で、様々な不名誉な行動について調査する際に用いられているが（例えばHaushofer and Shapiro, 2016）、現在のところ「はい／いいえ」という2択の回答形式しか扱えず、個々の水準の分析はできない。

第3章　方法論的考察

　回答者のプライバシー意識と協力意欲を高める3つ目の方法は、対面式調査でも自記式調査でも、調査開始時に守秘義務とデータ保護の確約を強調することである。シンガーら（Singer et al., 1995）は、質問票の最初に守秘義務について明記することの効果についての実験的文献を検証した。その影響の大きさの平均は小さかったものの、筆者はこのような守秘義務の確約が結果として項目無回答率を下げ、センシティブな項目（所得を含む）への回答の正確さを高めることを発見した。国立統計局の多くはすでにデータ保護の確約を利用しているが、信頼とその他のセンシティブな質問が質問票に含まれる場合には、このことをさらに強調することが有益である。

6.3　主な問題点

- 自記式調査には満足化のリスクが高いという実証があるが、この証拠には一貫性がなく、圧倒的に多いというわけでもない。
- 社会的望ましさバイアスと情報漏洩に対する懸念を減らすために、調査設計を適切に調整する方法がいくつかある。センシティブさに関わる回答バイアスは、質問と回答のプロセスの匿名性を高めることで（例えば自記式の面接方式）、またデータ保護に関する回答者の懸念を減らすことで（例えば守秘義務を確約する）、または調査の状況を制御することで（例えば国勢調査員が自分の社会的アイデンティティを明らかにしない）減らすことができる。
- 信頼についての質問を自記式調査に含めることは非常に望ましいが、親書方式またはUnmatched Count法といった画期的な面接方法を対面式調査に導入することも可能である。

第7節　回答の癖と文化的環境

　本章のここまでの節では、回答バイアスとデータの質に影響を及ぼしうる

様々な方法論の特徴を考察してきた。回答者が特定の種類の回答バイアスを受けやすい傾向があったり、特定の回答ヒューリスティクスに繰り返し依存する可能性がある。この種の一貫した回答パターンは、回答の癖（response style）と言われている。

7.1　測定上の問題点

回答者が特定の回答の癖に一貫して依存している場合、自己申告の変数全体に系統的なバイアスが生じる可能性がある。このノイズは、自己申告尺度の間の相関を人為的に高くする可能性があり、共通方法分散と呼ばれている（OECD, 2013）。信頼尺度は全て自己申告なので回答の癖と共通方法分散の影響を潜在的に受けている。

回答者は疲労していたり質問の呈示の仕方に混乱させられたり、あるいは知らないことや記憶違いなどがあったりすると、既定の回答パターンとして回答の癖に特に依存しやすいと言われている。例えば認知力が低い人々など、一部の回答者が回答の癖に依存しやすいことがわかっている（Krosnick, 1999）。回答の癖の背後にあって時々見受けられるもう1つの要素は回答者の気性と性格で（Spector et al., 2000）、その人が楽観的か悲観的かによって、その回答のパターンをより否定的、またはより肯定的な回答に傾ける可能性がある。

回答の癖の個人差以外に、国際比較をする場合に特に懸念されるのは、異なる文化または言語グループに属する回答者が信頼とその他の自己申告の質問に答えるときにどの程度異なる回答の癖を示すかということである。国が異なることで依存する回答の癖のパターンが系統的に異なることがわかれば、国際比較の正確さは制限されるかもしれない。

7.2　実証

回答の癖の実証は、信頼に関する項目に限ったものではないが、主観的幸福などの他の自己申告尺度からの知見を適用し、以下のように当てはめることができる。

第3章 方法論的考察

回答の癖と主観的尺度に関する文献が述べていることは複雑で、黙従傾向の重大な影響を述べているものもあれば、感情尺度についての系統誤差を指摘するものもある（Watson and Clark, 1997参照）。しかし、他のいくつかの研究は、回答の癖は主観的幸福尺度のレベルに無視できる程度の影響しか及ぼさないと述べている（Moum, 1988; Schimmack, Böckenholt and Reisenzein, 2002参照）。母集団のサブグループ間の回答の癖の差が実際に結果の全体的な妥当性に影響を及ぼすかということについても議論されている。例えば、「否定回答（nay-saying）」は年齢が若いほど、また高学歴の人々ほど多く見られる（例えば、Gove and Geerken, 1977）。しかし重要なのは、これらの差で社会人口的変数（所得、職業、婚姻状態、人種、性別、年齢、学歴など）と自己申告の精神的幸福との関係は変わらなかったということである（OECD, 2013）。

総じて、回答の癖が存在するのかを明らかにすること、そしてそれが結果に及ぼす影響を数値化することの最大の課題は、回答パターンを共通基準または実際の行動に照らして外部から検証することが極めて難しいということである。通常、回答の癖は回答者の選択を様々な調査項目間で比較することで「見抜かれる（detected）」。もし一貫して（プラスまたはマイナスの）極端の尺度を選んだり、自己申告型の文に系統的に同意することを選んでいる人がいたら、その人は極端な回答をする癖、または黙従という回答の癖に従っていると見なされる。例えば、マーリンら（Marín, Gamba and Marín, 1992）は、回答者が質問に「はい」と答えた数を数えることで黙従傾向を推計し、回答者が両極にある尺度アンカーのいずれかを選んだ回数を数えることで極端な回答の指標を作成した。しかし、その回答が論理的に矛盾（例えば、「誰も信頼できない」という文と、「みんな信頼できる」という文の双方に同意している場合）していない限り、これらの回答が一貫した回答バイアスのせいなのか、または純粋に回答者の感情や信頼のレベルを反映しているのかを区別することは困難である。したがって、あるパターンがデータに誤差を加えているのか、または信頼における有意義な変化量を表しているのかは、わからない場合が多い。

国際的に回答の癖の差を調査した研究でも、似たような問題に直面する。一

方で、いくつかの研究は、文化が異なると回答の癖も異なるということを示唆している。例えば、ヴァン・ハークら（Van Herk, Poortinga and Verhallen, 2004）は、EU加盟6か国から得たマーケティングのデータを調査し、黙従傾向と極端な回答を選ぶ癖において中程度の効果量（medium effect size）の系統的な差を発見した。この回答の癖はいずれも、北西ヨーロッパ諸国（ドイツ、フランス、英国）から得たデータよりも地中海諸国（ギリシャ、イタリア、スペイン）からのデータにより多く見られた。マーリンら（Marín, Gamba and Marín, 1992）、クラーク（Clarke, 2001）、ホルブルックら（Holbrook et al., 2006）はいずれも、米国のヒスパニック系とアフリカ系アメリカ人は白人のアメリカ人の標本と比較して、より極端な回答カテゴリーを好み、黙従傾向が強いことを明らかにしている。それに対して、アジアの儒教文化圏では控えめな回答が好まれ（Lau, Cummins and McPherson, 2005; Lee, et al., 2002）、集団優先主義的傾向が少ない西欧諸国よりも社会的望ましさバイアスを受けやすい（Abe and Zane, 1990; Middleton and Jones, 2000）ことがわかっている。しかし、実際の行動についての尺度を収録しているヴァン・ハークら（Van Herk, Poortinga and Verhallen, 2004）以外の研究は、いずれもそのような妥当性確認（validation）を行っておらず、したがって回答パターンが結果にノイズを加えるという確証は得られない。調査の参加者がおおよそ極端な回答を選ぶのは、また文章におおよそ賛成するのは、それが実際の感情を表しているからで、それが質問にどのように答えるかを表しているからではないかもしれない。さらに、エイクストンら（Exton, Smith and Vandendriessche, 2015）がギャラップ世論調査の複数の調査ウェーブを引用して行った最近の国際調査では、文化（測定誤差と生活経験における実際の差を含む）が主観的幸福における説明不能な各国ごとの相違のほぼ20％を説明していると結論づけている。この影響は、主観的幸福の成果を説明する際の客観的生活環境の役割と比べると小さい。

　したがって、調査対象国が1か国でも複数でも、回答のパターンが明らかに回答の癖の違いによって引き起こされており実際の回答者の評価によるもので

第3章　方法論的考察

はないということが証明できる場合でも、信頼やその他の自己申告型尺度が妥当でないとはねつけられるほどには、回答の癖は全体的なデータの質を損なってはいないと結論づけるほうが安全である。この考察は、回答の癖を扱うための適切な戦略にも影響がある。何人かの研究者は、分析において回答の癖を助長すると考えられる要素（例えば、性格）を制御するか、さらに一歩踏み込んで平均値補正や尺度の標準化といった統計調整技術を、回答の癖による影響を受けると考えられている尺度に直接適用することを提案している（Greenleaf, 1992; Hofstede, 2001）。しかし、そのような方法が真の実質的な差を消してしまう恐れもある（Harzing, 2006参照）。したがって、回答バイアスを統計的調整によって遡及的に消そうとするのではなく、まずは調査票を慎重に設計することで、回答の癖のバイアスを避けることが望ましいだろう。例えば、「そう思う／そう思わない（agree/disagree）」、またそれよりは程度は低いものの「はい／いいえ（yes/no）」で答える質問は、黙従回答を引き起こしやすく、可能であれば避けた方がよい（Krosnick, 1999）。スミス（Smith, 2003）も、肯定的な文と否定的な文を混ぜて使うと、回答者が質問の正確な意味をよりよく考えるようになり、その結果より有意義な回答をするか、または少なくとも相互に打ち消し合う回答をすることになるため、黙従傾向とその反対（disacquiescence）の双方を減らすことになると述べている。このアプローチは、同じ尺度の端がある項目では肯定的な事柄を表し、別の項目では否定的な事柄を表すことになると、回答者を混乱させるリスクがあるため、さらにテストする必要がある。さらに、質問票の項目に否定が含まれていると、いくつかの言語では翻訳が難しくなる可能性がある。

　一般的に、回答者が質問で混乱しているとき、やる気がないとき、疲れているとき、負担に感じるときに回答バイアスやヒューリスティクスに頼りやすいとすると、こうした問題を最小限に抑える最良の方法は、確かな調査設計原則を採用することだと考えられる。つまり、理解が難しい、繰り返されている、または非常によく似ている項目を避けること、回答が容易になるように短くて興味をそそる質問を用いること、回答者の関心とやる気を持続させることであ

171

る（OECD, 2013）。こうした原則はあらゆる調査尺度に当てはまるもので、信頼尺度が他の自己申告型調査項目よりも回答の癖を生じさせるリスクが大きいと仮定する強い根拠はない。

7.3　主な問題点

- 回答の癖は、共通基準や実際の行動に照らして外部から検証することが極めて難しい。大抵は、あるパターンがデータに誤差を加えているのか、または信頼における有意義な変化量を表しているのかは、わからない場合が多い。

- 回答の癖があるということが確かな場合でも、信頼とその他の自己申告型尺度を妥当でないとして無視するほど全体のデータの質が損なわれると考える必要はない。

- 回答の癖のバイアスを最小限に抑えるために統計的な調整テクニックを用いるよりも、質問をできるだけシンプルで理解しやすくし、なるべく負担にならないように、質問票の設計を見直すことに注力すべきである。全体的な調査設計（長さや導入部を含む）には、データの質を最大限向上させるために回答者の負担、意欲、疲労に特に注意を払う必要がある。

- 回答バイアスを受けやすいとされている質問形式は避けるべきである。例えば、「そう思う／そう思わない（agree/disagree）」、またそれよりは程度は低いものの「はい／いいえ（yes/no）」で答える質問形式は、黙従回答を引き起こしやすい。

- 信頼に関するデータの国際比較可能な分析にとって、回答の癖の懸念をうまく避ける１つの方法は、回答のレベル（level of responding）ではなく、回答パターンの経時的な変化（異なる母集団サブグループ間のそれを含む）を用いることである。

第3章　方法論的考察

第8節　結論

　本章では、信頼に関する項目の測定誤差に影響を及ぼしうる質問と調査設計の様々な方法論的特徴を論じてきた。主な結論と今後の研究が必要な分野は、以下の通りである。

- 信頼尺度は、もっと客観的な尺度（例えば、学歴、寿命など）よりも回答バイアスに対してセンシティブだが、こうしたバイアスは、国立統計局がすでに集めているその他の自己申告型尺度にも同様に現れる。こうしたバイアスとそれを抑えるのに最も適した質問票、調査設計戦略に注意を払うことが不可欠だが、測定誤差の存在そのものは、信頼に関するデータを収集することに反対する論拠にはならない。特に他者への信頼の項目については、実社会の成果に関する強い妥当性の証拠から、これらの尺度が有意義で収集する価値があることは明らかである。

- 質問票の設計についてデータ収集者がどのようなアプローチを採ったとしても、時系列、人口グループ間、国家間での比較を有意義なものにするために、標準化することがが必須である。

- 質問の文言に関する実証（特にスプリットサンプル実験で得られた実証）から、これが些少な問題ではないこと、また質問に適した文言を選ぶことが結果に影響することは明らかである。質問の文言では、信頼以外の概念に触れないようにし、関心のある状況を具体的かつ正確にすべきである。他者への信頼について、中立的な文言を用いることが推奨される。データ収集者は「他者と付き合うときには注意すべき」という表現を避けた方がよい。それは、この文言が社会的に弱い立場にある人々に信頼をより低く報告するよう仕向ける可能性があるからである。制度・組織への信頼については、制度や機関の期待される役割を特定することで、違いが生じる場合がある。総じて、質問の文言は回答者が

173

理解できるように正確で、微妙なニュアンスを生じさせることがないようにすべきである（微妙なニュアンスは各国間で翻訳可能性に差が生じるという問題を引き起こしてしまう場合がある）。異なる質問で捉えようとするいくつかの概念があまりにも狭義に関連しすぎていると、回答者はその区別ができない可能性がある（例えば、"trust"と"confidence"の区別）。

● 回答の選択肢の呈示方法は、回答の分布に有意な影響を及ぼす可能性がある。信頼に関する項目では、言語ラベルが尺度アンカーにつけられた0〜10の数値尺度を用いることが推奨されるが、それはこの方法だと回答の分散度合いが高く、総合的なデータの質が高まり、言語間の翻訳可能性も高まるからである。選択肢の順序は、肯定的な回答と否定的な回答との間で精神的な切り替えをなるべく少なくするために、一貫性を持って提示されるべきである（10〜0ではなく0〜10）。尺度アンカーの言葉による説明は、黙従バイアスや社会的に望ましい回答を選ぶ可能性を最小限に抑え、可能な回答範囲全体を提示すために、絶対的な回答（例えば、「全くそう思う／全くそう思わない」）を用いるべきである。

● 信頼を測る尺度は、それが置かれる幅広い調査文脈の中で考えるべきである。文言と回答形式の標準化と同様に、質問群の中での順序に複数の調査の間及び異なる時期に行われる調査の間で一貫性を持たせることは、信頼尺度の質と比較可能性を保証する上で不可欠である。質問の順序効果が最も現れやすいのは、2つ以上の質問が同じ、または密接に関連した問題を扱っている場合なので、信頼に関する項目は一調査内でできるだけ離れたところに配置するか、挿入文で影響を緩和すべきである。信頼項目の一覧を用いる場合はいつでも、一連の質問を一般的な内容のものからより具体的なものへと進むように配置すべきである。例えば、一般的な信頼についての項目を、限定的な信頼についての質問より前に置くということである。一調査内で信頼に関する複数の質問の配置しようとする場合は、他の質問の影響を避けるために始めの方にその質問を置く、ということと、面接者と回答者が心を通わせてからその質問に取り組めるように後の方に置くということとの間でバランスを取る必要がある。一般

第3章　方法論的考察

的に信頼に関する質問は、強い感情的な回答を引き出しやすい項目や、他者または組織についての経験を参照する項目の直後に置かない方が良い。質問票の設計者は、信頼に関する質問それ自体がそれに続く項目に及ぼしうる潜在的な効果をも、特にそれらが似たような文脈を扱っている場合には、等しく検討すべきである。最後に、祝日、季節、選挙の影響を最小限に抑えるために、データ収集は一年を通じて様々な日に行うか、または少なくとも複数の週にわたって行うことが推奨される。

●信頼に関する質問はセンシティブで、回答者に社会的に望ましい方法で答えるよう仕向けたり、または全く答える気をなくさせたりするということが、実証から明らかである。これは特に、制度・組織への信頼尺度に当てはまる。自記式調査は、社会的望ましさのバイアスを削減するという点で、面接方式よりも良い結果が得られる。この利点は、自記式調査は満足化のリスクが高まるという（相対的に弱い）反論よりも重要である。どのような調査モードでも、センシティブさに関わる回答バイアスは、データ保護に関する回答者の懸念を和らげる（例えば守秘義務を確約する）ことで、または調査の状況を制御する（例えば国勢調査員が自分の社会的アイデンティティを明らかにしない）ことで減らすことができる。対面式の面接しか方法がない場合には、親書方式またはUnmatched Count法といった画期的な面接方法を導入することも可能である。

●文化によって異なる回答の癖は、共通基準や実際の行動に照らして外部から検証することが極めて難しい。回答の癖があるということが確かな場合でも、信頼とその他の自己申告型尺度を妥当でないと無視できるほど、全体のデータの質が損なわれるわけではない。データ生産者が回答の癖のバイアスの可能性を軽減したい場合、統計の事後調整の方法に頼るのではなく、質問票の設計に注力すべきで、それによって、項目を可能な限り単純で理解しやすく、負担が少ないものにできる。全体的な調査設計（長さや導入部を含む）には、データの質を最大限向上させるために回答者の負担、意欲、疲労に特に注意を払う必要がある。さらに、回答バイアスを引き起こしやすい質問形式を避けるべき

175

である。例えば、「そう思う／そう思わない（agree/disagree）」、またそれよりは程度は低いものの「はい／いいえ（yes/no）」で答える質問形式は、黙従回答を引き起こしやすい。

● 制度・組織への信頼についても他者への信頼についても更なる研究が必要であるが、特に前者については、方法論的実証が非常に少ないので、今後の研究が待たれる。

　◇第一に、制度・組織への信頼の質問の文言について、国益になる活動以外のどのような特徴（例えば、「自分のような人の生活の向上のため」、または「正義のため」）がどの機関にとって問題となるかを明らかにするために、実験的テストを用いるべきである。望ましいのは、こうした実験を複数の国々で行うことである。

　◇第二に、肯定的な文と否定的な文を混ぜて使うと、肯定回答（yay saying）も否定回答（nay saying）も抑えることができると言われているが、同じ尺度の端が、ある項目では肯定を、次の項目では否定を表すことになって回答者が混乱するというリスクがあり、それを制御するためにもこのアプローチはさらに試験する必要がある。

　◇第三に、順序効果について、どのような場合にこうした効果が信頼についての質問に現れるのか、未だ明確ではない。どのような種類の質問またはどのような種類の文脈がどういう効果を引き起こすのかを明らかにするために、より的を絞った方法論の研究を行い、調査設計に更なる情報を提供することが求められる。質問と質問の間に挟む文章が、順序効果を軽減する緩衝材として機能するという実証があるが、様々な文章で信頼に関する質問への影響をテストすべきである。

　◇最後に、文化の違いから生じる回答の癖を、例えば実生活における信頼行動や実験ゲームなどの外部の基準に照らして実証する研究が進めば、現在の文化横断的な信頼調査を補強することができる。

第3章 方法論的考察

注

1. 公平性・安全性・共同体調査（ESC）に収録されている4種類の他者への信頼に関する質問は、以下の通りである。1）「一般的に言って、ほとんどの人は信頼できると思いますか、または人と交際するときは十分に注意すべきだと思いますか」、2）「人は信頼できないということが証明されない限り、信頼できるものだ」、3）「一般的に言って、ほとんどの人は信頼できる。あなたはこの意見に賛成ですか、反対ですか」、4）「一般的に言って、人と交際するときは十分注意すべきだ。あなたはこの意見に賛成ですか、反対ですか」。

2. これらの人口グループが脆弱さを自覚しているという証拠は、近所を夜間に1人で歩いていても安全だと感じるか、という質問に対する回答から得られる。その回答では、女性と50歳以上の人々が安全だと感じると答える割合は、他の年齢グループよりも非常に低い（OECD, 2015）。

3. OECDは、メキシコの国立統計地理情報院（INEGI）とも協力して、2016年6月に行われたメキシコの都市部の治安に関する全国調査に信頼に関する様々な種類の質問を挿入した。この調査はスプリットサンプル実験ではなく（各回答者は同じ調査の中で2つの質問に答えた）、したがって回答の違いがプライミング効果や共通方法分散によるものだという可能性を排除できない。しかし、2種類の質問（通常の組織に対する信頼を問うものと、国益になる活動をしているという信頼を問うもの）が500の標本に対して提示された場合、「国益になる活動をしている」と追加しても、銀行を「非常に信頼している」と答えた人の割合に見られるような、対人口比の大幅な下落はなかった。その一方で、行政サービス（civil service）の場合は、「その組織を非常に信頼していると答えた回答者の割合が10.6％から6.8％に下がった。この結果は、これらの組織がメキシコでは英国と異なる意味合いを持っていることを示唆していると考えられる。この問題を明らかにするには、更なる実地調査が必要である。

4. ポーランドの中欧統計局などいくつかの国の政府統計局は、言語ラベルのついた4ポイント尺度を採用しているが、この種の回答尺度の影響に関する方法論的実証は依然として限定的である。

参考文献・資料

Abe, J.S. and N.W.S. Zane (1990), "Psychological maladjustment among Asian and White American college students: Controlling for confounds", *Journal of Counselling Psychology*, Vol. 37, pp. 437-444.

Alwin, D.F. and J.A. Krosnick (1991), "The reliability of survey attitude measurement: The influence of question and respondent attributes", *Sociological*

Methods and Research, Vol. 20, No. 1, pp. 139-181.

Beukenhorst, D. and W. Wetzels (2009), "A comparison of two mixed mode designs of the Dutch Safety Monitor: Mode effects, costs, logistics", Paper presented at the European Survey Research Association Conference, Warsaw.

Biemer, P.P. and G. Brown (2005), "Model-based estimation of drug use prevalence using item count data", *Journal of Official Statistics*, Vol. 21, No. 2, pp. 287-308.

Bradburn, N.M. and S. Sudman (1979), *Improving Interview Method and Questionnaire Design*, Jossey-Bass, San Francisco.

Bradburn, N. M., S. Sudman and B. Wansink (2004), *Asking Questions: The Definitive Guide to Questionnaire Design – from Market Research, Political Polls, and Social and Health Questionnaires*, Jossey-Bass, San Francisco.

Chang, L. (1994), "A psychometric evaluation of 4-point and 6-point Likert-type scales in relation to reliability and validity", *Applied Psychological Measurement*, Vol. 18, pp. 205-215.

Clarke, J. (2001), "Extreme response style in cross-cultural research", *International Marketing Review*, Vol. 18, pp. 301-324.

Cowan, C.D., L.R. Murphy and J. Wiener (1978), "Effects of supplemental questions on victimization estimates from the national crime survey", *1978 Proceedings of the Section on Survey Research Methods*, American Statistical Association, Washington, DC, United States.

Cummins, R. and E. Gullone (2000), "Why we should not use 5-point Likert scales: The case for subjective quality of life measurement", *Proceedings of the Second International Conference on Quality of Life in Cities*, Singapore.

Deaton, A.S. (2011), "The financial crisis and the well-being of Americans", *Working Paper*, No. 17128, National Bureau of Economic Research (NBER), Cambridge MA, *www.nber.org/papers/w17128*.

De Leeuw, E.D. (2001), "Reducing missing data in surveys: An overview of methods", *Qual. Quant.*, Vol. 35, pp. 147-160.

Denters, B., O. Gabriel and M. Torcal (2007), "Political confidence in representative democracies: Social capital vs. political explanations", J. van Deth, J.R. Montero and A. Westholm (eds.), *Citizenship and Involvement in European Democracies*, Routledge, Abington.

Duffy, B. et al. (2005), "Comparing data from online and face-to-face surveys", *International Journal of Market Research*, Vol. 47, No. 6.

Exton, C., C. Smith and D. Vandendriessche (2015), "Comparing happiness across the world: Does culture matter?", *OECD Statistics Working Papers*, No. 2015/04, OECD Publishing, Paris, *http://dx.doi.org/10.1787/5jrqppzd9bs2-en*.

Gibson, C. et al. (1978), "Interaction of survey questions as it relates to interviewer-respondent bias", *1978 Proceedings of the Section on Survey Research Methods*, American Statistical Association, Washington, DC, United States.

Gove, W.R. and M.R. Geerken (1977), "Response bias in surveys of mental health: An empirical investigation", *American Journal of Sociology*, Vol. 82, No. 6, pp. 1289-1317.

Greenleaf, E.A. (1992), "Improving rating scale measures by detecting and correcting bias components in some response styles", *Journal of Marketing Research*, Vol. 29, pp. 176-188.

Gribble, J.N. et al. (1999), "Interview mode and measurement of sexual behaviors: Methodological issues", *Journal of Sexual Research*, Vol. 36, pp. 16-24.

Harzing, A.W. (2006), "Response styles in cross-national survey research: A 26-country study", *International Journal of Cross-Cultural Management*, Vol. 6, pp. 243-266.

Haushofer, J. and J. Shapiro (2016), "The short-term impact of unconditional cash transfers to the poor: Evidence from Kenya", *Quarterly Journal of Economics*, Vol. 131, No. 4, pp. 1973-2042.

Heerwegh, D. (2009), "Mode differences between face-to-face and web surveys: An experimental investigation of data quality and social desirability effects", *International Journal of Public Opinion Research*, Vol. 21, No. 1, pp. 111-121.

Hofstede, G.H. (2001), *Culture's Consequences: Comparing Values, Behaviours, Institutions, and Organizations across Nations*, Sage, Thousand Oaks, California.

Holbrook, A.L., T.P. Johnston and Y.I. Cho (2006), "Extreme response style: Style or substance?", Paper presented at the 61st Annual Meeting of the American Association for Public Opinion Research, Montreal, Canada.

Holbrook, A.L., M.C. Green and J.A. Krosnick (2003), "Telephone versus face-to-face interviewing of national probability samples with long questionnaires: Comparisons of respondent satisficing and social desirability response bias", *Public Opinion Quarterly*, Vol. 67, pp. 79-125.

Hooghe, M. and T. Reeskens (2008), "Cross-cultural measurement equivalence of generalized trust: Evidence from the European Social Survey (2002 and 2004)", *Social Indicators Research*, Vol. 85, pp. 15-32.

Jagodzinski, W. and K. Manabe (2004), "How to measure interpersonal trust? A comparison of two different measures", *ZA-Information/Zentralarchiv für Empirische Sozialforschung*, Vol. 55, pp. 85-98.

Katz, D. (1942), "Do interviewers bias poll results?", *Public Opinion Quarterly*, Vol. 6, pp. 248-268.

Krosnick, J. A. (1999), "Survey research", *Annual Review of Psychology*, Vol. 50, pp. 537-567.

Krosnick, J. A. (1991), "Response strategies for coping with the cognitive demands of attitude measures in surveys", *Applied Cognitive Psychology*, Vol. 5, pp. 213-236.

Krumpal, I. (2013), "Determinant of social desirability bias in sensitive surveys: A literature review", *Qual Quant*, Vol. 47, pp. 2025-2047.

Krysan, M. (1998) , "Privacy and the expression of white racial attitudes – a comparison across three contexts", *Public Opinion Quarterly*, Vol. 62, pp. 506-544.

Lau, A. L. D., R. A. Cummins and W. McPherson (2005), "An investigation into the cross-cultural equivalence of the personal wellbeing index", *Social Indicators Research*, Vol. 72, pp. 403-430.

Lee, J.W. et al. (2002), "Cultural differences in responses to a Likert scale", *Research in Nursing and Health*, Vol. 25, pp. 295-306.

Lensvelt-Mulders, G.J.L.M. (2008), "Surveying sensitive topics", De Leeuw, E.D., J.J. Hox, D.A. Dillman (eds.), *The International Handbook of Survey Methodology*, Erlbaum/Taylor & Francis, New York/London.

Lundasen, S. (2010), "Methodological problems with surveying trust", manuscript.

Maggino, F. (2009), "Methodological aspects and technical approaches in measuring subjective wellbeing", Università degli Studi di Firenze, Working Paper.

Marín, G., R.J. Gamba and B.V. Marín (1992), "Extreme response style and acquiescence among Hispanics: The role of acculturation and education", *Journal of Cross-Cultural Psychology*, Vol. 23,Vol. 4, pp. 498-509.

Metzger, D.S. et al. (2000), "Randomized controlled trial of audio computer-assisted self-interviewing: Utility and acceptability in longitudinal studies. HIVNET Vaccine Preparedness Study Protocol Team", *American Journal of Epidemiology*, Vol. 152, Vol. 2, pp. 99-106.

Middleton, K.L. and J.L. Jones (2000), "Socially desirable response sets: The impact of country culture", *Psychology and Marketing*, Vol. 17, No. 2, pp. 149-163.

Moum, T. (1988), "Yea-saying and mood-of-the-day effects in self-reported quality of life", *Social Indicators Research*, Vol. 20, pp. 117-139.

Newstead, S.E. and J. Arnold（1989）, "The effect of response format on ratings of teaching", *Educational and Psychological Measurement*, Vol. 49, pp. 33-43.

OECD（2015）, *How's Life? 2015: Measuring Well-being*, OECD Publishing, Paris, *http://dx.doi.org/10.1787/how_life-2015-en.*（『OECD幸福度白書3──より良い暮らし指標：生活向上と社会進歩の国際比較』OECD編著、西村美由起訳、明石書店、2016年）

OECD（2013）, *OECD Guidelines on Measuring Subjective Well-being*, OECD Publishing, Paris, *http://dx.doi.org/10.1787/9789264191655-en.*（『主観的幸福を測る：OECDガイドライン』経済協力開発機構（OECD）編著、桑原進監訳、高橋しのぶ訳、明石書店、2015年）

ONS（2016）, "Statistics on trust for methodological testing from the opinion's survey, Oct 2015 to May 2016", released 10 November 2016, Office for National Statistics, UK, ONS, Newport, *www.ons.gov.uk/peoplepopulationandcommunity/ wellbeing/adhocs/006326statisticsontrustformethodologicaltestingfromtheopin ionssurveyoct2015tomay2016.*

Peadody, D.（1961）, "Authoritarianism scales and response bias", *Psychological Bulletin*, Vol. 65, No. 1, pp. 11-23.

Podsakoff, P.M. et al.（2003）, "Common method biases in behavioral research: A critical review of the literature and recommended remedies", *Journal of Applied Psychology*, Vol. 88, No. 5, pp. 879-903.

Preston, C.C. and A.M. Colman（2000）, "Optimal number of response categories in rating scales: Reliability, validity, discriminating power, and respondent preferences", *Acta Psychologica*, Vol. 104, pp. 1-15.

Pudney, S.（2010）, "An experimental analysis of the impact of survey design on measures and models of subjective well-being", *Institute for Social and Economic Research Working Papers*, No. 2010-20, University of Essex.

Roberts, C.（2007）, "Mixing modes of data collection in surveys: A methodological review", *Economic and Social Research Council – National Centre for Research Methods*, NCRM Methods Review Papers NCRM/008.

Roberts, J. and M. Hough（2005）, *Understanding Public Attitudes to Criminal Justice*, Open University Press, Maidenhead.

Saris, W.E. and I. Gallhofer（2006）, "Report on the MTMM experiments in the pilot studies and proposals for Round 1 of the ESS", *www.europeansocialsurvey.org/ docs/methodology/ESS1_quality_measurement.pdf.*

Scherpenzeel, A. and W.E. Saris (1997), "The validity and reliability of survey questions – A meta-analysis of MTMM studies", *Sociological Methods Research*, Vol. 25, No. 3, pp. 341-383.

Schimmack, U., U. Böckenholt and R. Reisenzein (2002), "Response styles in affect ratings: Making a mountain out of a molehill", *Journal of Personality Assessment*, Vol. 78, No. 3, pp. 461-483.

Schuman, H. and S. Presser (1996), *Questions and Answers in Attitude Surveys*, Sage Publications, California, United States.

Schwarz, N. and F. Strack (2003), "Reports of subjective well-being: Judgemental processes and their methodological implications", D. Kahneman, E. Diener and N. Schwarz (eds.), *Well-being: The Foundations of Hedonic Psychology*, Russell Sage Foundation, New York.

Schwarz, N. and H. Schuman (1997), "Political knowledge, attribution and inferred interest in politics", *International Journal of Public Opinion Research*, Vol. 9, No. 2, pp. 191-195.

Searle, J.R. (1979), *Expression and Meaning*, Cambridge University Press, NewYork, United States. (『表現と意味』ジョン・R・サール著、山田友幸監訳、誠信書房、2006年)

Singer, E., D.R. von Thurn and E.R. Miller (1995), "Confidentiality assurances and response: A quantitative review of the experimental literature", *Public Opinion Quarterly*, Vol. 59 No. 1, pp. 66-77.

Smith,T.W. (2003), "Developing comparable questions in cross-national surveys", J.A. Harkness, F.J. van de Vijver and P.P. Mohler (eds.), *Cross-Cultural Survey Methods*, Wiley, New York.

Smith, T.W. (1997), "Factors relating to misanthropy in contemporary American society", *Social Science Research*, Vol. 26, pp. 170-196.

Smith, T.W. (1981), "Can we have confidence in confidence? Revisited", Denis Johnston (eds.), *Measurement of Subjective Phenomena*, US Government Printing Office, Washington, DC.

Soroka, S., J. Helliwell and R. Johnston (2007), "Measuring and modelling trust", F. Kay and R. Johnston (eds.), *Diversity, Social Capital and the Welfare State*, University of British Colombia Press, Vancouver, BC.

Spector, P.E. et al. (2000), "Why negative affectivity should not be controlled in job stress research: Don't throw out the baby with the bath water", *Journal of Organizational Behavior*, Vol. 21, No. 1, pp. 79-95.

第3章　方法論的考察

Stolle, D.（1998）, "Bowling together, bowling alone: The development of generalized trust in voluntary associations", *Political Psychology*, Vol. 19, No. 3, pp. 497-525.

Sudman, S., N.M. Bradburn and N. Schwarz（1996）, *Thinking About Answers: The Application of Cognitive Processes to Survey Methodology*, Jossey-Bass, San Francisco.

Tourangeau, R. and T. Yan（2007）, "Sensitive questions in surveys", *Psychological Bulleting*, Vol. 133, pp. 859-883.

Turner, C.F.（2005）, "Reducing bias in telephone survey estimates of the prevalence of drug use: A randomized trial of telephone audio-CASI", *Addiction*, Vol. 100, pp. 1432-1444.

Uslaner, E.M.（2009）, "Is eleven really a lucky number? Measuring trust and the problem of clumping", Manuscript.

Uslaner, E.M.（2002）, *The Moral Foundations of Trust*, Cambridge University Press, Cambridge, United Kingdom.

Van Herk, H., Y.H. Poortinga and T.M.M. Verhallen（2004）, "Response styles in rating scales: Evidence of method bias in data from six EU countries", *Journal of Cross-Cultural Psychology*, Vol. 35, No. 3, pp. 346-360.

Villarroel, M.A. et al.（2008）, "T-ACASI reduces bias in STD measurements: The national STD and behavior measurement experiment", *Sexually Transmittable Diseases*, Vol. 35, pp. 499-506.

Villarroel, M.A. et al.（2006）, "Same-gender sex in the United States: Impact of T-ACASI on prevalence estimates", *Public Opinion Quarterly*, Vol. 70, pp. 166-196.

Watson, D. and L.A. Clark（1997）, "Measurement and mismeasurement of mood: Recurrent and emergent issues", *Journal of Personality Assessment*, Vol. 68, No. 2, pp. 267-296.

Weng, L.J.（2004）, "Impact of the number of response categories and anchor labels on coefficient alpha and test-retest reliability", *Educational and Psychological Measurement*, Vol. 64, pp. 956-972.

Zmerli, S. and K. Newton,（2008）, "Generalised trust and attitudes toward democracy", *Public Opinion Quarterly*, Vol. 72, pp. 706-724.

Zmerli, S., K. Newton and J.R. Montero（2007）, "Trust in people, confidence in political institutions, and satisfaction with democracy", J. van Deth, J. R. Montero and A. Westholm（eds.）, *Citizenship and Involvement in European Democracies*, Routledge, Abington.

第4章

信頼を測る

　本章は、信頼を世帯調査で測る際のベストプラクティスについて、具体的なアドバイスを収録している。本章では信頼の測定計画をどのように立てるかを論じ、目標母集団、サンプルサイズ、頻度、調査期間など、調査と標本の設計について具体的なアドバイスを行っている。それに続いて、信頼の測定において優先順位が最も高く、最低限実行可能な尺度である中核的尺度を明らかにするなど、質問票の設計について具体的な指針を示している。最後に、データのコード化など信頼を測る調査実施時の問題と、面接の訓練に関する問題を考察している。

第1節　はじめに

　本章では、信頼を測る際のベストプラクティスを収録している。他者への信頼と制度・組織への信頼の双方について論じているが、特に焦点を当てているのは、その妥当性についてより良い実証を得られる前者である。制度・組織への信頼の測定についても論じているが、それはそのような尺度がどのように機能するかをよりよく理解するのを助けるであろう実験的尺度の文脈においてである。本章では、測定対象の概念の範囲とそれを測るための最良のアプローチを収録している。例えば、サンプリング、調査設計、データの処理とコード化、質問票の設計などが含まれる。特に、各国とも一貫して収集するべきものされている他者に対する一般的信頼（generalised interpersonal trust）の主要尺度と、データ生産者が可能な限り集めるべき少数の中核的尺度を収録している（コラム4.1）。この中核的尺度には、制度・組織への信頼尺度と他者への信頼に関する追加項目が含まれている。制度・組織への信頼尺度は他者への信頼尺度のそれよりも実験的意味合いが強いが、その政策的関連性が高いため、この中核的尺度の中に含まれるべき正当な理由がある。この中核的尺度以外に、本章では信頼の諸側面を特定、測定することに関心を持つデータ生産者を支援するより一般的な助言と、信頼測定への様々なアプローチを網羅した一連の追加的質問群を収録している。

コラム4.1　　信頼の中核的尺度

　信頼の中核的尺度は、国際比較が最優先される尺度である。これらは妥当性と関連性の実証が最も多く、その結果が最もよく理解され、その政策的利用が非常に発展している尺度である。本ガイドラインの目的は、過度に規範的にすること

第4章　信頼を測る

ではなく信頼尺度の生産者を支援することではあるが、ここで提示されている中核的尺度は内容と収集方法という点でかなり具体的である。

本章で概観している中核的尺度は、5つの質問で構成されている。

- 第1は、国際的に一貫して収集されることを意図した主要尺度である。この尺度は各国の国立統計機関が最優先として位置づけるべきもので、一般化された他者への信頼に焦点を当てている。これは信頼の測定を意図している調査において最初の質問にすべきである。
- 中核的質問群に含まれるその他の4つの質問は、他者への限定的信頼についてより多くの情報を集めることを目的としており、制度・組織への信頼の諸側面について3項目からなる実験的質問も含まれている。これらの質問はどれも重要で、可能な限り収集すべきである。しかし、全ての国の国立統計局がこれらの尺度をそれぞれの中核的調査で収集できるわけではないと認識されている。

本章の主な目標は、中核的尺度を統合することよりもデータ生産者に一般的な助言を提供することにある。特に、本章は国立統計局とその他のデータ生産者が測定対象と測定過程の実施方法を有効に決定するプロセスを支援することを意図している。特定の質問についてモデルを提示してはいるものの、本章の目的は方向性を示すというよりは選択肢と助言を提供することにある。

本章は4つの節で構成されている。第2節は、信頼測定の計画に関連する問題に焦点を当て、政策または研究のためのデータの利用と、適切な測定目的との関係、分析と理解を支援するために信頼と並行して収集される共変量の範囲について論じている。第3節では、調査と標本設計について論じている。その中には、調査枠組みの選択、標本設計、目標母集団、収集期間、調査頻度などが含まれる。第4節では、質問票の設計について考察している。その中には質問の順序、質問票の構成、質問の文言などが含まれる。この節の主要素は、他者への信頼と制度・組織への信頼に関するモデル質問を収録していることである。最後に、第5節では、調査の実施に焦点を当て、面接者向けの訓練とデー

187

タ処理に関するガイドラインを収録している。信頼データの利用と分析に関わる問題は、第5章（信頼尺度の結果データと分析）で取り上げる。

第2節　何を測るか？──信頼測定の計画

本節では、測定プロジェクトの計画段階について考察する。これは、どの概念を測るか、これらの概念が最終的な結果データと分析についての決定にどう影響するか、ということに関わっている。本節で触れる内容の中には、第5章（信頼尺度の結果データと分析）でより詳細に取り上げるものも含まれている。しかし、第5章では信頼データを分析、解釈、提示する方法に焦点を当てているのに対して、本章での議論はデータ利用者のニーズが集めるべき情報をどう決定するかということに限定されている。

信頼を測るプロジェクト──あるいはどの統計プログラムでも──の最初の計画段階は、極めて重要である。それに続く決定は全て、そのプロジェクトの目的についての最初の選択に大きく影響されるからである。したがって、目的を明確にすることが重要である。

測定対象は、常に利用者のニーズを明確に理解した上で決定されるべきである。データ利用者のニーズが明確に理解されて初めて、そのニーズを満たすために集めるべき情報を決めることができる。しかし、利用者のニーズを理解することは容易ではない。比較的単純なリサーチクエスチョンでも、様々な方法論を用いた多種多様なアプローチの仕方がある。例えば、行動の動機を理解する方法としては、所与の環境で何をするかを人々に直接尋ねることと、人々が所与の状況に直面したときに取る行動の経過についての情報を集めることの2つがある。いずれの方法論的アプローチにも長所と短所があり、測定にそれぞれ異なる影響を及ぼす。分析的モデルは、利用者のニーズがどのデータを集めるかという具体的な決定とどのように関連しているかということを構造的に考える際の一助となる。

188

第4章　信頼を測る

図4.1　計画の過程：利用者のニーズから調査質問まで

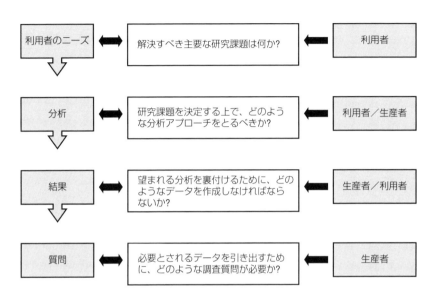

StatLink：http://dx.doi.org/10.1787/888933583823

出典：OECD（2013）, *OECD Guidelines on Measuring Subjective Well-being*, OECD Publishing, Paris（http://dx.doi.org/10.1787/ 9789264191655-en）（『主観的幸福を測る：OECDガイドライン』経済協力開発機構（OECD）編著、桑原進監訳、高橋しのぶ訳、明石書店、2015年）。

　図4.1は情報収集に用いられる特定の調査質問と利用者のニーズを関連付けた簡単なモデルである。このモデルは、『主観的幸福を測る：OECDガイドライン』（OECD, 2013）から引用されたものだが、どの調査設計プロジェクトにも等しく関連するもので、利用者のニーズから調査に含められる個々の質問まで、様々な段階について考察するための枠組みを示している。

　図4.1の1列目は、利用者のニーズから具体的な調査内容に至る4段階を表している。概念上これらの段階は、データ収集からそれを政策決定に用いるまでの過程を下から反対にたどる場合もある。2列目は、プロジェクトの各段階で取り組むべき主要な問題を明確にして、最も適切な尺度を十分な情報に基づい

て決定できるようにしている。最後に、3列目はデータ利用者と生産者のいずれが決定において主導的役割を果たしているかを表している。利用者のニーズから調査内容までの過程は基本的には協働的だが、この過程には利用者がデータ提供者よりも重要な役割を果たすことが期待される段階と、逆にデータ提供者が重要な役割を果たす段階とがある。

　実際には、これら4段階を通じた作業は、図4.1に見られるほど明らかに区別されているわけではない。必要とされる分析のレベルが比較的単純な場合、この過程の分析と結果データの出力の段階が1つに混ざり合うこともあり得る。利用者は自分が行いたい分析に最適な指標が何か、明確な見解を持っているもので、専門知識を持つ利用者がデータ提供者よりも目の前の問題についてよりよく理解している場合に、利用者の見解を無視することは賢明ではない。同様に、データ生産者が利用者のニーズを変える、またはそれに取り組むために取られる分析アプローチを変えることもありうる。

利用者のニーズ

　利用者のニーズを理解するということは、利用者が取り組んでいる主要な政策やリサーチクエスチョンを理解するということである。本章では信頼データについて考えられる利用者のあらゆるニーズについて詳細に論じることはできないが、いくつかの一般的な問題を明らかにしている。具体的には、以下の通りである。

- 利用者のニーズは、第2章で論じられた信頼データの一般的な政策利用と何らかの関係があるのか。
- 政策上の問題とは何か。
- 提案されている信頼の内容は、これらの政策上の問題に答えるのに適しているか。提案されている尺度で時間の経過とともに起きる変化を捉えたり人口グループ間の比較を行ったりすることができるのか。
- どのような人口グループに利用者は最も関心を持っているのか。例えば、焦点

は国際比較（国を主な分析単位とする）にあるのか、同じ人口グループについて異なる時点を比較すること（時系列分析）にあるのか、または同じ人口グループ内の様々なサブグループ（年齢、性別、地域、民族などの分類に基づく）について比較することにあるのか。これらの疑問は標本抽出と最も適切な尺度の種類の双方に意味がある。国際比較の場合、異文化間信頼性が高い尺度が最も重要であるが、一国内の複数グループの分析では、回答者の負担が少ない尺度の方がサンプルサイズを大きくできるため重要性が高くなる場合がある。

- 利用者の関心は異なるグループ間の結果を比較することにあるのか、それとも信頼の様々な側面の間の関係を理解することにあるのか。前者の結果比較の場合は、信頼尺度の範囲は狭くても良いが、後者の場合は様々な共変量についてより詳細な情報が必要になる。
- 利用者の第一の関心が一般化された信頼にあるのか、限定された信頼にあるのか、または制度・組織への信頼にあるのか。焦点が制度・組織への信頼に当てられる場合には、どの制度に最大の関心があるのか。
- 頻度、つまり利用者が信頼の変化を把握するために必要な期間はどのくらい必要か。
- 例えば地理的レベルなど、どのような国内比較が必要か。

　利用者のニーズをよく理解することで、このプロジェクトが取り組むべきリサーチクエスチョンを1つ以上特定することができる。

分析

　全体的にリサーチクエスチョンを理解するだけでは、結果データの種類または利用に最も適した尺度を有意義に選択するのに不十分である。所与のリサーチクエスチョンには1つ以上の方法で取り組むことが求められる場合がある。したがって、特定のリサーチクエスチョンにどのように答えられるかを理解することが不可欠である。

- 分析的アプローチはそもそも記述的（訳注：平均や分散などの代表値を中心にする分析）か、それとももっと洗練された統計テクニック（例えば、回帰分析、因子分析など）が必要か。
- リサーチクエスチョンに答えるために、どのような文脈変数とその他の変数が必要か。リサーチクエスチョンが単に小規模の主要な結果という点で人口グループ間の差異を特定するだけならば、関連する共変量の範囲は限定されるかもしれない。しかし、リサーチクエスチョンの焦点が信頼のレベルにおけるグループ間の差異の要因を理解すること、または信頼とその他の結果の同時分布を調べることにあるならば、共変量の範囲は大幅に広がる可能性がある。
- 提案された分析から有意義な成果を得るためには、どの程度の正確さが求められるのか。これは、サンプルサイズと標本抽出戦略に影響を及ぼす。例えば、小規模の人口サブグループについて正確な推計値を得ることを優先するならば、これらのグループのオーバーサンプリングが必要になるかもしれない。

　提案された分析的戦略を考慮すれば、リサーチクエスチョンに非常に具体的に答える方法を明らかにすることができるはずである。これが、望まれる分析を支持するためにどのようなデータを作成する必要があるかを評価するための基礎になる。

結果データ

　結果データ（output）とは、国立統計局やその他のデータ生産者が公表する統計指標のことである。これらは集計値の表（例えば、グループ別平均値）、ミクロ（個票）データファイル、インタラクティブな多元データなどの形式を取っている。結果データと分析の主な違いは、結果データはそれ自体ではリサーチクエスチョンに答えを与えないが、答えを出すために分析される情報基盤を提供するということである。回答が結果データから直接読み取れ、解釈もコメントも注意も必要最低限で済む場合もあれば、広範囲に及ぶ統計分析が必要な場合もある。

第4章 信頼を測る

　結果データは、その後に行われる全ての分析の基礎となるため、特定の調査質問と分析におけるデータ利用との間につながりをもたらす。したがって、必要とされる結果データは、適切な質問が設計される前に明確に具体化されていなければならない。信頼に関する情報について、望ましい結果データを特定する際に考慮すべき主な問題には、次のようなものがある。

- その分析には平均または割合の表形式の結果データが必要か、またはミクロデータが必要か。異なる人口グループ間の比較のような単純なものは表形式のデータでできるが、こうした差異の要因を理解するには、もっと精密な詳細データが必要だろう。
- 使われた分析テクニックは、データを序数として扱っているか、または基数として扱っているのか。これはミクロデータが必要とされる場合には（利用者が自分で決めることができるので）大差ないが、中心傾向と分布の集約尺度が表形式で出力される場合にはその方法に影響を及ぼしうる。基数の変数[1]に関する情報は、スコアを累積して平均を出すテクニック（例えば、平均値、標準偏差）で示すことができるが、序数のデータはカテゴリーごとに報告する必要がある。
- データの中心傾向を表す尺度（例えば、平均値、中央値、最頻値）を、ばらつき（例えば、標準偏差）またはデータの完全分布（例えば、カテゴリーごとの回答率）と対照的に提示することはどの程度重要か。

　測定方法を計画する目的は、望まれる結果データと、それを作成するために必要とされるデータ項目を、質問の設計を考慮する前に明確に特定することである。そこには少なくとも、用いられる尺度と必要とされるその内訳と分野横断的分類の定義が含まれる。多くの場合、特に多変量解析が提案されている場合には、より詳細な情報が必要となる場合がある。

193

質問票の設計

一連の結果データが利用者のニーズを満たすために必要な分析に基づいて明確に定義されれば、調査設計について個別の決定が可能になる。その中には、最も適した調査枠組み（survey vehicle）、データ収集期間、測定単位、質問票の設計などが含まれる。これらの決定は必然的に、利用者のニーズから始まって分析、結果データまでプロセス全体で順に行われるべきである。本章の残り部分で、これらの決定を行うための戦略を設定する。その中には、国立統計局が信頼尺度にどのようなアプローチを取るかという具体的な提案と、より幅広い環境で用いられるより一般的な情報の双方が含まれる。

2.1 その他の必要情報 ── 共変量と分析的変数

信頼データをどのように利用する場合でも、信頼が他の変数に対してどの程度変化するかを理解しておく必要がある。これは、目的が信頼の要因の理解にある場合でも──そのためには変化の要因を理解する必要がある──、信頼の変化を時系列に観察する場合や国際比較する場合でも──そのためにはある共同体の信頼度の平均値の所与の変化が異なる人口グループによって報告された信頼レベルの変化によるものなのか、または社会においてこれらグループのシェアが変動したことによるものなのかを理解するために、人口的な変化を考慮に入れる必要がある──、当てはまる。したがって、信頼そのものを測る最良の方法だけでなく、分析目的で信頼尺度と並行して収集すべき他の尺度を何にするかを考慮しなればならない。

結果を解釈、分析する助けとなる追加情報が必要なのは、信頼だけではない。ほとんどの統計尺度は少なくとも基本的な人口データと併せて収集されている。人口統計は、労働市場統計にとって重要であるのと同じように、信頼尺度にとっても重要である。信頼の平均水準は、様々な人口グループ間で顕著に異なっている。学歴が高く所得が多いグループほど一般的信頼の水準が高いのに対して、女性は一般的に信頼の水準が若干低い（Alesina and La Ferrara, 2001; Soroka, Helliwell and Johnston, 2003; Helliwell and Wang, 2010）。一般的信頼

第4章　信頼を測る

は年齢とともに逓減的にではあるが高まるのに対して、差別された歴史を持つ少数者のグループの一員だと、一般的信頼の水準が低めになる（Alesina and La Ferrara, 2001）。

　信頼尺度と並行して集めるべき共変量の正確な範囲は、その焦点が他者への信頼にあるのか、制度・組織への信頼にあるのかによっても、またリサーチクエスチョンによっても異なってくる。それでも、信頼尺度と併せて収集されるべき最も重要な情報に関して、一般的なガイドラインを示すことはできる。以下で論じるほとんどの共変量は、国立統計局が定期的に集めているもので、その収集についての国際標準がすでに存在している。これらの変数の収集方法についてはここでは論じず、既存の標準を適用する。

人口統計

　人口統計の変数には、測定される人口について記述し、人口サブグループごとに結果がどの程度異なるかを分析するために用いられる基本的な概念が含まれている。信頼を測るどのような取り組みでも様々な人口尺度を含めることが重要である。特に重要なのは、以下の項目である。

- **回答者の年齢**：可能であれば、単年で収集すべきである。年齢を範囲にすると、分野横断的な分類はできるが、調査対象となるグループに関して柔軟性が低くなり、連続的な変数としての年齢分析が容易ではなくなるため、使いにくくなる。
- **性別**：回答者の性別。
- **婚姻状態**：回答者が法的に婚姻状態にあること（回答者が配偶者と死別、離婚、離別している場合を含む）、または事実婚状態にあること（法的には婚姻していなくても結婚しているものとして暮らしている場合を含む）。
- **世帯構成**：これは、回答者の世帯単位（household unit）の分類を指す。回答者が独身か、パートナーと一緒に暮らしているか、子供の有無などが含まれる。

- **子供**：回答者の世帯にいる子供の数と年齢、回答者との続柄。
- **世帯規模**：回答者の世帯に暮らす人の数。世帯規模（household size）は、家族規模（family size）とは異なる概念である。一軒の住宅に１つ以上の家族（family unit）が暮らすことも可能だからである。これは、消費目的で世帯構成員が使える等価換算所得を計算するために、特に所得との関連で重要である[2]。
- **地理的情報**：プライバシーの観点から、回答者の詳細な地理的情報は公開されない場合があるが、都市部または農村、首都、州／地方といった広いレベルの地域に分けて推計値を出すことはできる。地理的コード化（ジオ・コーディング）によって、環境データまたは人々が暮らす地域のその他の性質などジオ・コーディングを組み込んだ他のデータセットと統合することができる。これは制度・組織への信頼の分析にとって特に重要である。異なる地方自治体の間の変動が、国際データを比較しなくても、政府の実績を制度・組織への信頼と結びつける方法となるからである。
- **移民の在留資格／出生国／入国年**：永住権、市民権といった在留資格と、回答者の出身国。この情報は、特に一般的信頼にとって重要である。なぜなら移民の在留資格はその国内での一般的信頼と関係があり、また出身国が継続的に信頼に影響するからである（Algan and Cahuc, 2010）。紙幅の余裕があれば、回答者の両親の出身国も関心が高い情報なので集めると良い。移民二世の信頼の分析が可能になるからである。
- **民族**：回答者の人種は、人種が多様な社会では特に政策的重要性が高い。人種は他者への信頼の水準に影響を与えることが知られており（Alesina and La Ferrara, 2001）、制度・組織への信頼の観点からも関心が高い（Statistics New Zealand, 2015）。

　上記は必須と考えられている人口尺度だが、それに加えて、他の人口変数も含められればその方が望ましい。しかし、これらの正確な関連性は、各国の状況と調査の優先順位によって異なると言える。

第4章　信頼を測る

- **言語**：回答者の一次言語の他に、家庭で話されている他の言語に関する情報を収集することが望ましい場合がある。調査が行われた国の主要言語の習熟度も、目的によっては重要であろう。
- **都市化**：回答者が居住している地域の分類。都市化の度合いという観点から必要な情報[3]。

社会経済的成果

　基本的な人口情報は、社会の中で「誰が」信頼しているかを特定できるものだが、それに加えて、「信頼を促進するものは何か」「信頼はどの程度他の有益な成果に影響するのか」といった疑問に取り組むために用いる、より広い社会経済的成果に関連する様々な変数に対してもニーズが存在する。下記の変数の一覧は可能性のある共変量を網羅しているわけではないが、最も関心が高いものと最も集中して用いられそうなものを載せている。

- **所得**：信頼（他者への信頼と、制度・組織への信頼の双方）が所得によって変動することがわかっているため（Alesina and La Ferrara, 2001）、所得への関心は高い。個人所得と世帯所得の双方に関心があるものの、世帯所得の優先順位が最も高い。それは世帯所得が消費可能性と生活水準を左右するもので、したがって信頼形成において大きな役割を果たすと考えられるからである。税引き前と後双方の所得のデータを収集することが望ましい。それは、税と給付の制度が個人の信頼形成に及ぼす影響を分析できるからである。

- **貯蓄と財産**：貯蓄行動、富の蓄積と信頼との関係に対する関心は高い。金融機関への信頼、金融部門に対する規制への信頼、他者への信頼が、人々の貯蓄決定において重要な役割を果たすと考えられるからである。そして貯蓄は、マクロ経済的決定と退職後所得政策の双方の観点から重要な政策課題である。貯蓄と財産のデータは詳細に集めようとすると回答者に大きな負担となるため、その内容によってどの変数を利用するか変える必要がある。一般的な世帯調査では、全財産の詳細な推計ではなく、保有財産の形態（例えば、銀行口座、株

197

式、私的年金、土地）や財産の階層（wealth brackets）といった比較的単純な質問を優先すべきである。

● **雇用形態**：雇用形態は、社会経済的成果の分析にとって標準的な制御変数である。信頼の成果の分析からは除外されることが多い――雇用は他の社会経済的制御変数に説明力をほとんど追加しないので（例えば、Algan and Cahuc, 2013; Soroka, Helliwell and Johnston, 2003; Helliwell and Wang, 2010）――が、それでも、雇用形態は信頼の独立した影響が、こちらも雇用の影響を受ける他の成果（例えば、所得）に及ぶその影響の程度を評価できるようにするためにも重要である。雇用形態の測定は、労働市場統計に関する既存の（ILO）ガイドラインで取り上げられている。このガイドラインは信頼に関する調査質問に関わる基準である[4]。

● **学歴**：学歴は、個人レベルでは信頼の主要な要因であり（Helliwell and Wang, 2010; Algan and Cahuc, 2013）、信頼データを収集する時に含めるべき必須の制御変数である。学歴に関するデータの収集を扱った既存の標準は、この分野の測定に明確な基礎を提供している。

● **健康状態**：個人の健康状態が信頼に及ぼす影響についての研究は比較的少ないが、健康状態についての情報は信頼が健康に及ぼす影響を調査するという観点から関心が高い（例えば、Ginn and Arber, 2004; Stafford et al., 2005）。この分析の大半は国際比較のために行われたが、信頼データを収録した調査に健康状態の尺度を含めることで、個人レベルでの健康と信頼との関係を分析することが可能になる。世帯調査で健康状態を正確に測るのは難しいが、世界保健機関の調査（WHO, 2012）に収録されている健康状態の内容から精神状態に関するGHQ-22のようなより特化された質問群まで、広く用いられている調査手段が数多くある（Goldberg et al., 1978）。最近では国連欧州経済委員会（UNECE）、WHO、欧州統計局の共同プロジェクト（ブダペスト・イニシアチブ）が、健康状態を測るための調査モジュール（a Survey Module for Measuring Health State）（UNECE, 2013）を主導している。これは、健康状態を測るための調査質問の標準セットを提供している。

第4章　信頼を測る

- **社会とのつながりとネットワーク**：社会とのつながりと人々の間に存在する社会的ネットワークは、信頼と明らかに関連している。このつながりの存在は文献によっても支持されており、個人レベルでも各国レベルでも社会的行動と信頼のレベルとの間に多くのつながりがあることが明らかになっている（Helliwell and Wang, 2010）。社会とのつながりの尺度の収集については今のところ国際標準は存在しないが、人々がどのくらいの時間を社会的交流に費やしているか、社会的交流の頻度、回答者が交流する人の数、彼らの関係性の性質などに関する尺度は、いずれも信頼の要因の分析にとって関心の高いものである。

- **市民参加とガバナンス**：パットナム（Putnam, 1993）とフクヤマ（Fukuyama, 1995）によると、信頼と市民参加、ガバナンスとのつながりには政策的に高い関心が寄せられている。しかし、制度・組織への信頼自体が市民参加とガバナンスの主要な尺度の1つと見なされることが多いが、信頼とその他の市民参加、ガバナンスなどの尺度との関係は依然として明確ではない。ボランティアに費やす時間やボランティアの形態といったボランティアのレベルはいずれも関連性があり、それは投票のような他の形態の市民活動への参加でも同じである。その他、自覚的なガバナンスの質や公共機関が提供する基本的サービスに対する満足度などの情報は、制度・組織への信頼尺度と並行して収集すると特に関連性が高まる。回答者が関わっている地域の政府機関についての情報を含めることも重要度が高い。それは、ガバナンスの質と信頼との関係を調べるために用いられる地方政府の実績に変化が生じるからである。

- **個人の安全と犯罪被害**：犯罪の被害に遭うという経験は、他者への信頼の水準と直感的につながっており、司法制度への信頼は、国全体の犯罪率と相関がある（第2章参照）。個人レベルでは、その関係はデータ不足のせいもあって、国レベルほどは明確ではない。犯罪の被害経験と自覚的安全性の尺度は、しばしば異なる結果を出すことを考えると、犯罪被害調査ですでに行われているようにどちらも収集すべきである。

- **主観的幸福**：主観的幸福と他者への信頼には、個人レベルでも（Helliwell

199

and Wang, 2010)、国際比較でも（Boarini et al., 2013）、強い相関がある。ボラニーニら（Boarini et al., 2013）とヘリウェルら（Helliwell et al., 2014）はいずれも、制度・組織への信頼の諸側面と主観的幸福の尺度との間に強い関係があるという証拠を挙げている。主観的幸福尺度を信頼尺度を含む調査に入れることで、信頼が主観的幸福に及ぼす影響の分析が可能になり、幸福（well-being）をもっと幅広く測る取り組みにとって重要である[5]。

- **宗教**：宗教は、信頼を考察した研究では制御変数として一般に用いられている（例えば、Soroka et al., 2003; Algan and Cahuc, 2013; Nannestad, 2008）。それは、社会における一般的信頼のレベルに宗教の違いが及ぼす潜在的影響と、グループ内での社会的結束を築く上で宗教に参加することが果たす潜在的役割があるからである。

第3節 調査設計と標本設計

　信頼尺度と、公的統計に含まれている多くの典型的な尺度との重要な違いの1つは、信頼尺度がほぼ必ず標本調査によって集める必要があるということである。多くの経済、人口統計と対照的に、調査の質問を行政プロセスに実際に統合して初めて、この種の情報を生産することができる[6]。したがって、調査と標本の設計は、有効な信頼尺度を作成する上で不可欠である。

　標本抽出枠と標本設計について詳細な指針を提示することは、本章の役割ではない。この分野にはその道の専門家がおり、データ収集の技術的側面についての指針を求めるデータ生産者には、すでに優れた指針が存在する（United Nations Statistical Division, 1986）。しかし、調査設計においては、設計に関する他の側面と同様に、機能に沿った形式が必要である。測定の目的が信頼であるということは、調査設計に何らかの影響を及ぼす。本節では、目標母集団、データ収集の時期と頻度、データ収集方式、最適な調査枠組みについて論じる。

第4章 信頼を測る

3.1 目標母集団

　調査の目標母集団とは、調査対象となる単位全体のことである。標本調査では一般に、目標母集団の代表標本を得ようとする。しかし場合によっては、目標母集団が、その標本が抽出される全標本（total population）の中の1つ以上の特定のサブグループに集中している場合がある。また、その調査が総人口のより幅広い代表標本に含めるべき亜母集団（sub-population）を特定する場合もある。例えば、全標本は「15歳以上で特定の地域の私有の住宅に住んでいる全ての人」となる場合がある。しかし、目標母集団が調査対象となる亜母集団として男女を特定する場合には、これら2つのグループを分けて分析するための標本枠組みが必要になる。一般的に、亜母集団は年齢、性別、民族、雇用形態、移民状態といった特徴で区別されることが多い。

　世帯を測定単位とする調査では、1人の回答者（世帯主など）の回答を、世帯全体の回答として用いることがある。この方法は信頼尺度には用いることができない。ある人または組織が信頼できるかという質問に答えるための認知的プロセスは、同じ世帯の他の構成員の学歴や雇用状況を推定するのとは非常に異なるからである。信頼を問う質問への回答は、本質的に個人的なもので、したがって測定単位は個人でなければならない。つまり、抽出枠は、全ての個人が一人ずつ面接を受けたかのように、個人の代表標本を作成しなければならない。これは、個人が分析の原単位となっている調査では問題にならないが、一部の世帯調査では個人の推測値を出すために、追加的な個人加重が必要とされる場合がある。「責任ある大人（any responsible adult）」からの回答を基本としている調査、または選ばれた人が面接時に不在である場合「代理の回答者（proxy respondents）」が回答できる調査では、この点が問題になる可能性がある。

　信頼尺度の目標年齢層も、調査プログラムの目的によって多様になる。例えば、退職後所得政策に関する調査の場合、目標母集団を65歳以上の人に限定することが適当かもしれない。しかし一般的には、信頼尺度は通常全成人人口

201

（15歳以上）から収集されるものである。子供の信頼データについては、ほとんど研究がなく、また今のところ政策的需要も相対的に少ない。そのため、子供の信頼水準に関する問題はここでは取り上げない。

私的世帯で暮らしていない人々

政策的関心は高いものの、世帯調査には通常含まれない人口グループが、私的世帯で暮らしていない人々である。このグループには、刑務所、病院、養護施設で暮らす人々と、ホームレスなどの住所不定の人々が含まれる。これらのグループは、信頼の測定に関して2つの問題を提起する。1つは、このようなグループに関する統計情報を集めようとする全ての試みに共通するもので、この種の人口グループが標準的な世帯調査の標本枠から除外されているということである。つまり、これらの施設を網羅するように設計された標本枠組みに基づいた、具体的なデータ収集の取り組みが必要だということである。ホームレスのような場合は、統計的な代表標本を抽出するアプローチを開発すること自体が難しいかもしれない。

もう1つの問題は、信頼の測定においてそれより重要で、このグループの人々の多くが自分で回答できないかもしれないということである。特に、精神機能に影響する健康上の理由で入院、入所している人々がこれに当てはまる（精神障害者、または身体的疾患により意思疎通の能力が制限されている人々、高齢者など）。このような場合、その回答者から信頼に関する情報を収集することは不可能である。代理回答は、所得、婚姻状態、年齢といった種類のデータには適しているかもしれないが、信頼測定には妥当ではない。

3.2　調査の頻度と期間

データ収集の頻度、つまり調査期間には、調査目標と調査に費やせる資源の間のトレードオフの問題がある。他の条件が等しい場合、データ収集の頻度が高くなればアナリストや政策当局が利用できる推計値の適時性（タイムリーさ）が改善し、データの時系列の傾向の把握が容易になる。しかし調査頻度が

第4章　信頼を測る

高まれば、データ収集にかかる資源という点でも、また回答者の負担という点でも、コストがかさむことになる。したがって、データ収集頻度は、データ作成のタイムリーさと頻度、そしてデータ収集の目的との関係を明確に理解して決めることが重要である。

　信頼尺度をどのくらいの頻度で集めるべきかということについて、あらゆる偶然を考慮した具体的な指針を示すことはできない。それは、考えられるデータ利用目的の範囲が広く、データが必要とされる頻度が利用目的と問題となる尺度の種類などによって異なるからである。しかし、一般的な助言であれば提示できるものもある。信頼の集計値は一般に時間の経過とともにごくゆっくり変化する（Nannestad, 2008）。つまり、信頼の要因のほとんどは比較的ゆっくりと変動し、信頼——特に他者への信頼——は長期にわたって培われた文化的価値と関連しているという事実が反映されている（Putnam, 1993; Uslaner, 2002, 2008）。

　信頼尺度の変化が小さいことは、そのような尺度を頻繁に集める必要がないという意味にも取れる。しかし、小幅でも絶対的な変化は、観測される変化と比べて標準誤差が大きい傾向があるということである。したがって、時系列の傾向とデータのノイズとを区別するために、複数回の観測が必要になる。コラム4.2は、この点を取り上げている。そのため、信頼データの変動率が比較的緩やかであっても（またはそれだからこそ）、データを定期的かつタイムリーに収集することが望ましい。特に、幸福度を観察する目的や、また社会関係資本の水準の傾向を測るためには、毎年の時系列が調査頻度として最低限必要と考えるべきである（頻繁または繰り返し行われる標本調査によって、他の要素が及ぼす因果関係の影響（causal impacts）を特定できる可能性が高まることを指摘しておきたい。信頼の変化が他の要素の変動とどの程度連動して起こるかを分析することが可能になるからである）。

コラム 4.2　信頼を測るために適した頻度

　信頼尺度の時系列の変化がごくわずかなら（Nannestad, 2008）、データはたまに集めればよいという考えは論理的に見える。互いに近似していてほとんど変化の見られない観測値を数多く集めるために、なぜ手間と費用をかけなければならないのか、ということである。しかし、この考え方は標本調査でデータを集める場合に生じる測定誤差の影響を無視している。図4.2は、米国一般社会調査（GSS）で得られた米国における一般的信頼の水準の時系列の変化を表したものである。この図に載っている期間中、データ収集は少なくとも2年に一度、そして多くの期間についてデータが集められた。当初のサンプルサイズは約1,000、1980年代は約2,000になり、1994年からは4,000を超えた。

図4.2　一般的信頼（米国）の推移、1972～2014年

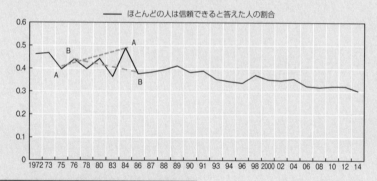

StatLink：http://dx.doi.org/10.1787/888933583842
出典：一般社会調査（General Social Survey, GSS）データベース（https://gssdataexplorer.norc.org/）。

　GSSの対象となった全期間を通して、サンプルの約45％から30％を上回る程度について一般的信頼が下降傾向を示した。この時間枠のどの期間でも、傾向が大幅に異なる時期があるという実証はほとんどない。しかし、特に1970年代と1980年代初頭にGSSのサンプルサイズが比較的小さかった時期があり、傾向を取り巻く変動性が比較的高かったことがわかる。
　この期間に、信頼の水準の傾向は安定的だが相対的に右肩下がりになっていた

という事実があるにもかかわらず、現れる信頼の全体像は入手できるデータに対して非常に敏感である。

　もし、1975年と1984年という2つのデータポイントしかなかったとしたら、GSSの結果では信頼度は時間とともに相当高まったことになる（線A-A）。それに対して、もし比較されたデータポイントが1975年と1986年だったら、信頼度は急速に下がったように見えることになる（線B-B）。GSSデータが毎年または隔年で収集されているからこそ、1970年代の実際の動向がスムーズな右肩上がりでも急激な下落でもなく、尺度におけるデータの変動性が比較的高かったことと関連する漸減であることがわかる。これらの測定に関わる問題の重要性は、データがそれほど変動していないGSS対象期間の後半では比較的小さくなる。しかし、それ以外にも、比較的大きなサンプルサイズでたまに集中的にデータを集めるよりも、より頻繁にデータ収集することに追加的な資源を用いる方が良いという実証がある。頻繁に調査を行うとデータのタイムリーさが高まり、発見されている政策課題と新データの入手可能性とのギャップが削減されるからである。

調査期間の長さ

　調査期間の長さは、信頼尺度にとって重要と考えられる。学歴や婚姻状態などの尺度は、1年のうちのどの時点でデータが集められたかということが問題にならないが、測定された信頼度には、データがいつ収集されたものかということが影響を及ぼし得る。こうしたタイミング効果の大きさについて確たる実証はほとんどないものの、他の自己申告尺度と比較すると（例えば、Deaton, 2011）、その影響が相当程度あると考えられる。

　データが収集された時点に対して敏感であるというのは、信頼尺度に限ったことではない。例えば、多くの中核的な労働市場統計は、明らかに季節性を示しており、公表される統計は通常季節調整済みのものである。しかし、季節調整に必要な情報を作成するために、1年を通じて満遍なくデータを集める必要がある。理想的なのは、調査期間が1年以上にわたり、祝日を含む全ての曜日に調査が実施されることである。それによって信頼尺度が1年にわたる信頼の

全体像を正確に示すことができる。調査期間を1年にできない場合でも、期間中になるべく全ての曜日が均等に含まれるようにすべきである。

　祝日（と年次休暇もある程度）は、1年を通じて不規則に散らばっており、人々の感じ方に影響するため、問題が大きい。祝日が、生活評価といった他の主観的尺度への回答者の答えに影響を及ぼすことはわかっている（Deaton, 2011）。似たような効果が信頼尺度にもあり得る。したがって、調査期間を1年全体にわたるようにできない場合、調査期間中に祝日が含まれると、含まれない場合よりも調査結果に多少バイアスがかかる恐れがある。そのため、比較的短い調査期間に集められた調査データでは、祝日に集められたデータを含むことの影響を精査することが必須である。影響が無視できる程度に弱い場合には、祝日に集められたデータを結果データから除外する必要はないが、祝日の中には影響が大きいものがあるという実証があることから、ここから生じ得るバイアスをテストすることが重要である。祝日の性質についても、その調査が行われた文脈との関係で考察する必要がある[7]。

3.3　サンプルサイズ

　どのような調査でも、サンプルサイズが大きいことが非常に望ましい。サンプルサイズが大きければ推定標準誤差が小さくなり、信頼の推計がより正確になり、また母集団のサブグループのクロス集計と結果分析を行う上で自由度が増すからである。信頼尺度に関しては、分析的関心の高い多くの分野と関連する信頼の変動が比較的小さいため、サンプルサイズは特に重要である。2008年の世界金融危機のような非常に重大なショックは信頼尺度に大きな変化を起こしうるが、常にそうとは限らず、多くの変化は非常に小さい。例えば、ユーロバロメーターで、ギリシャ、アイルランド、スペインの人口で政府を信頼していると答えた人の割合は2008年から2013年の間に平均で20％も下落したが、英国で同期間に政府を信頼していると答えた人の割合はわずか3.5％下落しただけだった。

　適切なサンプルサイズについて正確な指針を与えることはできないが、一般的な基準をいくつか示すことはできる。どのような調査でもその企画段階で考

慮すべき要素のほとんどは、信頼に関する情報を集める際にも適用される。利用できる資源、回答者の負担、標本設計（例えば、層化抽出法（stratified sample）は、無作為抽出法（random sample）とサンプルサイズのみが異なるが目的は同じで他の条件は全て等しい）、予測される回答率、そして必要とされる結果データは、いずれも望ましいサンプルサイズに影響を及ぼす。特に、地方レベルの推計値が必要になると、必要とされる最小サンプルサイズの決定はそれに左右されることになる。しかしここでも、他の条件が全て等しい場合、信頼の測定に必要なサンプルサイズは、失業者や犯罪被害者といった人口の一部にのみ影響する概念を測る場合よりも、比較的小さくてよいと考えられるということは、注目に値する。

3.4 調査方式

　調査は、多種多様なモード（方式）で実施することができる。データ収集モードが調査費用と回答者の負担に影響し、回答そのものに調査モード効果がもたらされる可能性もあるため、調査方式の選択はデータ収集にとって重要である。自己申告尺度に関する情報の収集に最も広く用いられている2つの方式が、電話で面接を行うコンピュータ支援型電話面接（CATI）と、面接者がその場にいてデータを記録するコンピュータ支援型個人面接（CAPI）である。コンピュータ支援型自己面接（CASI）では、面接者がその場にいても、回答者は自分でデータをコンピュータ上の質問票に入力するか、またはインターネット調査のように面接者が立ち会わない場合もある。調査目的によっては、従来型の自記式調査が適している場合がある。

　第3章で概要を説明したように、調査モードは信頼に関する質問への回答に重大な影響を及ぼす。一般にCAPIには、面接者が回答者と信頼関係を築けるという利点がある。面接者が立ち会うCASIにも同様の利点がある。それに対して、CATIの面接方式では面接者と回答者との交流がそれほどではなく、両者の信頼関係もそれより低くなる可能性がある。さらにCASIでは、他者への信頼と、特に制度・組織への信頼についての質問で、社会的望ましさバイアス

から生じる問題に対処できるという追加的利点がある。

　調査設計の他の特徴と同様に、調査モードの選択は、調査資源の制約など様々な要素の影響を受ける。しかし、様々な実証を比較した結果、資源さえ許せば、面接者が立ち会うCASI（つまりCASIとCAPIの混合）が最も質の高いデータを生み出すと考えられる。これは、面接者が回答者と対面することで築ける関係に一因がある。さらに、CAPIでは視覚的補助カードを用いることができるが、CATIではできない。尺度の末端のポイントにつける言語ラベルを含む視覚的補助カードは、信頼に関する情報を集める際に特に有益である。尺度の末端のポイントの意味が質問ごとに変わると、回答者に認知的負担となる可能性があるからである（ONS, 2012）。

　データの質という点で、視覚的補助カードを使ったCASI/CAPIが、信頼データの収集にとって最も適していると見なすべきである。面接者が立ち会うことで回答者との間に強い信頼関係を築くことができる一方で、視覚カードがデータの質の向上に寄与する。調査を自己管理できるというCASIの機密性は、センシティブな質問に正直に答えるのを回答者がためらう場合にも対処できるはずである。特に機密がさらに確保されるならばなおさらである（第3章参照）。他の調査方式を用いる場合には、データ生産者が調査モードの影響を推計できるように情報を集めることが重要である。特に国立統計局は、信頼の中核的尺度への回答に調査モードの影響が及ぶかを試験的に調べ、CATIまたはCASI調査から得た結果と併せて公表すべきである[8]。

3.5　調査枠組み

　本章の始めで述べたように、信頼尺度への分析的関心は、一般に、信頼と他の社会経済的成果との相互作用に向けられている。またほとんどの場合、信頼尺度は比較的単純で収集が容易である。信頼の測定に比較的包括的なアプローチを採った場合でも、信頼尺度用に完全な質問票が必要なわけではなく、既存の調査に追加できる程度の規模になりうる。したがって考慮すべき問題は、どの調査枠組みが信頼を測るという作業に最も適しているかということである。

208

第4章 信頼を測る

　信頼やガバナンス、社会関係資本が関心の中心である場合、このテーマに関して特別なトピック群を構築するのが妥当かもしれない。これは特に信頼データの利用目的が、社会関係資本の測定またはガバナンスの評価にあるときに当てはまる。しかしそれ以上に、信頼尺度は多くの様々な種類の調査に関連している。

　世帯調査が行われる範囲が国によって——また一国内の統計機関の間でも——非常に異なるため、この問題に対して明確な指針を与えることは、今のところできない。コラム4.3では、幸福度の統計システムがどのようになっているかと、この枠組み内での信頼に関する尺度の潜在的役割について概観している。コラム4.3で提案されている幸福度統計のシステムは、経済成果と社会進歩の計測に関する委員会（Sen, Stiglitz and Fitoussi, 2009）の勧告に基づいて、幸福の様々な要素とその主な要因を測るためのデータインフラを提供している。しかし、信頼データを収集する上で様々な調査枠組みが果たせる役割を、現在の制約の中でも明確にすることはできる。

一般社会調査

　あらゆる国の統計局が一般社会調査を行っているわけではなく、行っている国々でもその内容と焦点は非常に多種多様である。オーストラリア統計局など、一般社会調査の主な焦点を社会関係資本と社会的包摂に当てている機関もあれば、調査期間（ウェーブ）ごとに異なるトピックについての質問群を交代で用いていたり（カナダ統計局）、明示的に多項目を扱っている機関（ニュージーランド統計局）もある。しかしこれら3つのアプローチによって、このような調査は信頼尺度を含めるのに適したものになっている。ここで挙げたオーストラリア、カナダ、ニュージーランドの3つの一般社会調査には、現在、他者への信頼と制度・組織への信頼尺度が収録されている。カナダの一般社会調査のように、調査内容を毎回変える調査は、信頼に関する質問群が最重要と位置づけられれば、ある程度詳細な情報を集める機会となる。ニュージーランド一般社会調査のように、焦点を幅広く設定している調査は、信頼と、経済状態や他

209

の生活の質に関する諸側面を含む様々なトピックとの同時分布を分析できるという点で特に有益である（同時分布とは、個々の単位レベルの記録で「統合された（joined up）」尺度のことで、関心がある複数の結果が個々人の間にどのように分布しているかを見ることができる）。特定の信頼に関する質問群を一般社会調査の一部に含めるか否かにかかわらず、少なくとも中核的質問群を全ての一般社会調査に含めることが望ましい。

犯罪被害調査

　犯罪被害調査は、社会における犯罪被害の水準と分布に関する情報を収集している。これらの調査は、どのくらいの数の犯罪が起きているか、その性質、犯罪水準は時間とともに変化しているか、被害者または被害に遭うリスクがより高いのはどういう人々か、安全意識は実際の被害リスクとどのように関係しているかといった疑問に答えることを意図している（UNECE, 2010）。犯罪被害、安全意識、信頼の間の相互作用に対する関心は、犯罪被害が他者への信頼にどのように影響するかという観点と、司法制度（警察、裁判所など）への信頼と犯罪被害との関係をよりよく理解するという観点から高い。犯罪被害調査への信頼に関する質問群の収録は、優先すべき事項である。

特定事項に関する調査

　多くの国々の統計局は、関心のある事柄を通常の調査の質問群で調べるよりも詳細に考察する目的で、特定項目に関して一度きりまたは定期的な調査を実施している。そのような調査の内容は、問題となるトピックに合うように調整できるので、信頼の諸側面をより詳細に調べる上で優れた調査枠組みである。特に特定トピックに関する調査は、制度・組織への信頼とその要因を、対象がそれより幅広くなっている調査で得られるよりもっと詳細に調べる上で、または信頼の異なる尺度間の関係を調べる上で、有益と言える（例えば、トラストラボ（Trustlab）、第2章参照）。しかし、そのような調査の「一度きり」という性質（またはそのような調査が繰り返される場合にはその長期性）により、

特定トピックに関する調査は信頼を時間を追って観察するのにあまり適していない。

パネル調査

パネル調査では同じ人々を時間を追って追跡し、調査の各ウェーブごとに繰り返し面接を行う。そのためパネル調査では、分野横断的調査ではできない因果関係の問題を調査することができる。ドイツの社会経済パネル調査（GSOEP）でも英国のUnderstanding Society調査（旧・世帯パネル調査）でも、信頼に関する質問を収録していた時期がある。GSOEPは、信頼尺度の妥当性に関する重要な実験の基礎となっている（Naef and Schupp, 2009)。

その他の調査

上述の調査の他にも、信頼尺度が特定のリサーチクエスチョンに何らかの関連性を持っているが、信頼をその中核的質問票に含めることの妥当性を論証することが難しい様々な調査がある。健康調査はほとんどの国の統計制度の中核を占めており、健康成果、その決定要因、健康に関わる行動などの情報を集めている。一般的には、健康調査は他者または制度・組織への信頼の主要情報源ではないが、こうした調査の中で医療制度への信頼に関する情報を集めている明らかな事例がある。その他、他者への信頼と、制度・組織への信頼のより幅広い側面に関する情報は、健康成果の潜在的な決定要因として、または健康に関わる行動を促すものとして、健康調査と関連性があると言える。

同じような理由付けが、教育関連の調査に信頼尺度を含める場合にもできる。信頼に関する質問は、PISA、PIAAC双方の国際調査に含まれており、教育が信頼などの社会的態度の形成において重要な役割を果たしていること（Borgonovi and Burns, 2015)、制度・組織への信頼が教育の成果の重要な要因となっているという事実が窺える。

信頼に関する質問は、時間利用調査にも関連性がある。この調査の典型的な方法は、回答者に日誌に記入してもらって、回答者の様々な活動への時間配分

と、その活動を誰と行ったかということに関する情報を集めるというものである。この調査には詳細な情報と対人関係の度合いが豊富に収録されているので、時間利用調査は他者への信頼と様々な形の社会的つながりとの関係を調査するのに理想的なツールである。現在は、ほとんどの時間利用調査に信頼に関する質問は含まれていない。

　財産・貯蓄調査も、信頼に関する質問が重要性を持つ調査枠組みの1つである。特に、金融機関に対する信頼は、貯蓄行動を理解する上で明らかに関連がある。金融機関が信頼に足ると信じることが、貯蓄の重要な決定要因である。他者への信頼も、貯蓄行動の決定要因の一つとして関連性がある。

第4節　質問票の設計

　適当な質問票の設計は、質問票の設計者、調査内容の決定責任者、そしてデータ利用者が関わる反復プロセスである。質問票の設計者は、回答者の認知的負担と調査に使える限られた時間、明確かつ包括的でスムーズに答えられる質問票を作る必要性と、異なる（そしてしばしば競合する）データニーズとの間で、バランスを取らなければならない。本章では、1つの質問票をこれを利用すべきだと提示することはできないし、それは望ましくもない。本節の目的は、信頼に関する質問を含む調査の開発を支持する一連のツールを提供することであって、その測定に対する単一のアプローチを提供することではない。

コラム 4.3　信頼を幸福度統計のシステムに統合する

　統計枠組みとは、関心のある概念に関する概念枠組みと、それを定量化するために必要な測定手法、データが良質な統計標準に沿って収集されるようにするために必要な統計インフラをまとめたものである。最も有名な統計枠組みは国民経済計算体系（SNA）だが、人口統計や労働力統計も良質でタイムリーかつ国際比

第4章　信頼を測る

較可能なデータの作成を支える一貫した統計枠組みに支持されている。それに対して、世帯幸福度統計には、共通して受け入れられている統計枠組みが存在しない。いくつかの国々の国立統計局はその策定に一歩を踏み出すか、将来的にそうする意思を示しているが（Bycroft, 2011; Dupré and Di Meglio, 2014）、その取り組みは依然として緒に就いたばかりである。

　測定の観点からすると、幸福度統計の主な特徴はその多次元性（multidimensionality）である。幸福度統計では所得、雇用、健康状態、社会的つながり、環境の質、ガバナンス、主観的幸福という、多種多様な問題を網羅する必要がある。この範囲の広さが、国立統計局に相当な負担となっている。しかしそれ以外にも、いくつもの課題がある。幸福度統計は、時系列及び特定の人口サブグループの双方について、結果データの分布に関する情報を提供する必要がある。そのためには、サンプルサイズが相対的に大規模でなければならない。さらに、健康状態や社会的つながりなど、幸福の多くの分野は1つの尺度だけがわかりやすく減少するということがない。したがって、様々な手法を用いて、いくつかの分野を集中して詳細に測る必要がある。最後に、幸福尺度は個々の単位レベルで「統合される（joined up）」必要があり、そうすることで、結果の同時分布（Sen, Stiglitz and Fitoussi, 1999）とその要因の分析が可能になる。

　これらの問題は、幸福度統計について何を優先するかということについて、矛盾を生じさせる。一方で、様々な分野の結果データにわたる統合された統計の必要性は、あらゆるトピックを簡潔に網羅した単一の世帯調査で満たすことができる。他方、特定のトピックについての詳細な尺度が必要だということは、健康状態や労働市場など、一つの分野に特化したより詳細な複数の調査からデータを集める必要があるということだ。これらの優先事項は双方とも、国立統計局の財源が限られていることと、他のトピックについてのデータにも高い需要があるということとの間でバランスを取る必要がある。

　この相反する需要を調整する1つの方法は、既存の情報源を統合することによって最大限活用し、各結果データの分野ごとに一連の中核的指標によって統合された幸福度統計の包括的なセットを提供することである。中核的社会変数の標準化により、分野横断的なデータセットを特定トピックについてより特化した情報を提供してくれる詳細なデータ源と結びつけることができるようになる。このシステムの概要は、図4.3を参照されたい。

213

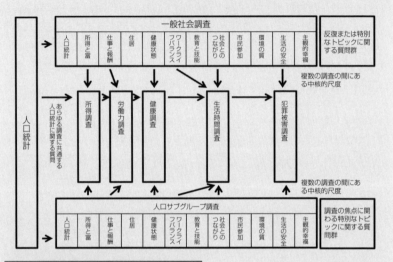

図4.3 幸福度統計システムの概観

StatLink : http://dx.doi.org/10.1787/888933583861

出典:Fleischer, L., C. Smith and C. Viac (2016) , "A Review of General Social Surveys", *OECD Statistics Working Papers*, No. 2016/09, OECD Publishing, Paris, http://dx.doi.org/10.1787/bb54d16f-en.

　図4.3では、一般社会調査（GSS）は、幸福の各側面についての情報を中核的な人口情報といくつかの分析的変数と併せて収集する。回答者の負担とコストを削減する必要があるため、GSSでは幸福度の各側面について詳細な情報を集められない。そのため、各側面の2つか3つの中核的指標のデータ収集に注力される。GSSの主な役割は、各側面について限られた数の中核的指標の情報を集めるだけでなく、代替的結果データに基づいて回答者を様々に分類できることである。それによって、より詳細な分析ができる特定の主題についての様々な調査を結び付けることが可能になる。こうした課題別の調査（subject matter surveys）はほぼ全ての国立統計制度にすでに存在しており（例えば、労働力調査、家計所得調査、健康に関する面接調査、時間利用調査、犯罪調査）、両調査で集められた共通の中核的変数によって、GSSと結びつけることができる。

　このようなアプローチなら、高齢者や特定民族といった関心のある特定の人口グループに焦点を当てた分野横断的調査もできる。人口サブグループに焦点を当

第4章　信頼を測る

てた特定の調査が必要とされるのは、そのグループに関連する政策問題に社会全般には関わりがない追加情報が必要だから、または問題となっている人口サブグループが小さくて人口調査にはよく反映されないからである。共通の中核的指標を用いることで、関心のある人口サブグループが人口全体で占める地位を比較したり、より詳細な主題調査とつなげたりすることができる。

　社会統計のシステムにおいては、信頼は中核的社会指標の中でも中心的な役割を果たす。特に、制度・組織への信頼尺度は、一般社会調査で収集できる市民参加という中核的尺度の最強の候補の1つである。同様に、一般的信頼（generalised trust）は社会関係資本を測る中核的指標の最強の候補であり、より幅広く社会的つながりを測る上で非常に関連性が高い。本ガイドラインで推奨している質問群（附録B）に含まれる中核的尺度には、幸福度統計のシステムの中にある信頼に関する中核的指標の基礎となるべき主要な質問が含まれている。

　信頼尺度を調査に含めることで生じる影響に対する一般的指針は、以下の通りである。特に、質問の配置と翻訳の問題について、詳細に論じている。これには、質問設計者が自分たちの作業環境に合わせて変化させるべき、一連の原型となる質問群（prototype question module）が付随している。本節では、質問群の背後にある論理的根拠と、質問群について論じる際に用いられる雛形についても解説している。質問群は附録B（A〜F）に収録している。

4.1　質問の配置

　質問の順序とその質問の前後の文脈は、信頼に関する質問のような主観的な質問への回答に大きな影響を及ぼす可能性がある（第3章参照）。信頼尺度だけが質問の順序と前後の文脈の影響を受けやすいわけではなく、ある程度どの調査回答にもそうした影響はあるものだが、信頼の場合その影響が相対的に大きくなりやすい。

　一般に、質問の順序効果が現れるのは、その質問が質問票の始めの方または後の方にあるからではなく、その質問の直前の質問がもたらす文脈的影響から

215

である。したがって重要なことは、信頼に関する質問を直前の質問の文脈的影響から切り離す最も効果的な方法を見つけることである。この種の文脈効果を管理する最も直接的な方法は、信頼に関する質問をできるだけ質問票の始めの方に配置することである。理想的なのは、このような質問を、その調査に参加する回答者の適性を確認するスクリーニングの質問と世帯構成に関する質問の直後に置くことである。これで文脈効果の影響をほぼ消し去ることができ、この方法で消せなかった文脈効果は複数の調査に一貫して見られるものだということが確認できる。

しかし、これが文脈効果に対処するための総合的な解決策にならない理由が2つある。1つは、信頼に関する質問がすでに確立した調査に追加される場合、質問票全体の流れを変えることで、調査にかかる資源とデータの質という点で重大なコストを発生させる可能性がある。そのような調査の始めの方に信頼に関する質問を挿入すると、その質問に文脈効果が影響しないようにできるかもしれないが、それに続く質問に重大な文脈効果をもたらすという代償を払うことになるかもしれない。2つ目の理由は、その調査の中に主観的な質問が何種類か含まれている場合（信頼や主観的幸福に関する質問）、それら全てを一番始めにすることはできない、ということである。

これらの要素を考慮すると、信頼に関する質問の配置に関して、次の4つの提言ができる。

- 信頼に関する重要な質問を、調査の中心部分に配置する。全ての調査で信頼に関する質問を始めに配置するのは不可能だが[9]、信頼に関する質問を調査質問票の固定された部分に挿入できれば、文脈効果によって生じるバイアスが分析に及ぼす影響を制限することができる。これでバイアスが消えるわけではないが、人口グループ間または時系列の水準の差の分析には影響しない。
- 信頼に関する質問を、回答者に信頼に関する予備知識を与えそうな質問や、回答者が信頼に関する質問への回答を決める際に経験則（ヒューリスティクス）として用いそうな質問の直後に配置しないようにする。そのような質問には、

216

社会的つながり、犯罪被害、政治的信念、リスクや不安に関する質問が含まれる。主観的質問の前に配置するのに最適な質問は、比較的中性的で事実関係のみを問う人口統計に関するものである。

● 回答者の注意を再度喚起するために、つなぎとなる質問を用いる。主観的幸福の場合に用いられ、信頼についての質問でも有益と考えられる方法は、回答者の注意を彼らの回答に過度に影響し得る問題から引き離すように設計されたつなぎの質問を用いることである。デートン（Deaton, 2011）は、主観的幸福データの分析で、2009年のギャラップ・ヘルスウェイズ幸福度調査にこのような質問を入れたところ、先行する政治に関する質問がその後に続く生活評価に関する質問に及ぼす影響を80%以上削減したと報告している[10]。類似のアプローチは、信頼に関する質問でも適用できるかもしれない。しかし、つなぎの質問それ自体が何らかの文脈効果をもたらすリスクも考慮しなければならない。例えば、回答者は、自身の生活に注意を向けることで、それに続く他者への信頼に関する質問に答える際にも、見知らぬ人ではなく個人的な人間関係や家族に注目する可能性がある。効果的なつなぎの質問を開発することが、今後の優先課題である。

● 導入文を用いて質問のトピックを区別する。各質問またはトピックの前に明瞭な文を挿入すると、信頼尺度と社会的影響を受けやすい質問との緩衝材になり得る。しかし、そのような導入文の効果の程度と最適な言葉遣いについては、確たる証拠がほとんどない。標準的な導入文は、本書の附録Bに収録されている原型となる質問群それぞれに含まれている。この文は、最良慣行と考えられるものを元にしている。同じ導入文を一貫して用いることで、文脈効果を減らすことができる（そして導入文が毎回異なることで生じるバイアスを除去できる）。しかし、様々な導入文の影響について、さらに認知テストまたは試験的分析を行うことが有益である。

4.2　信頼に関する複数の質問の順序

信頼に関する質問は、他のトピックに関する質問だけでなく、先行する別の

信頼に関する質問の影響も受ける可能性がある。これは、信頼に関する質問群の構成（特に信頼の複数の側面が対象となっている場合）、質問群の中での質問の呈示方法、非常に類似したトピックを扱う複数の質問を含むことが賢明かどうか、ということと関係してくる（第3章参照）。

　質問群そのものの並べ方については、これまでの実証によると、一般的な内容から絞り込んだものへと移っていくのが最良のアプローチである。これは、他者への信頼と制度・組織への信頼では異なる意味を持つ。他者への信頼の場合、このアプローチでは、一般的信頼についての質問は信頼の対象が誰かということに関わるより特定された質問の前に配置すべきだとしている。また、他者への信頼についての質問は制度・組織への信頼についての質問より前に配置すべきだということが推奨されている。それは、制度・組織への信頼が回答者の注意を他の文脈でも強いプライミング効果を引き起こすことで知られている政治的な問題に向けさせるので、制度・組織への信頼の方がより特定的で、重大なプライミング効果を引き起こしやすいからである（Deaton, 2011）。

　制度・組織への信頼の場合、質問の順序の問題はそれほど明確ではない。なぜなら特定の制度への信頼に関わるより詳細な質問の前に集めるべき包括的な制度・組織への信頼という概念がないからである。しかし、制度・組織が異なると、プライミング効果も異なるということは考えられる。これは2つの意味がある。第1に、制度・組織への信頼を問う質問は、回答者が比較的容易に回答できるものから難しいものへと進むようにすべきである。例えば、議会または司法制度への信頼に関する質問は、国連や欧州委員会といった機関に関する質問よりも先に配置すべきである。第2に、様々な機関の間で信頼のレベルを比較することが重要である場合、質問の掲載順序は回答者ごとに無作為にすべきである。これが全サンプルに対して行えない場合、パイロットテストでは質問の順序をランダム化して、異なる制度・組織への信頼を測る際に生じるあらゆるバイアスの大きさを知ることができる。

　最後に、非常に類似した構成概念についての2つの質問を並べると回答者が混乱し、これら2つの質問には異なる回答をするように求められているのだろ

うと予測して、異なる回答をする可能性がある。つまり、例えば他者への信頼に関する非常によく似た複数の質問を収録すると、各質問を個別に提示したときよりも、回答者がこれらの質問に対して異なる回答をする可能性が高くなる。したがって、特定の構成概念を評価するために用いられる尺度の数と、それらの尺度が調査の中で問われる順序の双方に一貫性を持たせることが重要である。

4.3　質問の翻訳

　信頼に関する情報を集める時に用いられる質問の文言は、回答に大きな影響を及ぼす。第3章で論じたように、質問の文言に標準化されたアプローチを採ることは、時系列比較にとってもグループ間比較にとっても重要である。あらゆる調査が1つの言語で行われる場合は比較的明快だが、国際比較や多言語国家での研究では、翻訳の問題が生じる。これは信頼度調査の場合には重要な問題である。例えば、いくつもの英語による調査では、人に対する「信頼＝trust」と、組織に対する「信頼＝confidence」とを区別している（例えば、ギャラップ世論調査や世界価値観調査）。しかし、この区別は他の言語には存在しない。例えばフランス語では、"trust" も "confidence" も「confiance」と訳されていることから、ギャラップ世論調査の質問票におけるこの明確な概念の区別が他の言語ではうまく訳出されないことがわかる。

　翻訳によって生じる可能性のある問題を全て除去することはできないが、それを翻訳の過程でうまく管理することはできる。調査質問票の翻訳における推奨慣行の一例は、「健康調査方法の開発と採用基準のためのガイドライン」（Eurostat, 2005）に収録されている。このガイドラインは健康調査の方法に焦点を当てているが、その中にある翻訳のための枠組みはより広く適用できるもので、信頼の測定にも関連性が高い。欧州統計局（Eurostat）の健康調査ガイドラインでは、翻訳手続きを以下の4段階に分けている。

● 質問票の原本から目的の言語に下訳する。

● 翻訳された質問票を第三者が査読する。

- 翻訳された質問票を委員会で採決して最終版を作成する。
- 翻訳された質問票の最終版を原本の言語に翻訳し直す。

　欧州統計局が健康調査について認めているほとんどの最良慣行の提言も、信頼の測定に採用されている。下訳は、目的の言語を母語とし、原本の言語が堪能な少なくも2人の翻訳者が別々に行うことが望ましい。翻訳者は、調査の目的を理解し、原本の質問票の背景、出所、技術的詳細及び目標母集団の性質に精通しているべきである。第2段階で査読を行う人々は、翻訳者と無関係の人々であるべきだが、同様のスキルを備えていることが望ましい。査読者も翻訳者も、調査内容と目的について専門知識を持つ採決者とともに採決の委員会に参加すべきである。他のどの調査設計にも言えることだが、認知的面接とフィールドテストを行ってその結果を検証してから、実地に行うべきである。

　元の言語に翻訳し直すことは、調査の翻訳に関する文献の中でも異論のあるところで、それを推奨する専門家もいれば、そうでない人もいる（Eurostat, 2005）。翻訳し直すことの効果は、元の質問票の概念的同等性ではなく直訳の問題に焦点を移すことにあると一般に考えられている。信頼度を測定する場合、信頼尺度の質問の文言の繊細さを考えると、元の言語に翻訳し直すことが強く推奨される（第3章参照）。

4.4　質問の選択

　調査に用いる質問の選択は、信頼の測定にとって極めて重要である。質問が異なれば異なる種類の信頼を捉えることになり、第3章で述べたように、質問の的確な文言は結果に少なからぬ影響を及ぼす。既存の調査枠組みに組み込む質問を選ぶ際に、統計局は新しい質問をするのにかかる時間、新しい質問が既存の質問への回答に及ぼし得る影響、新しい質問から得られる追加情報の間でトレードオフに直面する。問題となる調査が重要かつ確立された概念を参照している場合（例えば、世帯所得、失業）、これらのトレードオフは特に厳密に精査されることになる。

第4章　信頼を測る

　信頼に関する質問そのものを選ぶ際にも、既存の質問を用いて先行研究との
比較を可能にすることと、第3章で述べた実証を含む推奨慣行についての教訓
に照らして既存の調査で用いられている質問や回答形式を変更することとの間
にトレードオフがある。本章のアプローチでは、何よりもまず既存の研究から
得た十分にテストされた質問を用いることを推奨している。過去に様々なアプ
ローチが採られてきたが、その中から選ぶことの論理的根拠を解説している。
最後に、第3章の実証に基づいて質問の文言に若干の修正を加える場合は、い
くつかの修正案が提案されている。

　すでに信頼尺度を調査に取り入れている統計局にとって重要な問題は、改良
された尺度及び国際比較可能性がより高い尺度を導入することの利点が、これ
までに得られた時系列データを失うコストを上回っているか、ということであ
る。これは各統計局が行うべき選択であり、そのデータセットの現在及び将来
の利用目的、改良尺度の導入による変化の大きさ、これまでに確立されてきた
時系列の長さなど、様々な要因によって決まる。既存の質問に何らかの変化を
加える場合、同等の標本を用いて段階的に行うことが奨励されており、そうす
ることで変更の影響をもれなく記録して検証することができる。これによって
方法論の変更の系統的な影響を詳細に分析することができ、統計局は過去のデ
ータセットを調整する方法を得られる可能性がある（例えば、Deaton, 2011）。

　利用者のニーズの違いと統計生産者が利用できる資源を考え、本章では信頼
に関する情報収集の手段として、単一のアプローチを採っていない。その代わ
り、本ガイドラインには附録Bとして5つの質問群を収録している（A〜E）。
各質問票は、信頼の測定に対してそれぞれ別のアプローチをしている。質問群
Aは「中核的質問群（core module）」で、国際比較可能性を最優先事項とする
中核的尺度を収録している。これらはその妥当性と関連性が最も高いという実
証がある尺度で、その結果が最も良く理解され、政策的利用が最も発達してい
るものである。附録Bの5つの質問群の中でも、質問群Aは他の質問群にはな
い特徴があり、各国統計局にはこれをそのまま実施するよう奨励されている。
全体をそのまま採用できない場合には、この質問群で概要が述べられている主

221

要尺度だけは用いるべきである。質問群B〜Eは、それぞれ信頼度測定の異なるアプローチに焦点を当てている。これらの質問群は全体をそのまま変更せずに用いることは意図されていないが、独自の質問票を開発しつつあり、世帯調査ですでに試験されたことについて知りたい各国統計局のための資料になり得る。

　5つの質問群は、以下の通りである。各国統計局に実施が強く奨励されているものは、より詳細な質問を開発しているあらゆる種類のデータ生産者のための「資料」とされている質問群と区別するために、「推奨」というリストになっている。

推奨
- 質問群A　中核的尺度（Core Measures）

資料
- 質問群B　評価（Evaluation）
- 質問群C　期待（Expectations）
- 質問群D　経験（Experiences）
- 質問群E　実験（Experiments）

A　中核的尺度

　中核的尺度の質問群には、妥当性の最も強い実証がある質問と、政策的関連性が最も強い質問、したがってある程度の国際的調和の達成に最も適した質問が収録されている。中核的尺度の中では、国際比較の基礎を形成する単一の質問で信頼を測るあらゆる取り組みに含むことが最優先と見なされる「主要尺度」と、「補完的質問」とが区別される。本ガイドラインに収録されている他の質問群とは異なり、この中核的質問群は大幅な変更を加えることなく用いられることが意図されている。その他、各国統計局にはこの中核的質問群（または少なくとも主要尺度）を少なくとも1つの定期的に行われている世帯調査で実施することが奨励されている。一般社会調査を統計局が定期的に実施している場合には、これが中核的尺度を収録する最適な調査枠組みとなる。しかし、

第4章　信頼を測る

この中核的尺度は異なる複数の調査を結びつけるために用いることも意図されている。例えば、ある国が幅広い信頼尺度を収録した調査と、信頼が関心の対象ではあるが主な焦点ではない移民調査の双方を実施している場合、両調査に少なくとも主要尺度だけは収録すべきである。それによって、主要信頼尺度を用いた移民調査の分析に、一般社会調査で得られたより詳細な信頼の全体像を用いることができる。

　附録Bで提案している信頼の中核的尺度は、3つのグループに分けられた5つの質問で構成されている。最初の質問（A1）は、他者への一般的信頼の主要尺度で、国際比較に用いられる基準尺度となることを意図している。これは、限定的な他者への信頼に関する追加質問（A2）と、制度・組織への信頼に関する3つの質問（A3、A4、A5）で補完されている。これらを総合すると、中核的質問は信頼の主要な側面を最低限網羅していることになる。

　信頼の主要尺度は、信頼尺度を収録するあらゆる調査に最低限含まれるべき必須項目である。それが一般的信頼に焦点を当てている理由は、一般的信頼尺度の妥当性の実証が制度・組織への信頼尺度のそれよりも大きいこと（第2章参照）、そして一般的信頼が幅広い政策的関連性を持ち、様々な結果を引き出す社会関係資本のストックの一尺度として入手できる最適な候補だということである。したがって、一般的信頼は社会的幸福の測定にとって極めて重要で、また制度・組織への信頼度とも密接に関連している（Rothstein and Uslaner, 2005）。

　信頼の主要尺度を選ぶ際には、いくつかの重要な問題に取り組む必要がある。まず第1に、測定アプローチは評価（evaluations）に基づくべきか、期待（expectations）に基づくべきかという問題がある。評価の側では、一般的信頼に関するローゼンバーグ質問[11]とそれと少しだけ違うものがこれまで広く用いられており、よく知られている。ローゼンバーグ質問の妥当性と関連性の実証は強く、その質問は様々な国と文化的文脈で広く採用されている（第2章参照）。ローゼンバーグ質問の主な代替質問は、「落とした財布」[12]に関する質問で、ギャラップ世論調査とその他いくつかの調査で用いられている（Helliwell

223

and Wang, 2010）。回答者が他者にどのような行動を期待するかに焦点を当てているのがこの期待に関する質問である。その利用例は評価的質問よりはるかに少ないが、いくつもの国々ですでに利用されており、その妥当性について比較的良い実証がある。ローゼンバーグ質問と比べた場合のその主な利点は、その質問の逸話的性質（anecdotal nature）が回答者の直感に訴えると考えられることである。

　しかし、ローゼンバーグ質問と比較すると、落とした財布についての質問には3つの大きな欠点がある。1つは、落とした財布についての質問は、妥当性の実証は比較的良いものの、ローゼンバーグ質問ほどは全体的によく理解されておらず、利用の歴史もそれほど長くないことである。2つ目は、落とした財布に関する質問への回答を研究室での実験と結び付ける実証がほとんどないことである。それに対して、ローゼンバーグ質問は大規模な実験的文献の主題となっており、それと実験的行動との関係がはるかによく理解されている。3つ目の問題は、ローゼンバーグ質問の方が尺度ラベルの異なる形式により当てはめやすいということである。特に、それを数値尺度に適応させるのは比較的容易だが、落とした財布に関する質問の場合、数値尺度と併せて尋ねられるとその直感的なわかりやすさの大部分を失うことになる。このような理由から、本ガイドラインではローゼンバーグ質問に基づく評価的質問が一般的信頼の主要尺度として推奨されている。

　用いる尺度と文言の的確な選択は、主要尺度の選択に関わる2番目の問題である。ローゼンバーグ質問はもともと二極で、その尺度ラベルは若干異なる概念に関わる。1つの回答（「人々は一般的に信頼できる」）は、明らかに信頼に焦点を当てているが、もう一方の回答（「できるだけ気をつけた方が良い」）は信頼と注意という2つの考え方を併せ持っている（Naef and Schupp, 2009）。第3章によると、尺度の両端にラベルがつけられた0〜10の尺度で、二極が好まれるのは、主に回答オプションの幅がより広い方がその質問で個人間の回答の違いをより多く捉えることができるからである。0〜10の尺度は、回答者が尺度の範囲全体を有意義に利用できるという点で、回答オプションの利用可能

な範囲の上限と考えられている。さらに、注意に言及することが回答の分布に及ぼす影響について第3章で検証した実証に基づいて、ここで推奨される主要質問はもっぱら信頼に焦点を当て、ローゼンバーグ質問の原型にある注意（「できるだけ気をつけた方が良い」）への言及はしていない。

本ガイドラインで推奨される主要尺度は、いくつもの公的調査（例えば、オーストラリア一般社会調査、カナダ一般社会調査の限定的な信頼に関する質問、ニュージーランド一般社会調査）に含まれている一般的信頼に関する質問に、注意ではなく信頼に焦点を当てているという点で類似している。最も似ているのはニュージーランド一般社会調査で用いられている質問で、そこでも両端にラベルがつけられた0〜10の尺度を用いている（これらの調査で用いられている質問については、附録Aを参照）。

中核的質問群の中の2つ目の質問は、限定的な信頼尺度である。この尺度は主要尺度の代替としてではなく、主要尺度を補完するものとして含まれている。この尺度は、信頼の範囲が世界価値観調査から取られているが、質問群Aの他の質問と同様の形式になるよう修正されている。限定的な信頼への政策的関心は、一般的信頼や制度・組織への信頼の場合よりも低いものの、限定された信頼に関する情報は他の信頼尺度の分析を理解するための有益な文脈を与えてくれる。

制度・組織への信頼に関する3つ目の質問は、中核的尺度の最終部分である。第2章で述べたように、制度・組織への信頼尺度の妥当性と信頼性（reliability）の実証は、他者への信頼尺度の場合ほど強くない。そのため、これらの尺度は他の中核的尺度と比べて、特に主要尺度と比べて、実験的性質を持っていると見なすべきである。しかし、これらの質問が制度・組織への信頼に関する情報を収集するための最良慣行であることは事実で、その変形が多くの国々の公的統計で用いられている。他者への信頼に関する質問と同様、これらの質問でも両端にラベルがつけられた0〜10の尺度を用いている。その尺度ラベルは概念的絶対値である（「全くない／完全にそうである」）。

中核的質問群には、3つの制度が含まれている。これは、第3章（コラム2.1）で述べたように、それより幅広い制度の因子分析の結果に基づいている。

それによると、制度・組織への信頼に関する質問への回答には、政治、法と秩序、非政府機関という3つの基本的な次元（underlying dimension）がある。最初の2つの質問（A3とA4）の場合、選ばれた制度は、それぞれ最初の2つの次元（政治、法と秩序）の因子荷重が最も高く、つまりその基本的な次元との個別の相関が最も強いということである。これらの質問は国の議会と警察に関係している。制度・組織への信頼に関する3番目の質問（A5）は、因子分析で特定された3番目の次元（非政府機関）についてではなく、国の公的機関についての追加情報を提供している。その機関のスタッフの人事や責任に明らかな政治性はなく、公的サービスに焦点が当てられている。

B 評価 (Evaluation)

　評価的質問は、回答者がある状況をどのように判断しているかという情報を集める。認知的で内省的な内容が含まれており、物事の現状についての回答者の見解を表している。これらの質問は過去の経験についての情報を求めているのではなく、期待に関する質問（以下のCの項目を参照）のように将来のことを尋ねるのでもない。附録Bの評価質問群に含まれる質問は3つのグループに分かれており、それぞれが信頼の一側面をより詳細に捉えることで、中核的質問群の中の尺度をさらに詳しく説明している。その全てを合わせて使うわけではなく、信頼の諸側面についての詳細に焦点を当てた調査質問を開発するための資料となることを目的としている。質問B1～B4は、現在の形式で十分に正当性が立証されており変更を加えずに用いられるべきだが、その他の質問はもっと柔軟性がある。

　4つの質問（B1～B4）からなる最初のブロックは、ネフとシャップ（Naef and Schupp, 2009）から取られたもので、従来のローゼンバーグ質問よりも的確で信頼性がある（reliable）と考えられている一般的信頼尺度を収録している。特に、ネフとシャップの質問群は、信頼と注意を区別するように設計されており、また「見知らぬ人（strangers）」と「人々（people）」を別々に尋ねている。質問B1とB3は信頼に、質問B2とB4は注意に焦点を当てている。同

226

様に、質問B1とB2は一般的に人々についての質問であるのに対して、質問
B3とB4は特に見知らぬ人についての質問である。このように、ネフとシャッ
プの質問群の範囲はローゼンバーグ質問の原型に似ているが、原型の質問の
様々な側面を個別に検証できるようになっている。ネフとシャップの質問群は
4つの質問で構成されているため、この尺度はローゼンバーグが本来提案して
いた二値尺度よりも識別力が高い。ネフとシャップの尺度には、ドイツの社会
経済パネル調査でテスト済みであり、また信頼の実験を通じて実験的な行動に
直接照らして正当性が認められているという追加的な利点がある（第2章参
照）。このため、ここでは他の場所で用いられている0〜10の尺度を採用せず、
元の4段階尺度を変更せずに使用している。

　質問B5〜B8は、信頼される人（限定的信頼）に焦点を当てている。その目
的は、社会の様々なグループの信頼をより詳細に提供することで、主要尺度を
補完することである。これは、主要尺度に答えるときにどのような人を思い描
くかということについて、社会グループごとに体系的な差異を示す場合に特に
興味深い。その質問それ自体は世界価値観調査の質問群（Delhey, Newton
and Welzel, 2011）に大体基づいているが、第3章で設定された方法論のガイ
ドラインに沿うように変更されている。デルヘイらは、この一連の質問に基づ
いて一般的信頼の調整済みの尺度を提案しているが、その合成尺度が、一般的
信頼と関連すると考えられる最も重要な結果データを把握する上で、ここで提
案されている中核的尺度を超える卓越した働きをするかどうかは不明である
（Algan and Cahuc, 2013）。このような理由から、特定グループの信頼の詳細
が非常に重要な状況では、その質問を利用することが主に推奨される。

　評価的質問群の最後の部分（B9〜B18）は、制度・組織への信頼に焦点を
当てた質問で構成されている。これらの質問は、より幅広い制度を網羅するた
めに、中核的質問群に含まれている3つの質問を延長したものである。これら
は世界価値観調査と欧州社会調査の第6ウェーブから引用されている。OECD
信頼データベースの分析とその他の類似の分析（Uslaner, 2002; Naef and
Schupp, 2009; Schneider, 2016）から得た実証によると、回答者は似たような

機関を完全に区別できない場合が多いことがわかる。上述の通り、制度・組織
への信頼に対する回答のバリエーションのほとんどは、それぞれ政治、法と秩
序、非政府組織に関わる3つの基本的な次元に由来している。それでも、この
一連の質問は、特定機関に対する態度を調査するための枠組みを提供すること
を意図している。中核的質問群に含まれている制度・組織への信頼に関する3
つの質問（A3、A4、A5）は、ここでも繰り返され、質問B9〜B18が独立す
るように設計されている。中核的質問群全体と併せて実施する場合には、質問
B9、B13、B16は削除することができる。

C 期待 (Expectations)

　信頼という点で人々の評価を把握する代わりになるのは、主に他者や制度・
組織の行動に対する彼らの期待を尋ねることである。これは、この質問群に含
まれる質問で採られているアプローチである。評価とは異なり、期待に関する
質問は将来を考慮したもので、仮説的なものである。ある意味では、回答者に
とって現在の信条や評価について答えるよりも仮説的状況についての方が正確
に答えづらいため、これは弱点とも考えられる。しかし、期待に関する質問の
逸話的性質（anecdotal nature）の方が、回答者にとってより具体的で、容易
に答えられるかもしれないということで、部分的に相殺される。

　質問C1とC2は、他者への信頼に関するものである。これらはギャラップ世
論調査で用いられている一連の質問から引用されており、カナダ一般社会調査
など他の調査でも採用されている。質問C1は、隣人への信頼（限定的信頼）
に焦点を当てているのに対して、質問C2は見知らぬ人への信頼（一般的信頼）
にかかわる。期待を問う質問の方が評価的な質問よりも良い結果が得られると
いう実証はないが、この種の期待を問う質問は合理的な水準の妥当性（a
reasonable level of validity）があり、幅広く類似の相関するものがあるという
実証がある（Helliwell and Wang, 2010）。これらの質問は、主要尺度を補完で
きるものとして収録され、測定に追加的な方法論的アプローチを用いることが
有益と考えられる場合にのみ、含めることが検討される。

228

第4章　信頼を測る

　期待を問う質問群（C3～C10）は、制度・組織への信頼の諸側面に関する
ものである。これらの質問は、中核的質問群や評価的質問群に含まれる質問を
直接代替するわけではない。なぜなら、これらの質問は特定の機関ではなく、
回答者が制度・組織への信頼についての自分の見解を形成することに影響を与
えると考えられる主な要素に焦点を当てるからである。特に、これらの質問は、
制度・組織への信頼を回復させる方法を評価するためのOECD信頼戦略の中
で開発された、OECD信頼枠組みの5つの側面それぞれについての情報を集め
るためのものである（コラム4.4）。質問は3つのグループに分けられており、
行動に関わる各グループはOECD信頼枠組みの制度・組織への信頼の要因に
に関わっている。質問C3は反応の早さ、質問C4は信頼性（reliability）、C5は
開放性、C6とC7は公平性、C8～C10は公的機関の公正性（integrity）である。

コラム 4.4　OECD信頼枠組み

　公共経営に関する文献では、信頼の重要性を公共機関の正当性の主な源泉とし
て、またそれが人々と企業、機関との交流のコストを下げる重要なものとして認
識している（Fukuyama, 1995）。しかし、制度・組織への信頼を何が醸成する
かということについての実証は、まとまっていない。いくつかの分析は、制度・
組織への信頼を人々の（及び企業の）選好（彼らが何を正しくて公平で、何がそ
うでないと考えるかということ）と、認識されている政府の動きとが一致してい
るかどうかに左右されると述べている（Bouckaert and Van de Walle, 2003）。
また別の研究者は「能力への信頼（trust in competence）」（機関の機能が、
人々がその機関の能力に対して持つ期待と一致しているか）と、「意思への信頼
（trust in intentions）」（人々が倫理的かつ公平と認める方法で機関が行動するか
否かを把握する）との区別を引用している（Nooteboom, 2007）。これらの区
別をさらに進めたのがブッカート（Bouckaert, 2012）で、彼は信頼が結果から
因果的に得られるとする「結果の論理（logic of consequences）」と、信頼が
誠実さと透明性という価値に基づいているとする「適切性の論理（logic of
appropriateness）」とを区別している。

表4.1　OECD信頼枠組み

信頼の因子	政府の役割	信頼に影響する懸念	政策的次元
能力：政府が市民に、彼らが必要とするサービスを彼らが期待する質的水準で提供できる能力	公共サービスの提供	―社会経済的条件にかかわらず、公共サービスを利用できること ―公共サービスの質とタイムリーさ ―市民の意見への対応など、公共サービス提供の尊重	反応性
	変化を予測し、市民を保護する	―変化する市民のニーズと課題の予測と適切な評価 ――貫性があり予測可能な行動 ―社会、経済、政治的不安に対する有効な管理	信頼性
価値：政府に情報を与えその行動を導く要因と原則	権力と公的資源の倫理的利用	―高い行動基準 ―汚職防止の確約 ―説明責任	公正性
	市民に情報を与え、市民と協議し、市民の声を聞く	―政府がしようとしていることを知り、理解する能力 ―有形の結果を出せる機会への関与	開放性
	あらゆる人々のための社会経済的条件の改善	―社会全体の社会経済的進歩の追求 ―市民と企業への一貫性のある対応（拘束の恐怖に対する）	公平性

StatLink：http://dx.doi.org/10.1787/888933584222

出典：OECD（2017）, *Trust and Public Policy: How Better Governance Can Help Rebuild Public Trust,* OECD Publishing, Paris, http://dx.doi.org/ 10.1787/9789264268920-en.

　OECD公共ガバナンス委員会は、行動の結果とそれを導いた意思との区別に基づいて人々の公的機関への信頼を評価する枠組みを承認した。この枠組みは、機関への信頼を能力（Competence）と価値（Values）という2つの主要素に分解している。各要素の中で政策変更に適した次元（dimensions）が、文献（McKnight, Choudhury and Kacmar, 2002）の中の共通の閾値と、この実証のOECDによる更新（OECD, 2017）に基づいて特定されている。特定された5つの次元とは、即応性（Responsiveness）、信頼性（Reliability）、公正性（Integrity）、開放性（Openness）、公平性（Fairness）である。表4.1は、各政策的次元の中で考察されたその枠組みと諸側面をまとめたものである。

　最後に、他者への信頼の測定に広く用いられている質問と類似の質問を開発することで、この枠組みを運用できるようにする取り組みが行われている。OECDの枠組みを運用可能にするために用いられる質問とは、ありふれた状況で、その期待される成果を尋ねるものである。以下は、公正性の次元についての状況質問の一例である。「もしハイレベルの政治家が政治的影響力と引き換えに民間部門から見返りの良い仕事を提供されたとしたら、彼／彼女はその仕事を断るべきだと思いますか」。

第4章　信頼を測る

　制度・組織への信頼の要因についての情報を集めるのに、期待に基づく質問を用いる潜在的利点は、そのような情報が現政権への態度の影響を受けにくいと考えられること、また第2章（コラム2.1）で概要を述べた制度・組織への信頼の3つの主要な特徴（政治、司法制度、非政府組織）に関する情報に偏る恐れが少ないことである。それでも、質問C3～C17は非常に試験的なものと見なすべきである。これらはOECDがトラストラボ（Trustlab）の一環としてすでに試しており、OECDの報告書（OECD, 2017）で検証しているが、実際の利用実績はごく限られている。これらの質問を本ガイドラインに収録する意図は、信頼データの他の生産者がより詳細な質問を開発するのに利用できる枠組みを提供することにある。これらの質問が制度・組織への信頼のより良い指標の開発を促すものとなり、制度・組織への信頼尺度の収束的妥当性の実証に関わる現在のギャップを埋められることが期待される。

D　経験

　信頼に関するいくつかの質問には、評価的尺度または期待値の尺度ほど広く用いられているわけではないが、回答者の信頼行動または信頼に足る行動の経験に関わるものがある。人々の実際の経験を尋ねることが通常である他の多くの統計分野とは対照的に、厳密に信頼行動の具体的な例を明らかにすることは難しく、そのため信用できる質問の開発も難しい。それでもこの種の少数の質問は、他の種類の信頼尺度の妥当性を判断するため、または単に問われている態度そのものに関心があったという理由で、すでに用いられている。附録Bに収録されている経験に関する質問群（質問群D）には、5つの質問が収録されており、最初の3問は他者への信頼、残りの2問は制度・組織への信頼に関するものである。

　質問D1、D2、D3は、ネフとシャップ（Naef and Schupp, 2009）から取られたもので、信頼行動についての回答者のこれまでの経験を把握するためのものである。これらは、回答者が、他者の行動に対する肯定的な期待に基づいてリスクを受け入れる意思を表明するという行動の例に焦点を当てている。質問

231

D1とD2は限定的信頼に焦点を当てているのに対して、質問D3は一般的信頼との関わりがより強い。ここで用いられるネフとシャップの質問は、同様に、グレイザーら（Glaeser et al., 2000）によって開発された質問を元にしているが、わずかな変更がいくつか加えられている。最も重大な変更点は、グレイザーらの質問の対象であった大学生に特化した文言が、元の質問票から削除されていることである[13]。ネフとシャップ、グレイザーらの双方とも、この3つの質問を全て用いて過去の信頼行動に関する指標を構築している。このように質問を利用することは、質問群の考え得る適用方法の1つであるが、このような質問はまた個別に信頼尺度として用いることもできる。質問D1～D3は以前にも用いられたことがあるが、本ガイドラインに収録されている主な評価的質問または期待に基づく質問に適用されたのと同程度の精査またはテストは受けていない。これは、経験を尋ねる質問が主に信頼を測る他のアプローチの妥当性評価に用いられてきたためである。しかし、これは信頼に関する経験的質問を改良するのを妨げるわけではない。この種の開発のきっかけを与えることが、質問群Dにこれらの質問を収録する主な理由の2つ目である。

　制度・組織への信頼の場合、回答者の制度・組織に対する信頼行動の経験に関する情報を収集するという目的のために、特に設計された質問はない。しかし、これは今後開発すべき興味深い、また潜在的に有益な分野である。附録Bには2つの質問が収録されている（質問D4とD5）。そのいずれもギャラップ世論調査から取られたもので、公的機関の公正性に対する信頼を明確に示す（政府当局に意見を述べたり、嘆願書に署名したりする）行動の例にかかわっている。他者への信頼についての経験的質問と比較すると、この制度・組織への信頼の経験の範囲は非常に限定的で、信頼の測定に大きな間隙があることは明らかである。この分野については、質問をさらに開発できれば、真に便益をもたらすことになる。

　更なる検証を行う価値があるポイントの1つは、人々の記録された経験と、実際の行動についての組織・制度の記録とのギャップを分析することで、制度・組織への信頼を測れるか、ということである。その1つの例は、警察に通

報された犯罪被害のケースと、犯罪被害調査で測った犯罪率とのギャップを見ることである。警察に対する信頼度が高いと警察に実際に報告される犯罪被害事例の割合は高くなり、警察への信頼度が低いと犯罪被害の報告率は低くなると推定される。この方法で信頼を測るには他の成果について既存のデータを分析する必要があるため、この種の質問は本ガイドラインには収録されていない。

E 試験

　本ガイドラインの附録Bに収録されている最後の質問群は、その前の4つの質問群とは異なり、従来の調査質問にではなく、信頼を測るための試験的なプロトコルに焦点を当てている。本ガイドラインに試験的質問群を収録する理由は、2つある。1つは、信頼の試験的尺度は、大規模な世帯調査で実施されているということである。例えば、ネフとシャップ（Naef and Schupp, 2009）は、信頼ゲームがドイツ社会経済パネル調査でどのように実施されているかを論じ、OECDのトラストラボ（Trustlab）は、国の代表標本を元にした、従来型の調査質問と幅広い試験的なゲームの双方を含む国際的な測定ツールを開発することを目的としている。試験的ゲームを世帯調査に含められるということは、この測定アプローチが依然として国立統計局にとって異常なことであっても、それが本ガイドラインの範囲内に収まるもので、一部のデータ生産者——特に公的統計システムの外にいる人々——に関連性があるかもしれないということである。本ガイドラインに試験的プロトコルを収録する2つ目の理由は、信頼尺度を調査ベースで評価するために用いることができる試験的データを創出することが重要だということである。信頼の試験的尺度が広く用いられていなくても、本ガイドラインの利用者にとって、主要な調査質問を評価するのに用いられている主な試験的ゲームの詳細を収録することは、潜在的に有益である。

　人間の行動の様々な側面を明らかにするように設計された試験的プロトコルには、様々なものがある。ここで提案される試験的質問群には、信頼ゲームと独裁者ゲームという2つだけが収録されている。信頼ゲームは、信頼（trust）と信頼に足る性質（trustworthiness）を測る標準的な実験室アプローチ

233

(laboratory approach) で、信頼に関する主要な試験的データを提供している。独裁者ゲームは、ここでは信頼ゲームを補完するものとして収録されている。これまでにいくつもの研究が、信頼ゲームの先攻者から得た情報が利他主義と信頼の双方を結び付けていることを示唆している（Cox, 2004）。独裁者ゲームは、比較の手段として、利他主義の比較的純粋な尺度を集めており（Kahneman, Knetsch and Thaler, 1986）、信頼ゲームにおける利他主義の影響を制御するのに用いることができる。ここで設定されている信頼ゲームのバージョンは匿名であるため、限定的信頼よりも一般的信頼の方に関連性がある。

　第2章で述べたように、信頼ゲームはバーグら（Berg, Dickhaut and McCabe, 1995）によって開発され、それ以来幅広く利用されてきた。附録Bの質問群Eに収録されている信頼ゲームのプロトコルは、OECDが各国の全国規模の代表性がある調査の文脈でトラストラボを実施するにあたって採用した、バーグらのバージョンの信頼ゲームである。このアプローチでは、本来は国や文化的文脈が異なる中で（翻訳以外に）大幅な変更を加えずに実施できる信頼ゲームの新たなバージョンを設計するための、相当な時間とエネルギーが費やされた。それと同様に、質問群Eで述べられている信頼ゲームの実施は、そのゲームの参加者が実験室の設定の中ではなく、CASIの質問票に答えることを想定している。これは特に重要である。なぜなら、実験室では、ゲームの参加者はリアルタイムに他のプレーヤーと対抗できるが、CASIの質問票では、ゲーム参加者は事後的に対抗することになるからである。そのためには、特に後攻のプレーヤーのために、幅広い回答を把握する必要がある。

　独裁者ゲームは、ただ一人のプレーヤーが実質的に選択を行うので、CASIの設定での実施が比較的容易である。信頼ゲームと同様に、ここで実施される独裁者ゲームのバージョンは、OECDがトラストラボのために開発したものである（コラム2.4参照）。これは、ゲームがすでに多くの国々で見直されテストされており、大規模な調査に含めるのにふさわしいという利点がある。

　質問群Eに収録されている2つのゲーム以外にも、信頼または信頼に関わる人間の行動の要素を測る様々な試験的アプローチがある。その中には、官民の

234

第4章 信頼を測る

インセンティブが異なる状況で一般の人々が公共善に貢献しようとする意思を測る公共善ゲーム（Public Good Game）、リスクに対する態度を測る試験的ゲーム、ゲーム以外の試験的テクニック、例えば潜在連合テスト（implicit association testing）を用いる方法などがある。潜在連合テストは心理学者が用いる方法で、社会的望ましさバイアスのせいで回答者から正直な答えを引き出せない場合（例えば人種差別などについて）に情報を集めるためのものである。OECDとパリ政治学院（Sciences Po）は、潜在的連合テストを用いてトラストラボにおける制度・組織への信頼の諸側面を測ろうとしたことがあり、実験経済学者、政治学者、社会学者はこのテクニックに関心を示している（Intawan and Nicholson, 2017参照）。本ガイドラインに開発された質問群を収録するのはまだ時期尚早だが、これらの分野における今後の発展は、今後十年で信頼の測定アプローチに多大な影響を与えると考えられる。

4.5 質問の書式

附録Bには、5つの質問群が収録されている。各質問群はいずれも同じ形式で提示されており、その質問群の目的（どのような情報を得ようとしているか）、内容の説明、質問の出典、その質問群から得たデータの公表の仕方、面接者のための背景情報、詳細な質問の文言を、共通の見出しで収録している。

目的

目的では、その質問群の役割の概要と、その利用方法が明らかにされている。その質問群の目的、その範囲と内容を決めた論理的根拠が簡潔に述べられている。

解説

各質問群の内容についての解説では、各質問群の目的という点でその質問群の中の各質問の役割が概説されている。この解説は、質問の利用者が質問群の一部だけを用いようとするときに、どの質問を選ぶべきかを決める一助となることを意図している。

235

出典

　各質問群に含まれる質問は、既存の資料から引用されたもので、先行調査との比較可能性を最大限に保つため、可能な限り変更を加えていない。しかし、例えば第3章で述べた実証に基づいている場合など、文献の中で同じ質問が異なる形式で用いられている場合、また項目の文言や回答尺度の細かい変更について明確な根拠がある場合には、多少の修正が加えられる項目もある。このセクションでは、質問の出典元とその質問に変更が加えられたかという注記が示されている。

所要時間

　これは、その質問群全体に回答するのにかかる推定時間である。

結果データの出力方法

　結果データの出力方法のセクションには、標準的な表と尺度をその質問ブロックから作成するための基本情報を収録している。この情報は包括的ではないが、データ生産者に基本的なガイドラインを提供することを意図している。そのようなガイドラインは、データ生産者がそのデータを適切に公表するのを助けるためだけでなく、なぜその質問がそのような枠組みになっているのかという情報を提供するためにも重要である。

　多くの質問ブロックは、調査質問から得られた信頼の多項目尺度を作成することを意図している。この結果データのセクションでは、これらの多項目尺度の構造の詳細と、それらをどのように報告すべきかという情報を収録している。

面接者のためのガイドライン

　調査データの質は、質問に対して回答者が示す態度に大きく影響される。回答者が信頼尺度を特にセンシティブまたは回答するのが難しいと受け止めているということはない、とする実証は多い（特に、所得などのよく尋ねられるトピックに関する質問と比較した場合）ものの、その調査でどのような情報が収

第4章　信頼を測る

集されてどのように使われるかを面接者が理解して、それを回答者に明確に伝えることができれば、情報の質はより高まる可能性がある。それによって面接者は、この情報がなぜ重要なのか、この質問は回答者からどのような考えを引き出そうとしているのか、といった回答者の疑問にも答えることができる。

　この質問群に含まれる面接者のためのガイドラインは、世帯調査の準備段階で面接者に通常提供される、より詳細な注意や訓練を補完するものではない。しかし、これらは質問群の利用者が独自のより現実に即したガイドラインを開発する基礎を提供している。

第5節　調査の実施

　調査の実施方法は、調査を有効なものにするために重要である。調査がいい加減に行われると、元の質問票の質にかかわらず、データの質が低く信頼できないものになる。一般に、どのような世帯調査でも、有効な実施にかかわる特徴は、信頼に関する情報を集める際にも共通する。本ガイドラインは、調査の実施方法の最良慣行を詳細に論じようとしているわけではない。それについては、良質な標準とガイドラインがすでに存在している（United Nations Statistical Division, 1984）。しかし、信頼尺度に固有の性質が調査実施上の問題を提起する場合に、注目すべきポイントがいくつかある。

5.1　面接者の訓練

　面接者の訓練は、どのような調査でも、回答の質を確保する上で重要である。しかし、信頼の測定は、面接者がその主題に馴染みがないため、追加的な問題を提起する。皮肉なことだが、これは特に実際に面接者を常時抱えている国立統計局に当てはまる。訓練された面接者は一般により高い回答率とより良い回答を得ることに貢献するものだが、面接者は、そのような情報を集めることがなぜ重要で、それがどのように用いられるのかということを適切に説明できな

237

いと、回答者からの疑問にうまく答えられないことになる。学術文献、事例証拠、国立統計局職員の意見から、いくつかの信頼に関する質問——特に政治的組織への信頼に関わる——が特にセンシティブで、状況によっては回答者がそのようなデータの利用に懸念を抱く場合があることが示唆されている（Schneider, 2016）。回答者はなぜ公共機関がこの種の情報を集めたがるのかを理解できない場合もありうる。

　信頼に関する質問への回答者の態度を巡るリスクを管理するために、面接者はその質問が測ろうとしている概念についてだけでなく、収集された情報がどのように用いられるかということについても、精通していなければならない。これは、面接者が回答者と信頼関係を築く上で不可欠であり、回答者が協力的になり回答の質が向上することが期待できる。この質問群に含まれる面接者のためのガイドラインには、各質問のセットに特有の重要情報を提供してくれる注釈が収録されているが、より包括的なアプローチで、信頼尺度の妥当性と利用（第2章）、信頼データの分析（第5章）から情報を引き出すべきである。

5.2　倫理的問題

　信頼尺度は、回答者が回答する上で比較的問題が少ないということが、実証から明らかである。項目無回答率は、他者への信頼尺度でも制度・組織への信頼のそれでも総じて低い（第2章参照）。一般に、他者への信頼尺度への無回答率は、婚姻状態、学歴、雇用状態といった項目のそれと同程度で、所得の尺度よりもはるかに低い。これは、一般にこのような質問を回答者が問題があると認識していないことを示している。制度・組織への信頼尺度の無回答率は、他者の信頼へのそれよりわずかに高いが、それでも絶対値としては低い。

　最良慣行によると、統計の提供者は、回答者に苦痛を与える質問から生じるリスクを管理する方法を考えるべきである。リスクを誇張しないようにすることが重要だが——信頼に関する質問が重大なリスクを提起することを示す実証はほとんどない——、このような問題には有効に対処すべきである。複雑な要素の1つは、回答者が質問の影響を受けているか否かが、面接の最中にはわか

238

らない可能性があるということである。それを管理するのに英国統計局
(ONS, 2012) が用いているアプローチは、回答者に調査の目的についての情
報を与え、収集されるデータの機密性を繰り返し説明するリーフレットを、面
接時に配布することである。このリーフレットには、苦痛を感じた回答者がど
こに相談すべきかという情報を含めることもできる。

5.3 情報のコード化とデータ処理

　信頼に関する情報のコード化は、一般に容易である。一般的に、数値尺度は、
尺度の範囲に言語ラベルがつけられている場合でも、数値としてコード化すべ
きである。信頼データの多くの分析は定量的で、そのデータが基数であるよう
に操作する必要がある。完全にラベルが付けられた回答尺度(例えば、多くの
質問で採用されている「はい／いいえ」という回答形式)でも、ミクロデータ
から集約尺度(summary measure)を容易に作成できるように、データをラ
ベルだけでなく数値でコード化する方が望ましい。「わからない(don't
know)」と「回答拒否(refused to answer)」という回答は、両者の違いが方
法論的関心事であるため、別々にコード化すべきである。

　通常のデータクリーニングの手続きには、データのコード化装置(data
coders)による数値の置き換え、レコードの重複や喪失、不完全回答、逸脱回
答、または正しい回答経路を取らないといった明らかな誤りを探すことも含ま
れる。信頼データに特に関連する問題もある。特に、同じ尺度を用いた複数の
質問からなる質問群が用いられる場合、データクリーニングには回答セットの
チェックも含まれるべきである。これは回答者が一連の異なる項目に同じ評価
をつけている場合に現れる。例えば、ある回答者が質問群Eの評価的質問10
問すべてに「0」と回答している場合、これは回答者が質問に有意義に回答し
ようとしておらず、なるべく早く終わらせようとだけ考えている典型的な例で
ある。このような回答は、無回答と見なして廃棄すべきである。さらに、面接
者のコメントから、回答者が正しく回答していたかを明らかにすることができ、
調査プロセスが堅実ならば、データレコードを消さずにそのような回答にフラ

グをつけることもできる。

　最後に、信頼データ収集の価値の多くは、ミクロデータを分析できることにあるということを強調しておくことが重要である。特に、信頼とその他の結果の同時分布の分析は、通常集計表の二次利用では不可能である。このため、明確かつ包括的なデータ事典が、信頼に焦点を当てたどのようなプロジェクトにおいても、最も重要な結果データと見なされるべきである。このデータ事典には、調査方法論、標本抽出枠、調査加重（survey weights）の正しい適用、各変数の解説（変数の名称、それを集めるために用いられる質問、データのコード化方法など）に関する情報を収めることが望ましい。もし、質問の経路決定などのせいで調査標本の一部からしか変数を集められない場合、そのこともデータ事典に明記すべきである。

第6節　結論

　本章で挙げた主な問題点は、以下の通りである。

6.1　信頼測定のための計画立案

- 測定対象は、常に利用者のニーズを明確に理解した上で決定されるべきである。重要な質問としては、次のものがある。1) 政策に関する質問（policy question）とは何か。2) 提案されている信頼の内容は、これらの政策上の問題に答えるのに適しているか。3) 提案されている尺度で、時間の経過とともに起きる変化を捉えたり人口グループ間の比較を行ったりすることができるのか。4) どのような人口グループに利用者は最も関心を持っているのか。5) 利用者の関心は異なるグループ間の結果を比較することにあるのか、それとも信頼の様々な側面の間の関係を理解することにあるのか。6) 利用者の第一の関心は一般化された信頼にあるのか、限定された信頼にあるのか、または制

第4章 信頼を測る

度・組織への信頼にあるのか。焦点が制度・組織への信頼に当てられる場合には、どの制度に最大の関心があるのか。7) 利用者が時間とともに起こる変化を監視するのに必要な頻度はどのくらいか。8) 例えば地理的レベルなど、どのような国内比較が必要か。

- 信頼そのものを測る最良の方法だけでなく、分析目的で信頼尺度と並行して収集すべき他の尺度を何にするか、検討しなければならない。その中には、1) 年齢、2) 性別、3) 婚姻状態、4) 世帯の種類、5) 子供の有無、6) 世帯規模、7) 地理的情報、8) 移民の地位／出身国／入国年などが含まれる。

- 上記の必須とされている人口的尺度に加えて、いくつかの追加の変数も有益である。1) 言語、2) 居住地域（都市部／農村地域）、3) 所得、4) 資産、5) 雇用形態、6) 学歴、7) 健康状態、8) 社会とのつながりとネットワーク、9) 市民参加とガバナンス、10) 個人の安全と犯罪被害、11) 主観的幸福、12) 民族、13) 宗教。

6.2 調査設計と標本設計

サンプリング

- 信頼に関する質問への回答は本質的に個人的なもので、したがって測定単位は個人でなければならない。つまり標本抽出枠は、個人、または世帯の場合は全ての個人に面接をしたかのように代表標本を抽出しなければならない。

- 一般に、信頼尺度は成人人口（15歳以上）から収集される。

データ収集の頻度と調査期間

- 信頼をどのくらいの頻度で測るべきかということについて、あらゆる偶然を考慮して明確な指針を示すことは不可能である。それは、考えられるデータ利用目的の範囲が広く、データが必要とされる頻度が利用目的と問題となる尺度の種類などによって様々だからである。

- 幸福度を把握するためや、社会関係資本の傾向を評価するためには、1年に一

241

度の調査が頻度として最低限必要である。

調査期間

- 調査期間（情報収集が行われる期間）は、信頼尺度にとって重要である。学歴や婚姻状態などの尺度については、1年のうちのどの時点でデータが集められたかということは問題にならないが、測定された信頼度には、データがいつ収集されたものかということが影響を及ぼしうる。
- 理想的なのは、調査期間が1年以上にわたり、祝日を含む全ての曜日に行われることである。それによって信頼尺度は、1年にわたる信頼の全体像を正確に示すことができる。調査期間を1年間取れない場合でも、可能な限り調査が全ての曜日に均等に行われるようにすべきである。

サンプルサイズ

- どのような調査でも、サンプルサイズが大きいことが非常に望ましい。サンプルサイズが大きければ推定標準誤差が小さくなり、信頼の推計がより正確になり、また母集団のサブグループのクロス集計と結果分析を行う上で自由度が増すからである。信頼尺度に関しては、分析的関心の高い多くの分野と関連する信頼の変動が比較的小さいため、サンプルサイズは特に重要である。

調査モード

- データの質という点で、視覚的補助カードを使ったCASI/CAPIが、信頼データの収集に最適と見なすべきである。面接者が立ち会うことで回答者との間に強い信頼関係を築くことができる一方で、視覚カードがデータの質の向上に寄与する。
- CASIによって面接情報の機密が保護されることで、回答者が微妙な質問に対して本当のことを言いたくないと思ってしまう可能性が減る。
- 他の調査方式が用いられる場合には、データ生産者は調査方式の影響を推計できる情報を集めることが重要である。特に国立統計局は、調査方式の影響

が信頼の中核的尺度への回答に及ぶかを試験的に調べ、その結果をCATIまたはCASI調査の結果と併せて公表すべきである。

調査枠組み

- 信頼、ガバナンス、社会関係資本が関心の中心である場合、信頼に特に焦点を当てた特別な質問群を構築することが適当な場合がある。これは特に信頼データの利用の焦点が、社会関係資本の測定またはガバナンスの評価にあるときに当てはまる。
- 信頼尺度は、多種多様な文脈で分析的関心を引くので、範囲が限定された質問は様々な調査に役立てることができる。

質問の配置

- 信頼に関する重要な質問は、調査の中核的部分に含めるべきである。全ての調査で信頼に関する質問を始めに配置するのは不可能だが、信頼に関する質問を調査質問票の固定された部分に挿入できれば、文脈効果によって生じるバイアスが分析に及ぼす影響を制限することができる。これでバイアスが消えるわけではないが、人口グループ間または時系列の水準の差の分析には影響しない。
- 信頼に関する質問は、回答者に信頼に関する予備知識を与えそうな質問や、回答者が信頼に関する質問への回答を決める際に経験則（ヒューリスティクス）として用いそうな質問の直後に配置しないようにする。そのような質問には、社会的つながり、犯罪被害、政治的信条、リスク、不安などに関する質問が含まれる。信頼に関する質問の前に配置するのに最適な質問は、人口統計に関するものである。
- つなぎの質問は、回答者の注意を再度喚起するために用いるべきである。しかし、つなぎの質問それ自体が何らかの文脈効果をもたらすリスクも考慮しなければならない。例えば、回答者は、自身の生活に注意を喚起することで、それに続く他者への信頼に関する質問に答える際にも、見知らぬ人ではなく個人的な人間関係に注目する可能性がある。効果的なつなぎの質問を開発することが、

今後の優先課題である。

- 質問のトピックを分けるためには、導入文を用いるべきである。各質問または
トピックの前に言葉を選んだ文を挿入すると、信頼尺度とセンシティブな質問
との緩衝材になり得る。様々な導入文の影響について、さらに認知テストまた
は試験的分析を行うことが有益である。

質問の順序

- 質問群の順序に関しては、実証によると、一般的な内容から絞り込んだものへ
と移っていくのが最良のアプローチである。他者への信頼について、一般的信
頼に関する質問は、限定された信頼に関するより具体的な質問より前に配置す
べきである。また、他者への信頼に関する質問は、制度・組織への信頼に関す
る質問より前に配置すべきである。それは、制度・組織への信頼の方がより具
体的で、重大なプライミング効果を引き起こしやすいからである。

- 制度・組織への信頼に関する質問は、よく知られている制度や組織についての
質問から始まり、それほど知られていないものへと進むようにすべきである。
異なる組織・制度への信頼水準を比較することが重要な場合、質問の順序は
回答者ごとに無作為にすべきである。全ての標本についてそれを行えない場
合、パイロットテストでは質問の順序を無作為にして、測定された信頼に含ま
れるあらゆるバイアスの大きさがわかるようにすべきである。

質問の翻訳

- 下訳は、目的の言語を母語とし、原語が堪能な少なくも2人の翻訳者が別々に
行うことが望ましい。翻訳者は、調査の目的を理解し、原本の質問票の背景、
出所、技術的詳細および目標母集団の性質に精通しているべきである。他のど
の調査設計にも言えることだが、認知的面接とフィールドテストを行ってその
結果を検証してから、完全な調査を実地に行うべきである。

第 4 章　信頼を測る

6.3　質問票の設計

- 本ガイドラインでは、信頼を測るために 5 つの原型となる質問群が収録されている。質問群 A には、一連の中核的尺度が収録されており、その中には、一般的な他者への信頼という、国際比較をする際の基準を形成し、信頼を測るどのような取り組みにおいても優先して収録すべき主要尺度が含まれている。
- 質問群 A には、妥当性の実証と政策的関連性が最も強く、ある程度の国際的調和を達成するのに最もふさわしい質問が収録される。この中核的質問群は、本ガイドラインに収録されている他の質問群とは異なり、内容に大幅な変更を加えることなく全てが用いられることが意図されている。
- 質問群 B 〜 E は、それぞれが信頼測定の異なるアプローチに焦点を当てている。これらの質問群は全体がそのまま変更されずに使用されることを意図しているのではなく、国立統計局が独自の質問票を開発する際の資料を提供している。

6.4　調査の実施

- 面接者の訓練は、どのような調査でも、回答の質を確保する上で重要である。信頼に関する質問への回答者の態度を巡るリスクを管理するために、面接者はその質問が測ろうとしている概念についてだけでなく、収集された情報がどのように用いられるかということについても、精通しているべきである。
- 信頼尺度は、回答者が回答する上で比較的問題がないということが、実証から明らかである。他者への信頼尺度への無回答率は、婚姻状態、学歴、雇用状態といった項目のそれと同程度で、所得の尺度より遥かに低い。制度・組織への信頼に関する質問の場合、無回答率はそれより幾分高いが、それでも所得に関する質問の場合よりは低い。これは、一般に、信頼に関する質問を回答者が問題があると認識していないことを示している。
- 通常のデータクリーニングの手続きには、数値の置き換え、レコードの重複や

245

喪失、不完全回答、逸脱回答、または正しい回答経路を取らないといった明ら
かな誤りを探すことが含まれる。信頼データに特に関連する問題がある。特に、
同じ尺度を用いた複数の質問からなる質問群が用いられる場合、データクリー
ニングには回答セットのチェックも含めるべきである（第3章参照）。

注

1. 基数の指標と序数の指標との区別は、信頼を測定する際に重要である。序数を
   用いると、回答は様々な状態の規模ではなく順位を表すことになる。例えば、
   序数データでは、5は4より上位で、8は7より上位と見なされる。しかし、様々
   な回答が意味するその差の相対的な規模については何もわからない。それに対
   して基数データの場合、回答の絶対値が有意義で、回答の尺度の各段階はどれ
   も同じ量を表すと見なされる。したがって、信頼度を5と回答した人は4と回答
   した人よりも知らない人でも信頼するに足ると考えているということで、その
   差は、8と答えた人と7と答えた人との差と同じということになる。信頼尺度を
   どのように扱うべきかということについて、直接の実証はほとんどない。原理
   上は、このような尺度は序数だが、似たような測定の課題を抱えている主観的
   幸福の場合、尺度を基数として扱っても得られた結果にバイアスがかからない
   という強い実証があることは、注目に値する（Ferrer-i-Carbonell and Frijters,
   2004）。

2. 等価換算所得は、ある世帯の「消費単位」が利用できる経済資源の水準の尺度
   である。世帯総所得は、世帯規模が大きいほど所与の所得水準を世帯構成員全
   員に広げなければならないということだけでなく、消費において何らかの規模
   の経済が可能だということも考慮に入れて、世帯規模によって調整される。等
   価換算所得は一般に、世帯所得をその世帯で暮らす人数の平方根で割ることで
   求められる。

3. 多くの調査には、回答者が都市に住んでいるか農村部に住んでいるかという情
   報が含まれているが、このようなデータを利用すると国際比較する際に問題が
   生じる。それは、場合によって回答者が自分は都市あるいは農村に住んでいる
   と自己申告していても、別のところでは社会経済的条件によって自己申告と異
   なって分類される場合があり、さらに他のケースでは都市と農村との区別が定
   住に基づくアプローチによる場合もあるからである。各国の慣行におけるこう
   した違いのために、より良い解決案の1つは、面接者が回答者をその居住地の性
   質についての情報に基づいて、都市か農村か区別することである。OECDの

TL3地域は、その地域の人口密度に基づいて「都市地域」「農村地域」「中間地域」に分類しており、各国間で同じ方法と閾値に基づいている。それより広い地域となるOECDのTL2地域の場合、各機能的都市部に住む人口の割合に基づいて分類している。

4. これらの詳細な労働力についての指針が紙幅の関係で完全に実施できない場合、雇用形態は回答者の自己評価に基づいて報告することができる。

5. 『主観的幸福を測る：OECDガイドライン』（OECD, 2013）は、主観的幸福尺度を様々な分野で用いる方法について助言を収録している。

6. 実際、これは不可能なことではない。多くの政府機関は、自分たちが提供するサービスに対する顧客満足度の尺度を収集することと、顧客のその組織に対する信頼度に関心がある。

7. デートン（Deaton, 2011）は、米国では祝日でも休日でもないバレンタインデーが、主観的幸福のデータに大きな影響を与えていることを明らかにしている。

8. この考え方では、インターネット調査はCASIの実施方法の1つとしている。

9. 『主観的幸福を測る：OECDガイドライン』（OECD, 2013）は、主観的幸福に関する中核的質問を関連調査の最初に配置するよう推奨している。そのため、本ガイドラインは信頼についての尺度については同じことを推奨していない。

10. この場合、つなぎの質問として用いられたのは、「ご自分の生活について考えたとき、あなたは今の生活に満足していますか」という質問で、それに続く主観的幸福尺度は、生活尺度のキャントリル階梯であった。同じつなぎの質問が他の文脈でも機能するとは限らないので、つなぎの質問を何にするかは採用前に実験的にテストすべきである。

11. ローゼンバーグ質問は以下の通りである。「一般的に言って、ほとんどの人は信頼できると思いますか、それとも人と交際するときは十分注意する必要があると思いますか」（Rosenberg, 1957）。

12. 落とした財布に関する文言は、附録Aを参照。

13. ここで用いられる質問とグレーザーの元の質問との主な違いの1つは、「あなたの寮の玄関ドア（your rooming group's hallway door）」という表現が、ここで用いられている質問では「あなたのドア（your door）」に置き換えられていることである。これは、グレーザーの質問票がアメリカの大学のキャンパスに住んでいる学生向けだったことを反映している。

参考文献・資料

Alesina, A. and E. La Ferrara (2001), "Who trusts others?", *CEPR Discussion Paper*, No. 2646.

Algan, Y. and P. Cahuc (2013), "Trust, growth and well-being: New evidence and policy implications", *IZA Discussion Paper*, No. 7464.

Algan, Y. and P. Cahuc (2010), "Inherited trust and growth", *The American Economic Review*, Vol. 100, No. 5, pp. 2060-2092.

Berg, J., J. Dickhaut and K. McCabe (1995), "Trust, reciprocity, and social history", *Games and Economic Behavior*, Vol. 10, pp. 122-142.

Boarini, R. et al. (2013), "What makes for a better life? The determinants of subjective well-being in OECD countries – Evidence from the Gallup World Poll", *OECD Statistics Working Papers*, No. 2012/03, OECD Publishing, Paris, *http://dx.doi.org/10.1787/5k9b9ltjm937-en*.

Borgonovi, F. and T. Burns (2015), "The educational roots of trust", *OECD Education Working Papers*, No. 119, OECD Publishing, Paris, *http://dx.doi.org/10.1787/5js1kv85dfvd-en*.

Bouckaert, G. (2012), "Trust and public administration", *Administration*, Vol. 60, No. 1, pp. 91-115.

Bouckaert, G. and S. Van de Walle (2003), "Comparing measures of citizen trust and user satisfaction as indicators of 'good governance': Difficulties in linking trust and satisfaction indicators", *International Review of Administrative Sciences*, Vol. 69, No. 3, pp. 329-343.

Bycroft, C. (2011), *Social and Population Statistics Architecture for New Zealand*, Statistics New Zealand, Wellington.

Cox, J. (2004), "How to identify trust and reciprocity", *Games and Economic Behaviour*, Vol. 46, pp. 260-281.

Deaton, A. (2011), "The financial crisis and the well-being of Americans", *Oxford Economic Papers*, No. 64, pp 1-26.

Delhey, J., K. Newton and C.Welzel (2011), "How general is trust in 'most people'? Solving the radius of trust problem", *American Sociological Review*, Vol. 76, No. 5, pp. 786-807.

Dupré, D. and E. Di Meglio (2014), *Planned Future Developments of EU-SILC*, EU-SILC Conference, Lisbon.

Eurostat (2005), *Guidelines for the Development and Criteria for the Adoption of Health Survey Instruments*, Eurostat, Luxembourg.

第4章　信頼を測る

Ferrer-i-Carbonell, A. and P. Frijters (2004), "How important is methodology for the estimates of the determinants of happiness?", *The Economic Journal*, No. 114, pp. 641-659.

Fleischer, L., C. Smith and C. Viac (2016), "A Review of General Social Surveys", *OECD Statistics Working Papers*, No. 2016/09, OECD Publishing, Paris, *http://dx.doi.org/10.1787/bb54d16f-en*.

Fukuyama, F. (1995), *Trust: The Social Virtues and the Creation of Prosperity*, Hamish Hamilton, London.

Ginn, J. and S. Arber (2004), "Gender and the relationship between social capital and health", A. Morgan and C. Swann (eds.), *Social Capital for Health: Issues of Definition, Measurement and Links to Health*, Health Development Agency, London.

Glaeser, E. et al. (2000), "Measuring trust", *The Quarterly Journal of Economics*, Vol. 115, No. 3, pp. 811-846.

Goldberg, D.P. et al. (1978), *Manual of the General Health Questionnaire*, Windsor, England, NFER Publishing.

Helliwell, J. et al. (2014), "Good governance and national well-being: What are the linkages?", *OECD Working Papers on Public Governance*, No. 25, OECD Publishing, Paris, *http://dx.doi.org/10.1787/5jxv9f651hvj-en*.

Helliwell, J. and S. Wang (2010), "Trust and well-being", *NBER Working Papers*, No. 15911, National Bureau of Economic Research.

Intawan, C. and S.P. Nicholson (2017), "My trust in government is implicit: Automatic trust in government and system support", unpublished manuscript.

Kahneman, D., J. Knetsch and R. Thaler (1986), "Fairness and the assumptions of economics", *The Journal of Business*, Vol. 59, No. 4, pp. S285-S300, *www.jstor.org/stable/2352761*.

McKnight, D.H., V. Choudhury and C. Kacmar (2002), "The impact of initial consumer trust on intentions to transact with a web site: A trust-building model", *The Journal of Strategic Information Systems*, Vol. 11, No. 3, pp. 297-323.

Naef, M. and J. Schupp (2009), "Measuring trust: Experiments and surveys in contrast and combination", *IZA Discussion Paper*, No. 4087.

Nannestad, P. (2008), "What have we learned about generalized trust, if anything?", *Annual Review of Political Science*, Vol. 11, pp. 413-436.

Nooteboom, B. (2007), "Social capital, institutions and trust", *Review of Social Economy*, Vol. 65, No. 1, pp. 29-53.

249

NORC (2014), *General Social Survey* (database), *https://gssdataexplorer.norc.org/.*

OECD (2017), *Trust and Public Policy: How Better Governance Can Help Rebuild Public Trust*, OECD Publishing, Paris, *http://dx.doi.org/10.1787/97892642689 20-en.*

OECD (2013), *OECD Guidelines on Measuring Subjective Well-being*, OECD Publishing, Paris, *http://dx.doi.org/10.1787/9789264191655-en.*（『主観的幸福を測る：OECD ガイドライン』経済協力開発機構（OECD）編著、桑原進監訳、高橋しのぶ訳、明石書店、2015年）

ONS (2012), *Subjective Well-being: A Qualitative Investigation of Subjective Well-being Questions*, Office for National Statistics, UK, London.

Putnam, R. (1993), *Making Democracy Work: Civic Traditions in Modern Italy*, Princeton University Press, New Jersey.（『哲学する民主主義：伝統と改革の市民的構造』ロバート・D・パットナム著、河田潤一訳、NTT出版、2001年）

Rosenberg, M. (1957), "Misanthropy and attitudes toward international affairs", *Journal of Conflict Resolution*, pp. 340-345.

Rothstein, B. and E. Uslaner (2005), "All for all: Equality, corruption and social trust", *World Politics*, Vol. 58, No. 3, pp. 41-72.

Schneider, I. (2016), "Can we trust measures of political trust? Assessing measurement equivalence in diverse regime types", *Social Indicators Research*, *http://dx.doi.org/10.1007/s11205-016-1400-8.*

Scrivens, K. and C. Smith (2013), "Four interpretations of social capital: An agenda for measurement", *OECD Statistics Working Papers*, No. 2013/06, OECD Publishing, Paris, *http://dx.doi.org/10.1787/5jzbcx010wmt-en.*

Shanahan, E. (2007), "Excuse me, is this your phone?", *Reader's Digest*, July.

Soroka, S., J. Helliwell and R. Johnston (2003), "Measuring and modelling trust", *Diversity, Social Capital and the Welfare State*, University of British Columbia Press, Vancouver.

Stafford, M. et al. (2005), "Gender differences in the associations between health and neighbourhood environment", *Social Science and Medicine*, Vol. 60, No. 8, pp. 1681-1692.

Statistics New Zealand (2015), *A matter of trust: Patterns of Mori trust in institutions 2013*, Wellington.

Stiglitz, J.E., A. Sen and J.-P. Fitoussi (2009), *Report by the Commission on the Measurement of Economic Performance and Social Progress*, *www.stiglitz-sen-fitoussi.fr/documents/rapport_anglais.pdf.*

UNECE（2013）, *Survey Module for Measuring Health State*, United Nations, New York and Geneva.

UNECE（2010）, *Manual on Victimisation Surveys*, United Nations, New York and Geneva.

United Nations（2014）, *Fundamental Principles of Official Statistics*, A/RES/68/261, United Nations, New York and Geneva.

United Nations Statistical Division（1986）, *National Household Survey Capability Programme, Sampling Frames and Sample Designs for Integrated Survey Programmes. Preliminary version*, United Nations, New York.

United Nations Statistical Division（1984）, *Handbook of Household Surveys*, United Nations, New York.

Uslaner, E.（2008）, "Trust as a moral value", D. Castiglione, J. Van Deth and G. Wolleb（eds.）, *The Handbook of Social Capital*, Oxford University Press, Oxford, pp. 101-121.

Uslaner, E.（2002）, *The Moral Foundations of Trust*, Cambridge University Press.

WHO（2012）, *World Health Survey Instruments and Related Documents*, World Health Organisation, Geneva.

第5章

信頼データの公表と分析

　本章は、信頼データを集めた後、それをどのように扱うべきかということについてのデータ生産者、マスコミ、研究者向けのガイダンスである。本章では、信頼データを様々な利用者に向けて公表する計画について論じ、様々な公表スタイルの実例を収録している。ミクロデータの結果の解釈と分析、その課題についての助言を収録している。

第1節　はじめに

　第2章から第4章まで、データの妥当性と測定、そしてデータ収集の計画について論じてきた。本章では、信頼データを収集した後でどのように利用すべきかを考察する。つまり、信頼データを公表するときの最良慣行は何か、データを検証するときに注意すべき解釈上の主な問題は何か、どのような基本的な分析テクニックを採用すべきか、または採用すべきではないか、ということである。

　本章は3つの節で構成されている。第2節では、はじめに信頼データの報告について論じ、統計の異なる種類の最終利用者に焦点を当てている。最終利用者のニーズと能力に、国立統計局は注意を払わなければならない。本節は、異なる利用者それぞれに最も適した情報の種類と深さに焦点を当てるとともに、最良慣行がわかりやすくなるように、国立統計局とその他のデータ生産者がどのようにその結果を公表しているかという事例を収録している。

　それに続いて、信頼データの解釈と分析について考察する。第3節では、観察を複数回行う場合（例えば、人口グループ間、国家間、時系列など）の信頼度の変化をどのように評価するか、そして差異の「大小」をどのように判断するかを論じている。

　第4節では、信頼データの実証分析——信頼を他の成果の要因（例えば、経済成長、主観的幸福、健康的な行動など）と見なすこと、及びそれ自体を有益な成果と見なし、その要因（例えば、社会人口的要因、人生経験、政府に関わる経験など）を特定すること——について論じている。いくつかの場合に適している基本的な分析法についても論じている。

　第2節はデータの報告についてで、国立統計局のような大規模データの生産者に資する統計アナリストの直接的関心が最も高いものである。それは、様々な種類の利用者のために報告する可能性が高い種類の結果データと分析に関わ

第5章　信頼データの公表と分析

るものだからである。第3節は解釈、第4節は分析についてだが、これらは信頼に関心を持つより幅広い研究者、政策当局に関連性が高い。

　一般的に、本章のメッセージは、他者と制度・組織の信頼を測る場合に等しく該当する。したがって、特に注記がない限り、本章で用いられる信頼という言葉は、他者への信頼と制度・組織への信頼の双方を指す。

第2節　信頼データの報告

　理想的なのは、国立統計局が大規模な代表標本から良質な信頼データを定期的に集めて公表することである。他の成果尺度（outcome measures）と同様、信頼データの主な利用者は政策当局、公共サービスの提供者、市民団体、研究者、その他一般市民で、いずれもいつどこで社会の条件が改善または悪化しているのか、あるいはしていないのかということに関心を持っている。彼らがそもそも持っている知識と数的理解力が等質ではないことを踏まえて、データ生産者は、その公表データが専門家だけでなく一般の人々にも何らかの意味のあるものになるようにすべきである（New Economics Foundation, 2009）。

　したがって、国立統計局の統計アナリストには重要なコミュニケーションの役割がある。彼らには、こうした多様な利用者に最適な方法で、統計情報を公表する責任があるからである。統計の公表時の文書は、様々な層（layers）またはページに分かれていると考えることができる（表5.1参照）。「第1ページ（front page）」では、政策当局だけでなく一般の利用者に主にデータの全体像を簡潔に提示する。この部分は、戦略的に伝達する目的で、また専門知識を持たない人々に過剰な情報を与えないようにするために、簡潔かつ正確に注目すべき1つの尺度、または多くても少数の主要尺度のレベルのみを報告すべきである。本ガイドラインが推奨している原型となる質問群に基づく中核的信頼尺度（附録B参照）は、このような最初の部分に掲載することが望ましい。統計局のスタッフは、さらに報道機関のために簡潔なコメントをつけ、信頼の測定

255

の重要性と有用性を強調し、どのような指標が用いられているか、どのような質問を元にしているか、どのような閾値が報告すべきものとして選ばれているか、そしてサンプルサイズ、回答率などを明らかにするべきである。このようなコメントの重要性は、どんなに誇張してもしすぎるということはない。統計の公表についてマスコミで取り上げられる可能性が大いに高まり、報道機関が統計アナリストのコメントを直接取り上げれば、データの重要な特徴が正確に報道される。これは、極めて重要なことである。なぜなら、一般の人々も政策当局も統計局の公表そのものを読むことはあまりなく、新聞記事やソーシャルメディアの投稿などを含む、マスコミの様々な報道に頼ることが多いからである。

表5.1　信頼データの統計を公表する際の推奨される構成

	目的	対象となる利用者	特定の内容	一般的な内容
第1ページ	現在の信頼の水準について簡潔かつ正確な概要を収録	●簡潔な全体像に関心を持つ政策当局〜一般の人々 ●ほとんどの報道機関	●注目すべき尺度の水準 ●報道機関向けコメント	どの部分にも、質問の文言、回答の尺度、サンプルサイズ、閾値についての説明を掲載すべきである。
第2ページ	より詳細な情報を収録（例えば、時系列の傾向、様々な人口グループ間の分布など）	●政府のアナリスト ●信頼データのより詳細な分析に関心がある報道機関	●追加的な信頼尺度の水準 ●社会経済的グループ別の内訳（標準偏差を含む） ●信頼尺度の過去の水準	
第3ページ	ミクロデータの利用促進	●さらに詳細な分析を行う研究者とアナリスト	●ミクロデータセット ●質問票	

StatLink：http://dx.doi.org/10.1787/888933584241

　統計の公表資料の「第2ページ」「第3ページ」では、より詳細な信頼データを収録する。第2部は通常、信頼データを特異な「拙速な（quick and dirty）」指標としてではなく、詳細に分析しようとする政策アナリスト、ジャーナリスト、研究者を対象としている。この分析は、信頼の傾向とその分布、つまり信頼が時間とともにどのように変化しているか、また信頼度にグループ間で違いがあるか（異なる人口グループ間から一国内及び国際的な地域間まで）ということを見る場合がある。したがってこの第2ページでは、第1ペー

ジの内容を拡張して、中核的な注目すべき尺度以外の関連のある信頼項目を報告している（附録Bの質問群B〜Fの原型となる質問）。データは異なる人口グループごと（例えば、年齢、性別、雇用状態、所得水準、婚姻状態、居住地、その他各国の環境に関わる要因などの区別）にさらに分類され、サンプルサイズ、標準偏差、実施されたグループの違いに関わる重要なテストの結果などとともに示すこともできる。可能であれば、過去に入手された信頼データも比較ができるように収録されるべきである。質問の文言、回答尺度、または調査枠組みが時間とともに変化した場合、そのことを明示すべきである。

データ公表資料の第3ページは、信頼データをさらに詳しく分析したい研究者と政策アナリスト向けのものである。信頼のミクロデータ（ミクロデータは常に公開することが望ましい）をどこでどのように利用できるかという説明に加えて、この部分ではデータセットの全体的な解説と質問票全体を収録するので、研究者は信頼項目が収録された調査全体のどこに置かれたかを評価し、他の関連する変数の接合分布（joint distributions）を考慮することができる。

一般に利用者は、公表資料の第1ページに載っている最新の信頼水準の報告の仕方と、第2ページで論じられるより詳細な傾向の報告の仕方とにある程度の一貫性があると、その公表資料が理解しやすいと感じるものである。実際の信頼データの様々な公表方法、視覚化については、表5.1に詳細に示している。

2.1　統計公表資料の第1ページ ——信頼の水準の報告

信頼尺度の水準は、本来、関心の対象となる母集団の信頼の量が高いか低いかという質問に答えることで得られる。その水準を報告するためのアプローチは3つある。1つ目は、回答の頻度をカテゴリー別に述べること、つまり各回答尺度の各回答カテゴリーを選択した人の割合を明らかにする方法である。その他2つのアプローチは、提示の仕方を容易にするという目的でデータを要約する。これは、1つ以上の閾値について行うことができる（例えば、ある閾値の上または下になった人の割合）か、または中心傾向の尺度を用いて行うことができる（例えば、平均値、中央値、最頻値）[1]。

257

次節では、これら3つのアプローチのメリット、デメリットを概観し、併せて国立統計局またはその他のデータ生産者による関連統計公表の事例を図を用いて解説している。データ生産者は、信頼尺度にとってどのような公表方法がより有益かという一般的なアドバイスとしてこのアプローチを参考にすることができるが、どの公表方法を最終的に選ぶべきかは、目下の公表の目的に左右されるだろう。

結果を各カテゴリーの頻度別に報告する

　一見すると、各回答カテゴリーを選んだ回答者の割合を提示するというのは、メリットがありそうである。どのカテゴリーも結合されておらず、分布全体を把握できるため、失われる情報はなく、データ生産者がデータをどのように分解し提示するかを（恣意的に）決めなくて済む。それでも、この種の提示方法が信頼データに適していないとする正当な理由がある。カテゴリーの数が制限されていない限り、各尺度について回答の分布をすべて提示するのは情報量が多すぎる可能性がある。専門知識がない利用者は、データが語るストーリーについての何らかの指針がないと、そのような分布を直接比較したり評価したりすることができない。さらに、このアプローチは二値による信頼尺度（信頼する、または信頼しないという答えの割合を報告することは、各回答カテゴリーの割合を報告することに等しい）については合理的に機能するが、本ガイドラインの第3章で述べているように、信頼尺度については、0から10の尺度の方が二値尺度よりも望ましい。0から10の回答尺度は相対的に長いので、尺度上の11ポイントそれぞれを選んだ回答者の割合を示すことは、望ましいとは言えない。

閾値を上回った、あるいは下回った割合で結果を報告する

　1つまたは一連の閾値を上回った、または下回った回答の割合を報告することは、数多い尺度の選択肢を管理し、データの背後にあるストーリーを回答者が理解できるようにするという問題を解決する1つの方法である。例えば、あ

第5章　信頼データの公表と分析

るカットオフ値を上回った、または下回った回答者のパーセンテージで回答を報告することもできるし、カテゴリーを「高」「中」「低」に分けて報告することもできる。図5.1と図5.2は、このアプローチの例である。

　図5.1は、2012年から2014年に公共サービスを信頼していると答えたニュージーランドの人の割合を、性別に示している。この場合の信頼度の閾値は、「総じて、あなたは公共サービスをどの程度信頼していますか」という質問に対する5段階の回答尺度の「4以上」である（1は「全く信頼していない」、5は「完全に信頼している」）。図5.2は、データを複数の閾値に基づくカテゴリーに分解した例である。データ（ヨーテボリ大学の独立調査機関であるSOM研究所所出）は、「あなたは一般的に人をどの程度信頼できると考えますか」という質問に対する回答で、回答尺度は0（「信頼できない」）から10（「信頼できる」）となっている。SOMの研究者は0〜3のカテゴリーを選択した回答者を一般的に人に対する信頼が「低い」、4〜6を選択した回答者を信頼が「中程度」、7〜10を選択した回答者を信頼度が「高い」とコード化した。附録Bに掲載されている質問群について提唱されている出力では、0〜10の尺度で閾値4を「下回る」回答の割合を報告する可能性も挙げており、したがって、他者または制度・組織を信頼しない人口の方に注目している。

　どちらの数値も閾値に基づく尺度のメリットが顕著である。この閾値はアンカーと解釈の基準座標となっており、したがって結果の理解を容易にしてくれる。しかし、閾値に基づく尺度も完璧とは言えない。本質的に、どのような集約尺度もデータの分布に関する情報を与えてくれないため、誤解を招く可能性がある。カテゴリーをつぶすことで、データの豊富さが部分的に失われることになり、閾値のすぐ下にいる人々を閾値の上に移動させることに政策的焦点が狭まってしまう可能性がある。これが特に問題となるのは、回答尺度の上端に閾値が1つだけあるという場合である（例えば、図5.1）。特に政策当局にとっては、信頼の範囲の両端に位置する人がいることを認識することが重要と考えられるからである。さらに、閾値に基づいて推計値を報告すると、2つの非常に類似した分布の差が閾値の上または下にあるという違いだけなのに、その差

259

図5.1 公共サービスへの信頼度（男女別）（ニュージーランド）

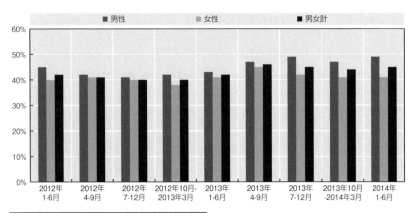

StatLink : http://dx.doi.org/10.1787/888933583880

注：「総じて、あなたは公共サービスをどの程度信頼していますか」という質問に対する回答の選択肢は、1（「全く信頼していない」）から5（「完全に信頼している」）までとなっている。データは、5つの選択肢のうち4と5を選択した回答者の割合を示している。
出典：New Zealand State Services Commission（2014）, Kiwis Count Survey（database）, www.ssc.govt.nz/kiwis-count-datasets.

図5.2 他者への信頼度の推移（スウェーデン）、1996～2015年

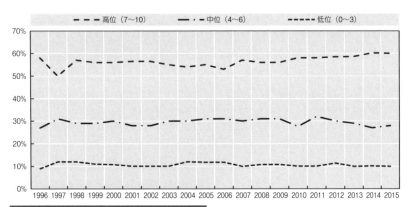

StatLink : http://dx.doi.org/10.1787/888933583899

注：「あなたは一般的に人をどの程度信頼できると考えますか」という質問に対する回答の選択肢は、0（「一般的に人を信頼することはできない」）から10（「一般的に人を信頼することができる」）までとなっている。
出典：SOM Institute（2015）, The National SOM Survey（database）, http://som.gu.se/som_institute/-surveys/national-som.

第5章 信頼データの公表と分析

図5.3 他者への信頼度（年齢層別）（ニュージーランド）、2014年

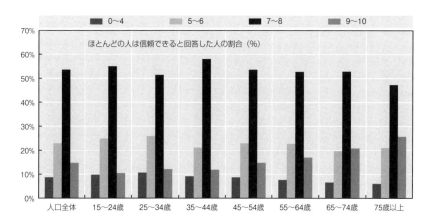

StatLink：http://dx.doi.org/10.1787/888933583918
注：「一般的に言って、あなたはニュージーランドのほとんどの人をどのくらい信頼していますか」という質問に対する回答で、0が「全く信頼していない」、10が「完全に信頼している」という尺度に基づいている。
出典：Stats New Zealand (2014), New Zealand General Social Survey (database), www.stats.govt.nz/nzgss 2014.

を非常に大きいと見なしてしまう恐れがあるし、またその逆も起こりうる（OECD, 2013）。最後に、閾値に基づく尺度を用いると、それらのカテゴリーが実際に何を意味するかという十分な証拠がなく、それを実社会の妥当性でテストすることもないまま、個人を高い、中程度、低いというカテゴリーに無作為に分類してしまう恐れがある。

回答尺度を分割することで尺度の長さを管理することと、恣意的で誤解を招きかねないカテゴリーを使わないこととの妥協点の1つは、カテゴリーに高いまたは低いというラベルをつけず、尺度上に例えば「0～4」や「5～6」といった中立的なラベルをつけることである（例えば、図5.3）。しかし、このアプローチでも、どのような基準がまとめるべき尺度幅の選択を決めるのかが明らかではない。総じて、適切な閾値の設定に関連する課題がある場合、統計アナリストはこの種の集約尺度を無批判に採用しないほうがよい。少なくとも、閾値の選択に関する情報は常にそのデータと併せて公表すべきである。

図5.4 他者への信頼度（欧州諸国）、2013年

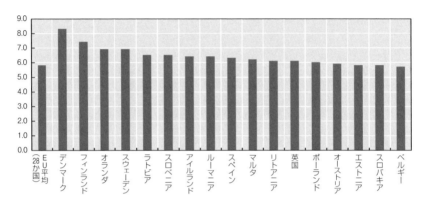

StatLink : http://dx.doi.org/10.1787/888933583937

注：「ほとんどの人は信頼できる、という人もあれば、他人と交流するときはできるだけ気をつけた方が良いという人もいます。あなたはほとんどの人は信頼できると思いますか」という質問に対する回答の選択肢は、0（「誰のことも信頼しない」）から10（「ほとんどの人は信頼できる」）までとなっている。OECD EU平均は、この図に含まれる値の人口による加重平均である。

出典：欧州連合統計局（Eurostat）2015年欧州所得生活状況調査（EU-SILC）データベース（http://appsso.eurostat.ec.europa.eu/nui/show.do?dataset=ilc_pw03&lang=en）。

図5.5 公的制度・組織に対する信頼（欧州諸国）、2013年

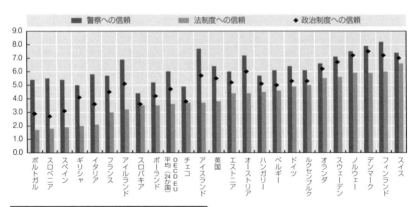

StatLink : http://dx.doi.org/10.1787/888933583956

注：「あなたは次の制度・組織をどのくらい信頼していますか：［国名］の政治制度／［国名］の法制度／［国名］の警察」という質問に対する回答の選択肢は、0（「全く信頼していない」）から10（「完全に信頼できる」）までとなっている。OECD EU平均は、この図に含まれる値の人口による加重平均である。

出典：欧州連合統計局（Eurostat）2015年欧州所得生活状況調査（EU-SILC）データベース（http://appsso.eurostat.ec.europa.eu/nui/show.do?dataset=ilc_pw03&lang=en）。

第5章　信頼データの公表と分析

中心傾向尺度によって結果を報告する

　信頼の水準を公表する3つ目のアプローチは、分布の中心傾向を1つの理解しやすい数値で要約することである。中央値と最頻値は、尺度カテゴリーの数が限られているため時系列の変化やグループ間の差に敏感ではない可能性があるものの、平均値はそれより有益な要約統計量である。図5.4は、EU-SILCの一般的信頼についての質問に対する回答の平均値（回答尺度は0〜10）、図5.5は同じ調査の公的機関に対する信頼に関する質問への回答の平均値である。また、図5.5は制度・組織への信頼に関するデータを報告する際のもう1つの優良慣行に注目している。つまり、様々な制度・組織（ここでは、政治制度、警察、法制度）についての結果を要約指標にまとめるのではなく別々に提示している。平均値は、他の全ての中心傾向の尺度と同様に、単一の数値で構成されておりデータ公表資料の中であまり場所を取らないので、1つの図または表の中で複数の異なる制度・組織の比較をする余地を残してくれる。

　もちろん、平均値には欠点もある。特に、実際にはデータが順序データであるにもかかわらず、それを基数として扱う必要があるということである[2]。しかし、いくつかの研究によると、それがバイアスのかかった結果に導くことは一般的にはない（Diener and Tov, 2012）。しかしそれより重大なことは、外れ値が平均値に強く影響する可能性があるということと、平均値はそのデータの根底にある分布についての情報を与えてくれないということである。したがって、平均値はデータの分布についての情報で補完されるべきである。その選択肢の1つが標準偏差だが、これはかなり抽象的で、専門知識のない利用者に説明するのは容易ではない。したがって、四分位範囲など、ばらつきを表す他の尺度を、公表の対象となる人々の統計リテラシーに応じて、代用として見なすことができる。

2.2　統計公表資料の第2ページ ── 時系列の変化とグループ間の差を報告する

　統計公表資料の第2ページに掲載する信頼データの報告には、時系列の変化と社会グループ間または国家間の差という2つの要素が一般に含まれるべきで

263

図5.6　政府に対する信頼の推移（米国）、1958〜2015年

StatLink : http://dx.doi.org/10.1787/888933583975

出典：Pew Research Center（2016），*Beyond Distrust: How Americans View their Government*, www.peoplepress.org/2015/ 11/23/1-trust-in-government-1958-2015.

ある。これらの要素はいずれもある国の注目される信頼尺度に何らかの「外的な基準点（external reference point）」を提供するために不可欠である。それを発展のレベルが同程度の他の国々の信頼スコアとどのように比較するするのか。社会に属するすべてのグループが同程度のスコアなのか、またはグループ間に大きな差異があるのか。より包括的な信頼尺度の報告では、こうした質問の全てに答えることが望ましい。

実際、これらの質問はいずれも国家統計の基本使命を示している。政策当局、市民社会、研究者が信頼を高める方法やその喪失を防ぐ方法を理解したいならば、信頼尺度の両端にいるグループの性格をよく調査して、より良く理解する必要がある。国家統計を分解し（例えば、年齢別、性別、学歴別、居住地別、民族別、宗教別、職業別、社会経済的条件別、雇用状態別、健康状態別など）、あるグループの測定値を人口全体のそれと比較すると、その理解を深めることができる。時系列の変化の比較とグループ間の比較を行うことが、信頼の要因を調べることにもつながる可能性がある。

第5章　信頼データの公表と分析

図5.7　中央政府への信頼度とその変化（OECD諸国）、2007～14年

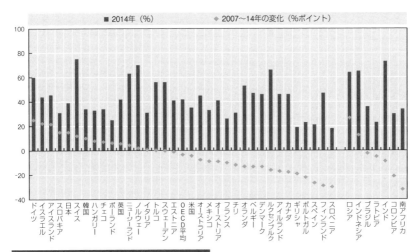

StatLink：http://dx.doi.org/10.1787/888933583994

注：データは、「あなたは中央政府を信頼していますか」という質問に「はい」と答えた人の割合である。2007～14年の%ポイントの変化が大きい順に並んでいる。チリ、ハンガリー、アイスランドのデータは2014年ではなく2013年のものである。イスラエルのデータについての情報：http://dx.doi.org/10.1787/888932315602

出典：2014年ギャラップ世論調査（Gallup World Poll, GWP）データベース（www.gallup.com/services/170945/world-poll.aspx）。

図5.8　他者に対する信頼（出生地域別）（カナダ）、2013年

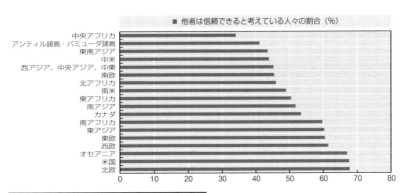

StatLink：http://dx.doi.org/10.1787/888933584013

出典：Statistics Canada（2013）, *Trends in Social Capital in Canada*, www.statcan.gc.ca/pub/89-652-x/89-652-x2015002-eng.htm。

表5.2 他者に対する信頼（人口グループ別）（カナダ）、2003年・2008年・2013年

ほとんどの人は信頼できると答えた人々[1]

	2003年	2008年	2013年
	割合（%）		
合計	55	48[†]	54[†]
男性（基準）	57	48[†]	55[†]
女性	54[*]	47[†]	52[*†]
年齢層			
15〜24歳	52[*]	47[†]	48[*†]
25〜34歳	51[*]	45[†]	52
35〜44歳（基準）	56	47[†]	53[†]
45〜54歳	61[*]	50[*†]	55[†]
55〜64歳	58	49[†]	57[*]
65〜74歳	53	47[†]	55
75歳以上	54	48[†]	54
地方			
ニューファンドランド／ラブラドル	64[*]	49[†]	56[†]
プリンスエドワードアイランド	69[*]	51[†]	63
ノバスコシア	62	53[†]	59
ニューブランズウィック	56[*]	47[†]	51[*†]
ケベック	35[*]	32[*†]	36[*]
オンタリオ（基準）	60	51[†]	57[†]
マニトバ	64[*]	52[†]	58[†]
サスカチュワン	67[*]	54[†]	60[†]
アルベルタ	63[*]	55[*†]	60[*]
ブリティッシュコロンビア	65[*]	57[*†]	63

StatLink：http://dx.doi.org/10.1787/888933584260

1.「一般的に言って、ほとんどの人は信頼できると思いますか、それとも人には十分注意する必要があると思いますか」。
† 2003年からの変化が非常に大きい（$p < 0.05$）。
* 基準のカテゴリーとの差が非常に大きい（$p < 0.05$）。
出典：Statistics Canada（2013）, *Trends in Social Capital in Canada*, www.statcan.gc.ca/pub/89-652-x/89-652-x2015002- eng.htm.

　時系列の変化の尺度とグループ間の差の尺度を提示するには、中心傾向尺度を提示するのに用いられるのと同様の報告ツールが必要である。例えば、時間の経過とともに起こる変化は、時系列の信頼の平均値の変化を追うことで（図

第5章　信頼データの公表と分析

5.6)、または複数の異なる時点間の平均値の変化を計算することで（図5.7）、観察できる。

　グループ間の差は、こうした時系列の差をある閾値との比較で提示することで、または関心のあるいくつかのグループについて特定の回答を選んだ回答者の割合の変化を（絶対値または割合で）提示することで、調べることができる（図5.8）。表5.2は、統計的検定結果をどのように収録するかの一例である。

　対象となる利用者の関心によっては、信頼の他の変化（例えば、全体的な分布の変化、または異なる社会グループ間の変化率の差など）も追加で報告することができる。

　サンプルサイズと標準誤差の双方が複数の観測値を比較する際に必要なので、この情報はグループ平均と併せて報告すべきである（OECD, 2013）。この情報は、箱ひげ図またはエラーバーなどのグラフで提示すると理解しやすい。

第3節　信頼データの解釈

　本節では、公表後の信頼データをどのように解釈するかに焦点を当てている。この情報は、国立統計局のスタッフの他に、新しく公表されたデータから読み取れる主なメッセージと傾向を伝達することに関心を持つ専門家コミュニティ（マスコミ、シンクタンクなど）と、ミクロデータを直接扱う専門家とアナリストに関連する。信頼データのほとんどの分析は、通常、観測値の間の「差」を検証することに関わる。この種の分析に対する2つの根本的な疑問は、こうした差が実際に実社会で有意義なのかということと、このような差がどの程度測定技術や誤差によるものなのかということである。これらの問題については、後述する。

　本質的に、観測値間の差の有意性を評価するには、どのくらいの大きさの差が現れやすいか、またどのくらいの差を「大きい」、または「小さい」と分類できるのかを理解する必要がある。これらの評価は、例えば、他のグループ、

267

国または過去の時点の値との比較と本質的に関連する。このような相対比較をするために必要な前提条件は、全ての関連する比較点の入手可能性、つまり信頼尺度のデータ空間全体についての知識が入手可能だということである。

今のところ、信頼データ空間、その特性、その限界についての知識は不完全で、そのことが、本ガイドラインの「存在意義」の1つである。それでも、表5.3から表5.6は、信頼尺度の観測値の間の差について現在わかっていることをまとめようとした初の試みである。これらの表はそれぞれ他者に対する信頼と制度・組織に対する信頼（警察、司法制度、政府）の尺度についてで、それぞれが3種類の尺度（0〜10の尺度、0〜10の尺度について7以上を閾値とする尺度、二値尺度）の差の大きさを、2つの比較の基準（クロスセクションデータまたは観測値間と、時系列または観測値内）にわたって詳細に収録している。

クロスセクションデータの比較では、差はさらにグループ間（社会経済的及び人口的区別に共通して用いられる年齢層、学歴、就業状態が例として選ばれた）の差と国家間の差に分解されている。その差の大きさは、各サンプル平均との比較で提示されている。例えば、表5.3の0〜10の尺度の行の最初のセルは、2013年のEU-SILCの0〜10の尺度上の平均スコアと比べて、16〜24歳の回答者が他者への信頼のレベルを0.2尺度ポイント高く報告していることを示している。同じ列の閾値尺度の行は、2015年の英国ONSの世論調査の全サンプルのパーセンテージと比較して、16〜44歳の回答者で他者への信頼を7以上と答えた人の割合が16.7％少なかったことを示している（ONS, 2016）。国家間の差の列では、それぞれのサンプル平均からの差の範囲を示している。例えば、0〜10の信頼尺度の場合、他者への信頼が最も低かった国（ブルガリア）のスコアは、EU-SILC（2013年）のサンプル平均を1.6ポイント下回っており、最も高かった国（デンマーク）のそれは、サンプル平均を2.5ポイント上回っているということで、その結果、全体の範囲は4.1ポイントになる。

時系列の変化について、データが入手できる場合には、これらの表では個人に起こる差と国内で起こる差を様々な時間幅について収録している。例えば、表5.3では、英国家計パネル調査の1998〜2008年の長期データは、他者への信

表5.3　他者への信頼尺度の大きさ

0～10の尺度

	クロスセクション						時系列	
	人口グループ間の差 平均スコア間の差（人口グループ－全サンプル）	出典	国家間の差（各国－全サンプル） 平均スコア間の差	出典	個人の差 平均スコア間の差	出典	各国内の差 平均スコアの差	出典
年齢別	16～24歳：0.2 25～49歳：0 50歳以上：0.06	EU-SILC (2013)		EU-SILC (2013)	該当なし	該当なし	2004-06　最小値：0.02（スイス）／サンプル平均：0.2／最大値：－0.56（アイルランド）	欧州社会調査
就業状態別	就業中：0.1 失業中：－0.5		分布の最低値：－1.6（ブルガリア） 分布の最高値：2.5（デンマーク）				2004-10　最小値：－0.012（フィンランド）／サンプル平均：0.25／最大値：0.78（ポーランド）	
学歴別	高等教育修了：0.5 後期中等教育修了：－0.1 前期中等教育修了：－0.2						2004-14　最小値：－0.01（ノルウェー）／サンプル平均：0.23／最大値：－0.75（アイルランド）	

調整尺度：0～10の尺度

	クロスセクション						時系列	
	人口グループ間の差 7～10を選んだ回答者の割合（%）の差（人口グループ－全サンプル）	出典	国家間の差（各国－全サンプル） 7～10を選んだ回答者の割合（%）の差（国－全サンプル）	出典	個人の差 7～10の尺度カテゴリーから分の尺度に回答を変えた回答者の割合（%）	出典	各国内の差 7～10を選んだ回答者の割合（%）	出典
年齢別	16～44歳：－16.7% 45歳以上：6.5%	ONS世論調査 (2015)		欧州社会調査 (2014)	該当なし	該当なし	2004-06　最小値：－0.05%（ウクライナ）／サンプル平均：3.47%／最大値：－10.65%（アイルランド）	欧州社会調査
就業状態別	就業中：3.6% 失業中：－0.7%		分布の最低値：－21.2%（ポーランド） 分布の最高値：31.7%（デンマーク）				2004-10　最小値：－0.07%（スペイン）／サンプル平均：4%／最大値：－13.54%（アイルランド）	
学歴別	学士号取得者（同等含）：12.1% 学士号未満：1.5% 学位なし：－4.6%						2004-14　最小値：－0.22%（ノルウェー）／サンプル平均：3.71%／最大値：－11.86%（アイルランド）	

調整尺度：二値尺度

	クロスセクション						時系列	
	人口グループ間の差 「信頼している」を選んだ回答者の割合（%）の差（人口グループ－全サンプル）	出典	国家間の差（各国－全サンプル） 「信頼している」を選んだ回答者の割合（%）の差（国－全サンプル）	出典	個人の差 二値カテゴリーで回答を変更した回答者の割合（%）	出典	各国内の差 「信頼している」を選んだ回答者の割合（%）の差	出典
年齢別	16～44歳：－0.3% 45歳以上：0.2%	ONS世論調査 (2015)		世界価値観調査（第6ウェーブ 2010-14年）	1998-2000　23.69% 2003-05　24.07% 2007-08　22.77% 1998-2006　52.59%	世界価値観調査 1998-2000 2003-05 2007-08 1998-2006	最小値：－0.29%（マレーシア）／サンプル平均：5.64%／最大値：22.94%（オランダ）	世界価値観調査 第5ウェーブ（2005-08年） 第6ウェーブ（2010-14年）
就業状態別	就業中：2.1% 失業中：－3.5%		分布の最低値：－21.1%（フィリピン） 分布の最高値：43.5%（オランダ）					
学歴別	学士号取得者（同等含）：19% 学士号未満：－3.7% 学位なし：－12.7%							

StatLink：http://dx.doi.org/10.1787/888933584279

出典：OECD事務局が算定。データ源：OECD信頼データベース。

表5.4 警察に対する信頼尺度の差異

		クロスセクション				時系列		
		人口グループ間の差 （人口グループー全サンプル）	出典	国家間の差 （各国ー全サンプル）	出典	各国内の差	平均スコアの差	出典
0～10の尺度		平均スコアの差（人口グループー全サンプル）						
	年齢別	16～24歳：-0.2 25～49歳：-0.3 50歳以上：0.17	EU-SILC (2013)	分布の最低値 -2.4（ブルガリア） 分布の最高値 2.2（フィンランド）	EU-SILC (2013)	2004-06	最小値 -0.007（フランス） サンプル平均：0.19 最大値 -0.69（ウクライナ）	欧州社会調査
	就業状態別	就業中：-0.03 失業中：-0.9				2004-10	最小値 0.07（ノルウェー） サンプル平均：0.36 最大値 -1.45（ギリシャ）	
	学歴別	高等教育修了：0.3 後期中等教育修了：-0.1 前期中等教育修了：-0.2				2004-14	最小値 -0.06（フィンランド） サンプル平均：0.43 最大値 1.52（チェコ）	
信頼尺度： 0～10の尺度		7～10を選んだ回答者の割合（%）の差 （人口グループー全サンプル）		7～10を選んだ回答者の割合（%）の差 （国ー全サンプル）			7～10を選んだ回答者の割合（%）	
	年齢別	該当なし		分布の最低値 -25.79%（ポーランド） 分布の最高値 26.38%（フィンランド）	欧州社会調査 (2014)	2004-06	最小値 -0.16%（英国） サンプル平均：3.19% 最大値 -8.22%（アイルランド）	欧州社会調査
	就業状態別	該当なし				2004-10	最小値 -0.09%（ハンガリー） サンプル平均：5.6% 最大値 -19.77%（ギリシャ）	
	学歴別	該当なし				2004-14	最小値 -0.65%（フィンランド） サンプル平均：7.53% 最大値 22.13%（チェコ）	
信頼尺度： 二者択一尺度		「信頼している」を選んだ回答者の割合（%） の差（人口グループー全サンプル）		「信頼している」を選んだ回答者の割合 （%）の差（国ー全サンプル）			「信頼している」を選んだ回答者の割合（%）の差	
	年齢別	該当なし		分布の最低値 -43.74%（ベネズエラ） 分布の最高値 28.26%（ニジェール）	ギャラップ世論調査 (2015)	2006-08	最小値 0%（カメルーン、日本、タンザニア、ラトビア、カタダ） サンプル平均：6.11% 最大値 25%（チャド）	ギャラップ世論調査
	就業状態別	該当なし				2006-12	最小値 0%（ベトナム、ハンガリー、ボリビア、ドイツ） サンプル平均：7.16% 最大値 32%（ネパール）	
	学歴別	該当なし				2006-15	最小値 0%（パラグアイ、セルビア、カナダ、コンゴ、ベルギー、シンガポール、ボリビア） サンプル平均：8.96% 最大値 29%（ネパール）	

StatLink : http://dx.doi.org/10.1787/888933584298

出典：OECD事務局算定。データ源：OECD信頼データベース。

第5章　信頼データの公表と分析

表5.5　司法制度に対する信頼尺度の差異

		クロスセクション				時系列	
		人口グループ間の差（人口グループ—全サンプル）平均スコアの差	出典	国家間の差（各国—全サンプル）平均スコアの差	出典	各国内の差　平均スコアの差	出典
0～10の尺度	年齢別	16～24歳：0.3 / 25～49歳：0.1 / 50歳以上：0	EU-SILC (2013)	分布の最低値：-1.9（スロベニア）/ 分布の最高値：2.9（デンマーク）	EU-SILC (2013)	2004-06　最小値：-0.019（ハンガリー）/ サンプル平均：0.28 / 最大値：-1.25（ウクライナ）	欧州社会調査
	就業状態別	就業中 0.17 / 失業中：-1				2004-10　最小値：0.01（フィンランド）/ サンプル平均：0.46 / 最大値：-1.63（ギリシャ）	
	学歴別	高等教育終了：0.7 / 後期中等教育修了：0.1 / 前期中等教育修了：-0.6				2004-14　最小値：0.08（アイルランド）/ サンプル平均：0.43 / 最大値：0.97（チェコ）	
閾値尺度：0～10尺度		7～10を選んだ回答者の割合（%）の差（人口グループ—全サンプル）	出典	7～10を選んだ回答者の割合（%）の差（国—全サンプル）	出典	7～10を選んだ回答者の割合（%）	出典
	年齢別	該当なし		分布の最低値：-29.53%（ポーランド）/ 分布の最高値：31.92%（デンマーク）	欧州社会調査 (2014)	2004-06　最小値：0.03%（ハンガリー）/ サンプル平均：3.31% / 最大値：-10.19%（ウクライナ）	欧州社会調査
	就業状態別	該当なし				2004-10　最小値：-0.64%（スロ）（キア）/ サンプル平均：6.09% / 最大値：-18.95%（ギリシャ）	
	学歴別	該当なし				2004-14　最小値：-0.07%（アイルランド）/ サンプル平均：6.9% / 最大値：16.36%（ノルウェー）	
閾値尺度：二値尺度		「信頼している」を選んだ回答者の割合（%）の差（人口グループ—全サンプル）	出典	「信頼している」を選んだ回答者の割合（%）の差（国—全サンプル）	出典	「信頼している」を選んだ回答者の割合（%）の差	出典
	年齢別	該当なし		分布の最低値：-44.17%（ウクライナ）/ 分布の最高値：37.83%（シンガポール）	ギャラップ世論調査 (2015)	2006-08　最小値：0%（キルギスタン, ウクライナ, 日本, メキシコ）/ サンプル平均：6.33% / 最大値：32%（ポーランド）	ギャラップ世論調査
	就業状態別	該当なし				2006-12　最小値：0%（カナダ, ザンビア, モンテネグロ, デンマーク, ギリシャ）/ サンプル平均：7.56% / 最大値：29%（ウガンダ）	
	学歴別	該当なし				2006-15　最小値：0%（グアテマラ）/ サンプル平均：9.68% / 最大値：-39%（キプロス）[3,4]	

StatLink : http://dx.doi.org/10.1787/888933584317

出典：OECD事務局推定。データ源：OECD信頼データベース。

表5.6 政府に対する信頼尺度の差異

		クロスセクション				時系列	
		人口グループ間の差	出典	**国家間の差**	出典	**各国内の差**	出典
0~10の尺度		平均スコアの差（人口グループ-全サンプル）		平均スコアの差（各国-全サンプル）		平均スコアの差	
	年齢別	16~24歳：0.5 / 25~49歳：-0.1 / 50歳以上：0.06	EU-SILC (2013)	分布の最低値 -1.8（ポルトガル）／分布の最高値 3.1（スイス）	EU-SILC (2013)	2004-06：最小値 -0.007（ドイツ）／サンプル平均：0.28（ウクライナ）／最大値 -1.44（ウクライナ）	欧州社会調査
	就業状態別	就業中 0.17 / 失業中 -1.1				2004-10：最小値 -0.05（ポルトガル）／サンプル平均：0.61（ギリシャ）／最大値 -2.29（ギリシャ）	
	学歴別	高等教育修了 0.7 / 後期中等教育修了 0.2 / 前期中等教育修了 -0.6				2004-14：最小値 -0.1（ベルギー）／サンプル平均：0.52（スロベニア）／最大値 -1.19（スロベニア）	
関連尺度：0~10の尺度		7~10を選んだ回答者の割合（%）の差（人口グループ-全サンプル）		7~10を選んだ回答者の割合（%）の差（国-全サンプル）		7~10を選んだ回答者の割合（%）	
	年齢別	該当なし		分布の最低値 -12.86%（スロバキア）／分布の最高値 13.35（ノルウェー）	欧州社会調査 (2014)	2004-06：最小値 0.19%（ハンガリー）／サンプル平均：1.8%／最大値 -7.31%（ウクライナ）	欧州社会調査
	就業状態別	該当なし				2004-10：最小値 -0.44%（フランス）／サンプル平均：4.88%／最大値 -10.87%（ギリシャ）	
	学歴別	該当なし				2004-14：最小値 0.59%（ベルギー）／サンプル平均：5.31%／最大値 14.99%（ノルウェー）	
関連尺度：二項尺度		「信頼している」を選んだ回答者の割合（%）の差（人口グループ-全サンプル）		「信頼している」を選んだ回答者の割合（%）の差（国-全サンプル）		「信頼している」を選んだ回答者の割合（%）の差	
	年齢別	該当なし		分布の最低値 -37.71%（ウクライナ）／分布の最高値 45.29%（シンガポール）	ギャラップ世論調査 (2015)	2006-08：最小値 0%（ペルー、シンガポール、フィリピン、トルコ、デンマーク）／サンプル平均：10.84%／最大値 39%（エクアドル）	ギャラップ世論調査
	就業状態別	該当なし				2006-12：最小値 0%（ベトナム、韓国、カザフスタン、イスラエル、パナマ）／サンプル平均：12.97%／最大値 52%（エクアドル）	
	学歴別	該当なし				2006-15：最小値 0%（日本、シンガポール）／サンプル平均：13.51%／最大値 -46%（キプロス）[5]	

StatLink : http://dx.doi.org/10.1787/888933584336

出典：OECD事務局算定。データ源：OECD信頼データベース。

頼の二値尺度で「信頼していない」と「信頼している」の間で回答を変更した回答者の割合を示している。一国内での差の場合、最小値、サンプル平均、最大値の差を様々な時点について示している。

　これらの表からは、信頼データ空間の現状が完成にはほど遠いということが明白である。データの欠如が特に顕著なのは、個人レベルのパネルデータである。他者への信頼に焦点を当てている表5.3のみは、結果を収録しているが、二値尺度のみである。さらに、全ての表の元になっているデータは、質において非常にばらつきがある。EU-SILCデータは公式の統計尺度だが、特に長期データに関しては、欧州社会調査、ギャラップ世論調査、世界価値観調査といった非公式調査に頼らなければならなかった。これらの調査では、しばしばサンプルサイズが小さく、質のコントロールの度合いに差があるという問題がある。国際比較ができるデータではなく各国のデータが用いられた場合もある（ONS世論調査と英国家計パネル調査）。さらに、これらの表はデータ空間を欧州の地理的境界の外まで大幅に拡張するということはないが、例外はギャラップ世論調査と世界価値観調査である。最後に、表に収録されている全ての尺度が同じ質問の文言で得られたわけではない。例えば、欧州社会調査では政府ではなく政治家に対する信頼を尋ねている。したがって、これらの表が比較の中で効果量（effect size）を把握しようとする人々にとっては有益な基準点になるものの、もっと良質で頻度の高いグローバルな信頼データが集められるまでは、確たる結論を引き出すべきではない。

　さらに、これらの表は信頼の平均の差に焦点を当てているが、あるグループ内や国家間、時系列の信頼の格差は今後考察すべき点である。信頼の推計値の標準誤差は、現在は調査されないことが多く、政策文書などでも報告されないが、標準誤差は信頼の現状について関連性のある情報を提供し、観測値の間の分布の差を明らかにすることができる。したがって、信頼の分布の差を明らかにする上で似たような方法を今後も繰り返すべきである。

　このような制約を念頭に置きつつも、いくつかの暫定的な傾向を見いだすことができる。

273

●全体的に、他者への信頼の差は、制度・組織への信頼の差よりも小さい傾向がある。例えば、2004〜14年の0〜10の尺度における信頼の測定値の一国内の平均値の差は、他者への信頼では0.23尺度ポイント、司法制度への信頼では0.46尺度ポイント、政府への信頼では0.52尺度ポイントである。

●社会グループ間でクロスセクションデータの差を調べると、就業状態別と学歴別のグループ間の差の方が、年齢別グループ間の差より大きい。

●個人レベルの他者への信頼は、少なくとも二値尺度では、時系列の方が同じ構成概念の集計尺度が示唆するよりもはるかに不安定である。英国家計パネル調査のデータは、個人レベルの信頼度が非常に不安定で、全サンプルの半数近くが1998〜2006年の観測期間に少なくとも1回は信頼度の回答を変更していることを示している[6]。

●どの尺度を選択するかで差が生じる。同じ時点であっても、0〜10の尺度、「7以上」の閾値尺度、二値尺度で常に同じ国が差の分布の上端及び下端になるわけではない。例えば、欧州社会調査の警察に対する信頼データで2004〜06年の観測期間に焦点を当てると、0〜10の尺度では差が最も小さいのはフランスで−0.007尺度ポイント、差が最も大きいのはウクライナで−0.69尺度ポイントである。それに対して、閾値尺度ではそれが英国とアイルランドで、それぞれ−0.16％、−8.22％と、閾値の範囲に収まる回答者の割合に差がある。

●あらゆる尺度と考察される信頼の種類においても、各国間の差は、一国内で時間の経過とともに起こる差よりも大きい。

●効果量（effect size）は、地理的範囲が西洋諸国以外に広がり対象となるサンプルが増えると、大きくなる傾向がある。これは、信頼データ空間と異なる文脈における信頼尺度の不安定さを完全に理解するためには、できるだけ多くの国々を考察対象とすべきだということを示唆している。

　結論として、信頼尺度において何が大きい差または小さい差かということは、考察される差の性質に左右されるということである。結果を解釈するときには、

第5章　信頼データの公表と分析

次節で述べる測定誤差の影響を含め、あらゆる潜在的要因を考慮に入れることが重要である。ここでの主なメッセージは、信頼のデータ空間全体に関する知識は、良質で頻度の高いデータが入手できるようになるまでは制約されるということである。そのため、現在のその欠陥が、効果量の大きさについて参照できる解釈と結論に大きな影響を与えている。

3.1　効果量へのその他の影響と文化の影響

複数の信頼尺度の間に大きな差があるのは、様々な要因に影響を受けている可能性がある。その中には、回答尺度が提起する制約、逆因果関係の問題、信頼の推計値に及ぶ「文化」の影響などがある。これらの要因について、その重大性の評価と併せて、以下で簡潔に述べる。

コラム 5.1　需要効果と質問の構成

複数のグループ間または時点間の差の他に、信頼項目には別の種類の差が考えられる。具体的には、他者への信頼が信頼される対象となるグループ（一般の人々、個人的に知っている人々、友人など）の種類に左右されるのか、また、異なる公的機関・制度（中央政府、様々なサービスを提供する公共機関、司法制度、地方政府）への信頼度には差があるのか、ということの評価にも関係者が関心を持っている場合がある。しかし、回答者が様々な構成の数多くの質問に対して回答しているときに、様々な信頼の対象に対して異なる評価をしても、その差を過剰に解釈しないように注意する必要がある。実際、需要効果（調査または実験の設計によって適切な行動とされているものがきっかけとなって起こる回答者の行動の変化）は、各項目ごとにわずかに異なる情報が求められているという仮定につながることがある。言い換えると、似ているだけでなく関連している構成概念について繰り返し尋ねられると、回答者は自分の回答を調整する可能性があり、それが様々な社会的グループまたは制度・組織への信頼の差の大きさに影響を与えるということである。調査設計は、異なる種類の人々と制度・組織が並べられる順序を含め、それが需要効果を引き起こしているか、そして何らかの調整が必

> 要かどうかを評価するために、常に見直しが必要である。例えば、附録Ｂの原型
> となる質問群で概要を述べているように、異なる制度・組織への信頼を評価する
> ことが重要である場合、質問の並び順は回答者ごとに無作為にすべきである。

　信頼項目の差の大きさに影響を与え得る実際問題の1つが、回答尺度の設計
である。回答尺度の特徴は、どのような回答が理論的に可能かということと、
回答の分布の仕方に影響する。信頼データは、回答カテゴリー数が限られてい
る有界尺度で収集されるため、信頼尺度の平均値は回答カテゴリーの上端を超
えることはない（例えば、所得などは尺度が非有界である）。しかしこの理論
的な制約があるものの、現状ではほとんどの国が尺度の最上部からはほど遠い
ところにいる。例えば、EU-SILC（2013年）のデータでは、他者への信頼に
ついてはデンマークのスコアが最も高い（10ポイント中8.3）が、サンプル全
体の平均値は5.8である。制度・組織への信頼の場合は、EU-SILC（2013年）
のデータのトップスコアは8ポイントを超えていない。世界全体の信頼尺度を
見てみると、いくつかの国々（例えば、シンガポール、カザフスタン、ベトナ
ム）ではギャラップ世論調査の回答者の81〜91％が二値尺度の質問で政府を
信頼していると答えている。しかし、このような結果には、サンプルサイズが
小さいことや政治情勢が回答者に及ぼす影響などが反映している可能性がある
（第3章で述べているように、このことは、健全な調査設計とモードによって
センシティブさという懸念を管理することの重要性を裏付けている）。総じて、
外れ値を除けば、各回答尺度が許す最大値に各国が達するまで、相当な「上昇
の余地（upwards space）」が残されているということである。

　信頼とその決定要因との間の相互因果関係の可能性も、観測される差の大き
さに影響を及ぼし、それを制限する可能性がある。双方向因果関係は、双方向
性のある2つの変数の間に相互的な因果関係がある場合に起きる。例えば、ボ
ランティア活動に参加すると他者への信頼が高まると述べる研究者もいれば、
他者への信頼の水準が高いとボランティア活動を行うと述べる研究者もいる

（Stolle, 1998; Uslaner, 2000）。双方向因果関係からは、問題となる変数とそれが影響する因果経路についての知識に基づいて、信頼度の変化を調べる際に適切な時間枠を選ぶことが重要であることがわかる。他者への信頼データの重大な変化を見抜くには、比較的長期の時間枠が必要だが、制度・組織への信頼尺度は比較的短い期間でも変動が大きい場合がある。例えば、チャンレイ（Chanley, 2002）によると、米国連邦政府に対する信頼度は2001年9月11日以降急激に高まったが、これはデートン（Deaton, 2012）が重大な国家的出来事を受けて起こる短期的な「認知バブル」と呼ぶ現象である。どのような出来事が信頼度に短期的影響や長期的影響を及ぼすのかを明らかにするには、更なる研究が必要である。例えば、欧州における制度・組織に対する信頼、特に政治家や政府に対する信頼度は、依然として金融危機前の水準に戻っていない。一般に、信頼についての時系列データは、恒常的な社会経済的変化によって生じる有意義な変化を明らかにするために、比較的長期間にわたって調査すべきである。

　回答者が主観的な質問をどのように理解し、処理し、それに答えるかということにおける文化的な差と、彼らがその際に依拠する基準枠も、信頼度の国際比較において差を生じさせる可能性がある。特に他者への信頼の場合、経済発展の度合いが同程度の国々の間で信頼度の平均水準が相当異なっていることは不可解に見える。図5.4は、EU加盟24か国の他者への信頼の平均分布を表している。各国の平均スコアは最低値の5（フランス）から最高値の8.3（デンマーク）の間にある。ドイツやフランスといったGDPの水準が比較的高い国々は分布の下端近くに位置している。実際、フランスの水準が（欧州諸国の中では）低いのは、他者への信頼だけではなく、主観的幸福度や市場への信頼といった他の自己申告尺度でも同様である。セニック（Senik, 2011）はこの「フランス人の不幸せの謎」を、独特の文化的要因とフランス人の精神的態度に起因すると述べている。

　文化的な回答の癖に関する実証と、尺度と質問内容の理解が回答者ごとに異なるというリスクを削減するために取り得る調査設計における方法論的ステップについては、第3章ですでに論じている。本節では、データが集められた後

で、文化的バイアスをどのように解釈し、扱うべきかということに焦点を当てている。続いて、信頼水準の平均に見られる各国間の差について考え得る要因に注目し、データの文化的バイアスを「修正する」方法を簡単に紹介している。しかしこのことは、そうした修正をそもそも行うべきかどうかという問題をも提起している。経済発展の度合いが同程度の国々の間に見られる信頼度の平均の差を「文化的バイアスに帰する前に、こうした差には複数の原因があるということ」に留意することが重要である。「文化的影響（cultural impact）」、つまり様々な文化の間にあるばらつきの純粋な原因と、「文化的バイアス（cultural bias）」、つまり測定技術によって生じる様々な文化の間の差とは、明確に区別することが有益である（Van de Vijver and Poortinga, 1997; Exton et al, 2015）。以下で論じる各国間のばらつきの原因と考えられるものは、すべて信頼データの国際比較の妥当性と、文化的バイアスの影響を抑えるために取るべきあらゆる行動に、異なる意味合いを持っている。

文化的影響の原因

　必ずしも「修正」する必要がない文化固有の差というものが存在する。例えば、信頼スコアの国際的なばらつきの原因には、経済的変数以外に、社会的、政治的文脈と居住者のその他の生活環境などがあり、それらがすべて信頼に影響を及ぼしうる。こうした要因は文化に関連するものもあれば、しないものもある。その中には、社会的関係、所得と民族的多様性という観点からの社会の等質性、宗教、失業、法の支配、犯罪、汚職、その他制度の種類と質などが含まれる（Alesina and Ferrara, 2000; Algan and Cahuc, 2013; Guiso et al., 2006; Stolle et al., 2008; Rothstein and Uslaner, 2005; Jordahl, 2007）。

　各国の特定のサンプルの社会人口的構成も、報告される信頼度の違いに現れる可能性がある。信頼は、回答者の年齢、性別、所得、学歴、就業状態、居住する共同体の性質などの個人の出自の特徴によって形成されるからである。例えば、他者への信頼及び制度・組織への信頼と学歴との間には、確かな関係がある（Stolle et al., 2008; Helliwell and Wang, 2010; Carl and Billari, 2014）。こ

第5章　信頼データの公表と分析

のことに対する理論的な理由には、教育——とそれによって得られる所得が増えること——で人々が権力を手にし、自分で選択し人生の目標を達成し期待に応えられるようになるという事実がある（Hudson, 2006）。学歴が高くなれば、公的制度・機関がどのように機能しているかということへの理解が深まることにもつながる[7]。さらに、財政的に豊かで高学歴の人ほど、社会に参加する機会とチャネル（例えば、ボランティア活動や政治参加）が増える傾向があり、結果的に様々な社会的つながりがより大きく、より多く発展し、維持されることになる（Helliwell and Putnam, 2007; OECD, 2015）[8]。失業も、他者及び制度・組織に対する個人の信頼の度合いに関係する社会経済的要因の1つで、失業者の信頼度はそうでない人々のそれと比べて低い（Chabanet, 2007; Bârgăoanu et al., 2015）。また、他者への信頼は、高齢になるほど上昇することもわかっている（Stolle et al., 2008; Putnam, 2000; Tokuda et al., 2008; Li and Fung, 2012; Clark and Eisenstein, 2013）。高齢になるほど他者への信頼度が高まる理由については諸説あるが、その1つは、年齢が上がるほど他者に報いたいという気持ちが強まり、したがって、他者を善良で信頼に足る人々だと信じているからだということである（Poulin and Haase, 2015）。一般的に、非常に重要なことは、複数の国々のサンプルを個別に調査して、その構成がどのような効果量を引き起こすかを理解することである。

　人々が他者または制度・組織をどの程度信頼できると感じているかも、国ごとに差があり得る。こうした感じ方の違いには、個人の準拠集団、過去の経験、出身国及び現在の居住国の歴史的なルーツ（これが集合的な基準枠を設定し得る）など、多くの特徴が影響する。「基準枠効果（frame-of-reference effects）」とは、回答者が自分の人生経験と、自分の比較対象集団の内外の他者の経験についての知識に基づいて調査質問に答える答え方における違いを指す（Sen, 2002; Ubel et al., 2005）。これらの経験が基準枠となり、それとの比較で、回答者自身の現在の環境や感情が評価される。基準枠は、客観的な生活環境と主観的な感情とのつながりに影響する評価スタイル（appraisal style）——例えば、ある個人が他者の行動に対して楽観的または悲観的感情を持つ度合い——に寄

279

与する可能性がある。基準枠は、単に人々が自分の感情をどのように報告するかではなく、実際に信頼の水準に差を生み出す。したがって、信頼尺度の妥当性そのものに疑問を呈するわけではない。主観的幸福度のような他の自己申告尺度の実証から、基準枠効果はグループ間及び国家間の差の大きさに影響を及ぼす可能性がある一方で、それらは生活環境の影響を見えなくするほど大きいわけではないことがわかる（OECD, 2013）。この各国間のばらつきの源は、文化的バイアスではなく文化的影響が反映していると考えられ、その影響を全体的な信頼尺度の予測的妥当性に（他者及び制度・組織に対する実生活の信頼行動との関係で）加えている可能性がある。

文化的バイアスの原因

　それに対して、「言語の違い（linguistic differences）」や「文化的な回答の癖（cultural response styles）」は、データに文化的バイアスを加え、全体的な妥当性と予測可能性を低下させる可能性がある。言語の違いは、信頼の構成概念が他の言語に完全には翻訳できない場合に大きな問題になる。例えば、英語の"trust"と"confidence"という言葉の概念的違いは、多くの言語には見られない。構成概念の翻訳可能性も、回答尺度が数字ではなく言葉で表記されている場合に、問題が大きくなりやすい（Veenhoven, 2008）。第3章で論じた文化的な回答の癖とは、尺度の利用におけるグループ間の差、または個人がその感情を「報告する仕方」における差のことである。例えば、「控えめ（modesty）」または穏当な回答をするバイアスは、個人の信頼感情にマイナス影響を与えないのに、自己申告の信頼度を押し下げるような影響を与える可能性がある。同様に、「極端な回答（extreme responding）」をする傾向（尺度の両端を選ぶ）または社会的により望ましい回答をする傾向は、実際に経験されている信頼度の実質的な違いではなく、文化的な表現方法の違いを表している可能性が高い。言語の違いも文化的な回答の癖も、調査設計を通じて（第3章）、または翻訳を通じて（第4章）、あるいはバイアスを修正するためのデータの「事後調整（ex post）」によって、根本から最小限に抑えるべきバイアス

第5章　信頼データの公表と分析

の要因である。

　文化的バイアスを調査し除去する方法には、客観的成果を反事実的条件として分析に用いる方法（ここでは、信頼の試験的尺度が将来的に有益になると考えられる）、国及び地域の特徴を制御するための固定効果モデル、複数の個人や文化が同じ調査質問を理解または基準設定するときに異なる方法で行う度合いを測る挿話などがある（OECD, 2013）。文化の効果を調べるためのもう1つの方法で、学者の間で支持を得つつあるのは、移民のデータの利用である。つまり、特定の同じアウトカムについて国内のネイティブと移民の回答者の回答の癖を比較するというものである（Senik, 2011; Exton et al., 2015）。

　しかし、これらのアプローチはいずれも、実質的な文化的影響と文化的バイアスとを納得がいくように区別できてはいない。既存の研究ではサンプルとなっている国の数が相対的に少ないことも、結果の幅広い推定が難しい原因である。つまり、文化的影響の予測される大きさについてすら、特に世界全体については、ほとんど何も言えないということである。大規模で国レベルの代表標本から信頼についてのさらに良質なデータを得られれば、各国間の平均の差のどの程度を文化的バイアスに帰することができるかを明らかにすることができるだろう。この情報は、データを調整するメリットが、各国間の全ての測定されない差（ある国の政策環境、社会的ネットワーク、幅広い様々な文化的差の影響を含む）が信頼評価の形成と維持の仕方に及ぼす影響を取り除いてしまうリスクを上回っているかを決定する一助となる。信頼の各国平均の修正に挿話と移民データを用いることの現実的な限界としては、そのデータの中の文化的影響を絶対値で数値化できないことも挙げられる。つまり文化的影響は常に標本内の他の国々との「相対値（relative）」だということである。もし、その目的が「文化の影響を受けない（culture-free）」推定値を提供するために各国レベルのデータを調整することであるならば、これは更なる問題を提起する。つまり、このような調整の基準として用いることができるのは、大規模で代表的な世界規模の標本だけだということになってしまうからである。こうした制約と実証の現状を踏まえて、本ガイドラインでは、各国の信頼データの文化的影

281

響を調整することを推奨していない。

第4節　信頼データの分析

　信頼の測定基準（trust metrics）の記述的紹介の先に進むことには、一般の
人々も政策当局も関心を持っているが、それにはいくつかの理由がある。第一
に、他者への信頼と制度・組織への信頼はそれ自体が有益な成果だからである。
特に社会的弱者の特定と国際的な基準設定を行うことが信頼度を観察する中心
的な目的である場合、何が信頼を生み出し、維持または崩壊させるのかをより
よく理解することで、各国間及びグループ間で観測される差の一部を説明する
ことができる。そして、信頼の要因を分析することで、適切な政策によって信
頼を高めることができる領域の特定と、信頼に意図せぬ影響を及ぼし得る様々
な政策を情報に基づいて評価することが可能になる。

　第2の理由は、信頼が経済成長や主観的幸福、健康状態、犯罪レベル、民主
的プロセスへの参加意思といった他の多数の関心が高い成果にも影響すること
である。そのため、信頼を向上させる方法をより良く理解し、信頼が人々の幸
福（well-being）を高める方法を明らかにすることが不可欠である。

　他者への信頼と制度・組織への信頼の双方が実際にどのように分析されてい
るかという例を個別に考察する前に、様々な分析方法について以下で論じる。
本節の最後に、信頼データを扱うときに生じ得る分析上の課題について、いく
つかの注意事項を掲載している。

4.1　データ要件と研究デザイン

　信頼の要因と影響をよりよく理解するには、信頼と因果関係がある変数、ま
たは信頼が因果効果をもたらす変数を特定し、こうした効果が現れるメカニズ
ムを検証するプロセスが必要である。

　信頼データに適用できる様々な基本的分析方法を紹介する前に、一般的なデ

282

第5章　信頼データの公表と分析

ータ要件についていくつか論評する必要がある。望ましいのは、信頼の調査が最終的な分析を念頭に置いた何らかのアイデアを持って設計されていて、標準的な人口変数及び制御変数、信頼の潜在的要因の尺度など、利用すべき幅広い共変量を含んでいることである。第4章では、信頼度の測定段階で信頼度とともにどのデータを集めるべきかを詳述している。要因の分析にはミクロレベルのデータを利用しなければならないため、国立統計局が集める信頼のデータセットは匿名にし、政府のアナリスト、研究者、政策論議や公的論議に情報提供する組織が利用できるよう公開することが望ましい。

　そのデータを取得したときの研究デザインの性質は、変数間の関係の因果について研究者が推論できる度合いを決定する主要因の1つである。社会調査における因果関係を構築するための「黄金律」は、いわゆる試験的デザイン（experimental design）、または無作為化比較試験（randomised control trials, RCTs）である。RCTは新薬の試験に用いられることでよく知られており、複数の個人を制御群（介入を受けない）と処置群（介入A、B、Cのように分かれて受ける）とに無作為に振り分ける方法である。そのため、介入の影響は制御群の結果と処置群のそれとを比較することでわかるようになっており、「反事実的」または「介入がなかったら処置群に何が起こったか」を証明できる。政策研究、特に信頼に関連する介入にRCTを用いることは稀で、費用もかかる。さらに、倫理的批判を受けることが多い（なぜ治療を一方のグループに受けさせないのかを正当化することが難しい場合）。また、小規模サンプルのRCTで得られた結果が、介入の規模が拡大した場合、または他の、あるいはより大きなサンプルに対して実施された場合にも維持されるかどうかが常に明確になるとは限らない。

　次善策は、準実験計画法（quasi-experimental study design）である。準実験予備／事後テスト計画法の1つの形態は回帰不連続デザインで、そこでは介入の因果効果は、あるカットオフまたは閾値を上回った場合または下回った場合に介入を行うよう設定することで引き出される。回帰不連続デザインは無作為化ができないときに適しているが、それでも介入そのものを研究者が制御で

283

きなければならない。準実験計画法のもう1つの形態は、「自然実験」である。これは、実験的に制御された条件下にある個人を自然に、または研究者の制御外にある要因によって決定するものだが、この決定プロセスは無作為に割り当てる場合とほぼ間違いなく類似している。しかし、自然実験は結論を出すのが難しく（偶然発生する場合が多いため）、多くの場合関心のある基準データが全て収集されるわけではなく、または行政情報源から得られるとも限らない。ある意味では、一国にのみ特に介入が行われ他の国には行われないといった国際比較が、自然実験の例に当たる。しかし、国際比較から因果関係を推論するのは、サンプルの性質とその他の関心のある変数の双方の観点から、各国間に様々な制御されない差があるため、一般的に非常に難しい。これは特に、（長期データではなく）クロスセクションデータに依存している場合に当てはまる。望ましいのは、研究者がパネルデータ（時系列に同じ人から繰り返しデータを集める長期調査）を扱うことである。それによって所与の決定要因の変化が、ある人が報告した信頼の変化から派生しているのかを調べることができるからである。データの質及び結果の一般化可能性は、パネルデータが国立統計局によって得られるもののような大規模な代表標本から得られる場合には、さらに拡大する。

　しかし、大規模で比較可能なパネルデータはほとんど入手できないので、信頼の影響と要因に関するほとんどの研究は、クロスセクションデータセットに依存せざるを得ない。厳密には、そのような分析は因果関係ではなく共変量の特定に関わる。それでも、直接の因果推論がクロスセクションデータから得られない場合でも、他の情報源からの因果関係の向きに関する実証を得ることができれば、その結果の解釈を補強することができる。

4.2　分析方法

　リサーチクエスチョンの性質とは別に、信頼の分析にどの方法が最も適しているかということは、収集されるデータの種類と収集方法に大きく左右される。2つの変数間の関係または関連性の強さを調べる最も単純な検定は、二変量相

第5章 信頼データの公表と分析

関である。ピアソンの積率相関係数は、データが正規分布と仮定され、それらの関係が線形と予測される場合に計算できる。スピアマンの順位相関係数とその他のノンパラメトリックな検定は、順序データで非線形関係にある場合に有益である。偏相関は、2つの変数間の関係を他の変数の効果を取り除いて調べることができる。相関は、2つの変数の間に関係がある可能性を示しているが、それはその間に因果関係があるという意味ではない。

クロスセクション調査、国際調査、パネル調査で信頼の影響と要因を総合的に研究する場合、回帰分析が広く採用されている。回帰は相関に基づく統計手法で、一連の説明変数または「独立変数」が、ある「従属変数」、つまりここでは選ばれた信頼尺度をいかによく予測できるかを調べるものである。回帰は複数の独立変数の影響を1つのモデルで同時に評価でき、説明変数が互いに相関する場合にも用いることができる。しかし、「最良の」回帰の解は（個々の独立変数に対して説明される分散という観点から）個々の独立変数が結果の変数と強い相関を示しているがそれがモデルに含まれているか否かにかかわらず他の変数とは相関がないときに得られる。年齢と信頼とのU型の関係のように曲線関係が予測される場合、回帰モデルで二乗値が用いられることが多い。所得については多くの結果変数との関係が漸近となると予測されており、値は対数に変換されることが多い。

独立変数の性質に応じて、様々な回帰モデルが利用できる。線形回帰モデルは連続的変量の場合に推奨されるのに対して、順序データで二値尺度の結果データは通常プロビットモデルまたはロジットモデルで分析される。信頼尺度は連続的ではないため、信頼が関心のある結果である場合、プロビットモデルまたはロジットモデルが最も適した分析方法である。しかし、線形回帰モデルの結果は一般的に比較的解釈しやすく、多くの場合、線形回帰とプロビット／ロジットモデルに基づく推計値にほとんど差がない（Diener and Tou, 2012）。したがって、信頼データを扱うときにはこの2つの分析方法で行うこと、そして結果に違いがない場合には線形回帰の推定を報告することが推奨される。

ここでは詳しく論じないが、もっと進んだ分析方法としては、ミクロレベル

285

とマクロレベル双方の情報を結び付けることができるマルチレベル構造方程式モデル（multilevel structural equation modelling）、処置を受けると予測される共変量を考慮に入れることで介入の影響を推定する傾向スコアモデル（propensity score model）などがある

その結果の有意性を評価する方法

変数間の関連性は、その相関係数（ここではrで表す）を検証することで分析できる。相関係数は－1から＋1の範囲で表し、－1は完全にマイナスの線形連関を、＋1は完全にプラスの線形連関を意味している。係数の二乗（またはr^2）は、ある変数の変動が他の変数の変動に関わる割合を表す。したがって、$r^2 = 0.36$（$r = 0.60$）ならば、従属変数の分散の36％が独立変数の分散によって説明される。ある相関係数の統計的有意性は、2つの変数の間に有意な関係が実際に存在しないときに、その係数が偶然に標本の中に見いだされる尤度（もっともらしさ）を表す。

回帰分析では、独立変数の分散によって説明される従属変数の分散の割合という観点から（「多重相関係数」またはR^2値）、観測されたデータの総合的なモデルの「適合」が論じられている。統計的有意性は、総合的なモデルが従属変数の偶然の予測よりも高い予測を提供しているかを明らかにするために用いられる。各独立変数が従属変数の予測にどの程度寄与するかをさらによく理解するためには、独立変数の回帰係数を調べる。線形回帰では、各独立変数の係数の大きさ（及び符号）は、他のすべての変数が一定で、その独立変数が1単位増加すると、その従属変数はどの程度（正ならば）増加、または（負ならば）減少すると予測されるかを表している。

4.3　実際の信頼データの分析

本項では、信頼データを用いて実施された何種類かの計量経済分析で得られる結果を論じ、信頼データがモデル化された様々な方法と、これまでに作成された効果量について明らかにする。信頼を成果変数と見なす（つまり分析が信

頼の決定要因の構築に関わる）場合と、信頼を入力変数と見なす場合（つまり分析の目的が信頼が他の関心のある結果に及ぼす影響を数値化することにある場合）とを区別して論じている。この文脈で、変数を様々な分析単位、具体的には個人または共同体、あるいは国レベルで利用することにも焦点を当てている。

成果としての信頼

　アンダーソンとツベドヴァ（Anderson and Tverdova, 2003）は、制度・組織への信頼（この場合は公務員に対する信頼を1〜5の尺度で表す）を成果と見なす研究の例を挙げている。著者らは国際社会調査プログラム（ISSP）から得た個人レベルの信頼データを、回答者の政治的信条（ISSP調査にも最近の選挙でその個人がどこの政党に投票したかという項目がある）に関する情報と、民主化の度合いが異なる16か国についてのトランス・ペアレンシーインターナショナルの国レベルの腐敗認識指数（CPI）を結合させている。現在のマクロ経済実績、経済発展の度合い、民主化の水準、政治的関心、選挙への参加、社会経済的地位、標準的な人口変数などを含む様々な制度的要因と個人の要因を制御して、筆者らは多層構造方程式モデルを用いて、汚職と政治的信条が信頼に及ぼす影響を構築している。その結論から、汚職が多い国の個人ほど公務員への信頼度が低く、多数派政党を支持する回答者の公務員への信頼は少数派政党支持者のそれよりかなり高いことがわかる。例えば、汚職がない国の典型的な回答者の公務員への信頼は、5段階尺度で4.26が標準的である。それに対して、汚職が最も多いとされる国の回答者の公務員に対する信頼のスコアは2.76、汚職の度合いが尺度（＝5）で中程度の国の回答者のスコアは3.33である。多数派政党または少数派政党を支持するという政治的信条が公務員への信頼に及ぼす影響を見ると、平均的な国で多数派政党支持者のスコアは3.98、少数派政党支持者のスコアは3.83である。

　他者への信頼の決定要因の調査例には、米国の共同体に関するアレシナとラ・フェラーラ（Alesina and La Ferrara, 2000）の調査がある。彼らは、米

国の1974～94年の一般社会調査（GSS）で得られたミクロレベルの信頼データを従属変数として用いて、多重プロビット回帰分析（信頼項目が二値尺度で測定されているため）で多種多様な独立変数の影響を検定している。その中にはGSSにも収録されて個人の性格や経験（学歴、所得、婚姻状態、年齢、性別、宗教、離婚や疾病、事故、経済的逆境のようなトラウマとなる経験）と、行政レベルのデータから得られる共同体の特徴（所得不平等、人種・民族的同一性、犯罪率）などが含まれる。著者らが、信頼を最も著しく損なう要因として挙げているのは、トラウマとなる最近の経験、少数者（特に黒人）のように歴史的に差別されていると感じているグループに属していること、またそれよりは程度は低いが、女性であること、所得や教育という点で経済的にうまくいっていないこと、または複数の人種が混在し所得格差が大きい共同体に住んでいることなどである[9]。例えば、計量分析の観点から、ジニ指標が標準偏差1つ分上昇すると、信頼の尤度が2.5％ポイント下落する。興味深いことに、筆者らが様々な公的制度・組織への信頼を従属変数としてこの分析を繰り返したところ、共同体の人種的多様性と所得の多様性の影響は見られなくなった。このことから、これらの要素は他者への信頼には影響するが、制度・組織への信頼には影響しないことがわかる。

他の成果の要因としての信頼

　他者への信頼は、それ自体が成果として分析されるだけでなく、関心がある他の変数の決定要因としても分析されている。特に、他者への信頼は国際調査において一人当たりの所得と経済成長と結び付けられている（Putnam et al., 1993; Knaack and Keefer, 1997; Ahn and Hemmings, 2000; Temple, 2000）。

　例えば、アルガンとカユック（Algan and Cahuc, 2013）は、106か国[10]の1981～2008年のサンプルを用いて、教育、民族的細分化、人口規模などに対する制御を含め、一般的社会的信頼の平均に対する一人当たりの所得の対数をとって回帰分析している。その結果から、信頼度が標準偏差1単位分上昇するごとに一人当たりの所得が0.18、またはサンプル平均の2％上昇することがわ

かる。制度・組織の歴史や質について制御を加えた場合でも、他者への信頼は5％レベルで統計的に有意であることに変わりがない。著者は、世界800地域から集めたデータを用いて、地域ごとに調査に参加した個人の数を用いた加重回帰分析で、これらの結果を再現している。しかしこの場合は、国の固定効果がそのモデルに入ると、信頼と一人当たりの所得との間にあるプラスの有意な相関は消えてしまう。つまり、他者への信頼と一人当たりの所得の各国内の差ではなく、国際的な差異が結果を左右するということである。著者は一人当たりの所得の他に、信頼と経済成長との関係についても検証している。世界価値観調査から52か国のサンプルについて、1990年から2009年までの年平均成長率を1981年から1990年の平均的な信頼度で回帰分析し、各国の投資レベルを制御すると、信頼と成長との相関係数は0.48になり、5％のレベルで有意となる。アルガンとカユックのモデルのR^2は全体的に0.706で、経済成長のばらつきの70％を説明できることになる。

経済的成果とは別に、他者への信頼は健康状態や健康に関連する行動の様々な側面（Lochner et al., 2003; Lindström, 2005; Brown et al., 2006; Poortinga, 2006; Petrou and Kupek, 2008）、犯罪率（Buonanno et al., 2009）、主観的幸福（Helliwell and Wang, 2010）など、幅広い社会的成果をも予測することがわかっている。ボアリーニら（Boarini et al., 2012）は、OECD諸国全体の主観的幸福の決定要因を調査し、各国平均の信頼度が個人の生活満足度を有意水準5％で予測すると結論している。ギャラップ世論調査データを引用した著者の線形回帰では、人口動態、社会経済的地位、その他幸福度に関わる変数を制御して、他者への信頼の総平均の変化1単位分が生活満足度に及ぼす影響を、名目所得が1.23を掛けた値になるのと等しいと推計している。

一般的に、信頼の原因または影響を調査する研究から、分析単位の選択——つまり変数の検討を個人レベルでするか、国レベルでするか——で、結果に重大な違いが生じうることがわかる。よくあることだが、信頼度に影響するのは共同体や国の性質であるのに対して、信頼度の集計値は生活満足度や健康状態といった個人レベルの成果に明らかに影響を及ぼしている。このことは、集団

レベル（地域、国）の介入が最も関連しているということになるので、ある意味、政策当局にとっては朗報である。

4.4　係数を理解するという課題

　計量経済学的演習の中にある分析上の課題について注意点を述べておきたい。こうした課題は信頼の要因や影響の調査に特有のものではないが、結果を解釈するとき、特にその結果が政策に情報をもたらすために使われる場合には、念頭に置いておくべきである。

　第一に、通常、回帰推定値の大きさは、独立変数1単位分の変化が従属変数に及ぼす影響と解釈することができる。しかし、方程式の中の独立変数同士の相関が強い場合、回帰係数に影響する可能性がある。文献では追加的な独立変数を含めた結果生じる媒介効果（mediation effect）、交絡効果（confounding effect）、抑制効果（suppression effect）を区別している（Dolan et al., 2007）。さらに、同じ要因の様々な尺度がそのモデルに含まれている場合、それらの相関同士が互いに閉め出して、そうでなければ関連性があった要因が有意でなくなり、したがって見落とされる場合がある（Boarini et al., 2012はこのシナリオを「過剰識別制約（over-identification）」と呼んでいる）。したがって、分析に変数を含めるのか、またいくつ含めるのかという決定をする際には、常に明確な理論的構造と異なる要素の間の仮説的因果経路を理解して行うべきである。

　第二に、推計値は、関心のある変数がモデル誤差と相関しているときに内生性の問題の影響を受ける。これは、「欠落変数問題」と呼ばれる。この場合、欠落した変数、つまりモデルに含まれないが成果と予測変数の双方と因果関係がある変数は、成果と予測変数との間に統計的に有意義な関係が実際には存在しないのにあるかのように見せる可能性がある。仮説例では、他者への信頼と共同体レベルの民族的多様性との関係は、共同体レベルの所得不平等によって引き起こされる可能性があるので、所得不平等も尺度としてモデルに含めることが重要である。

　第三に、信頼とその他の変数との間の因果の向きの理解力は、実験的、準実

290

第5章　信頼データの公表と分析

験的、または長期パネルデータが利用できる場合に最も強くなる。これが当て
はまらず、分析をクロスセクションデータに頼らなければならない場合がしば
しばある。その場合、その結果は他のデータ源からの因果の向きについての実
証と併せて理解する必要がある。回帰分析における逆因果関係の問題を克服す
るためによく用いられる方法が、操作変数を含めることである。操作変数とは、
問題の独立変数と直接関係がある（例えば、信頼）が、関心のある成果とは関
係がない（例えば、GDP成長率）ものである。適切な操作変数を特定するこ
とは難しいが、何人かの研究者が、米国の移民が生まれつき持っている信頼を
彼らの出身国における信頼度の操作変数として、GDP成長率の国際的な回帰
分析を行っている（Sangier, 2010; Algan and Cahuc, 2010）。

　非常に重要なのは、信頼データの分析結果を解釈する時には、共通方法分散
の可能性を常に考えるべきだということである。共通方法分散とは、関心のあ
る構成概念ではなく、測定方法に帰属する分散のことである。信頼の場合、主
な懸念は、信頼の要因も自己申告データで測る場合、自己申告バイアス（社会
的望ましさバイアス、回答の癖、文化的バイアスなどを含む）が自己申告され
た要因の影響の推計値を、他の手段（例えば客観的観察）で測られたものより
も誇張する可能性がある。非常に類似した回答形式（例えば、0〜10の尺度）
を持つ質問は、特に相関誤差を生じやすい。

　したがって、信頼の影響を特にクロスセクションデータで比較する場合、そ
れらの変数のそれぞれがどのように測定されたかを考慮に入れることが重要で
ある。可能であれば、個々の固定効果を制御できる長期データを利用すること
が奨励される。または、データがある場合は、関心のある構成概念の自己申告
ではない尺度——例えば、行動ゲームで集められた信頼の行動尺度など——を
自己申告の項目の代用とすべきである。

第5節　結論

　本章では、回答の解釈から分析に至るまで、収集された「後」の信頼データの様々な取り扱い方法を取り上げた。可能な限り最良慣行を示し、解釈と分析の課題について注意を喚起し、現在の知識との差を指摘している。そうすることで、本章はデータ分析のための有益な参考資料として、信頼データを出力、報告、分析することに関心を持つ研究者やジャーナリストに資することを目的としている。本章の主要なメッセージは以下の通りである。

- 信頼データの報告を任されているアナリストは、重要な伝達者の役割を担っており、対象とされている利用者とそのニーズを考慮すべきである。統計公表資料の第1ページには、一般の人々と政策当局向けの簡単な概要を収録し、注目すべき1つの尺度に焦点を当て簡潔なメディア向けのコメントと併せて収録すべきである。それに対して、公表資料の第2〜3ページでは、より深く掘り下げたい利用者のためにより詳細に信頼データを収録すべきである（例えば、信頼の傾向と分布、様々な種類の信頼）。公表資料の第3ページは、自分で分析を行うために信頼のミクロデータと調査方法を入手しなければならない研究者と政策アナリスト向けに設計されている。
- 信頼データの出力方法はいくつかあり、それぞれに長所と短所がある。信頼の水準の提示の仕方には、各カテゴリーの回答頻度、ある閾値を上回った、または下回った割合、中心傾向尺度（平均値、中央値、最頻値）などがある。最良の公表慣行にふさわしいルールには、閾値に恣意的なラベル（例えば、高い、低い）を用いない、平均値をデータの分布についての情報、例えば標準偏差によって補うなどが含まれる。時間の経過とともに起こる変化は、時系列に信頼度の平均値の変化を追うことで、または複数の異なる時点の平均値の変化を計算することで観察できる。グループ間の差は、時間の経過とともに起こるグ

第5章　信頼データの公表と分析

ループ間の差をある閾値との比較で提示することで、または特定の回答を選んだ回答者の割合の差を（絶対値または割合で）提示することで、調べることができる。グループ平均と併せて、サンプルサイズと標準誤差の双方を提示すべきである。

● 信頼データを解釈する上で最も重要な問題は、実生活での観測値の間の何を「小規模」または「大規模」な差と見なすべきなのか、また測定の人為的なノイズ（measurement artefacts）や測定誤差の影響で現れる差がどの程度かということである。本章は、既存のデータについてこれまでに見られた差の大きさ（人口サブグループ間、各国間、過去と現在の間）を明らかにする最初の試みであるが、多くの差が依然として（分析されずに）残されており、信頼のデータ領域全体についての知識は、より良質で頻度の高いデータが利用できるようになるまでは、依然として制限されるだろう。

● 観測値の間及び観測値内（時系列）の差異の大きさは、様々な要因の影響を受ける可能性があるので、解釈にあたってはそのことを念頭に置く必要がある。その中には、回答尺度が提起する制約、逆因果関係の問題、信頼の推計値に及ぶ「文化」の影響などがある。本章で強調した点は、文化の影響と文化的バイアスとを実際に区別するのは非常に困難で、また文化的バイアスを取り除く方法には大きな制約があるので、信頼データを文化の影響に対応して修正することは一般的に推奨されないということである。

● 信頼データの健全な分析には、因果推論ができるデータを利用できることと、標準的な人口変数や制御変数を含む関連の共変量が願わくば同じ調査で収集されていることが求められる。本章では、信頼データに適した様々な分析方法を収録し、信頼をインプット変数あるいはアウトプット変数として利用している研究例を提供している。これらの研究では、分析単位の選択、つまり個人レベルの変数を考慮するか、または国レベルかの選択が重要であること、共同体の性質がしばしば信頼の水準に影響すること、信頼度の集計値が個人の幸福度の結果に影響することを明らかにしている。

● 最後に、本章では、信頼データを扱うときに共通する計量経済学的課題を念

293

頭に置くよう強調している。その中には、欠落変数のバイアス、過剰識別制約、逆因果関係、共通方法分散などがある。

注

1. 平均値、中央値、最頻値は、最も一般的な中心傾向尺度である。平均値とは、全測定値の合計をデータセットの観測値の数で割ったものである。中央値とは、データセットの上位50％と下位50％とを分ける中間の値である。順序データに用いることができる中心傾向の尺度は、中央値と最頻値のみだが、カテゴリーデータに用いることができる中心傾向の尺度は最頻値のみである。

2. 序数データは、尺度ポイントの間隔が等しくなく、順序またはランク付けがある尺度で測定される値である。例えば、5は6より低く、6は7より低いという前提はあるが、5と6の間隔が6と7の間隔と等しいという前提はない。線形回帰は、基数を前提とする連続変数に依存している。つまり、尺度上の数の大きさは、問題となっている変数の量と直接直線関係を持っている。しかし、タバックニックとフィデル（Tabachnick and Fidell, 2001）は、社会科学では順序変数を、特にカテゴリー数が多く（例えば、7つ以上ある場合）データがその分析の他の前提を満たしている場合には、連続変数として扱うのが共通慣行だと述べている。

3. トルコによる注記：本書に掲載する情報で「キプロス」と表記されているものは、キプロス島の南部を指す。同島のトルコ国籍のキプロス人とギリシャ国籍のキプロス人の双方を代表する単一の統治機構は存在しない。トルコ政府は北キプロス・トルコ共和国（TRNC）を承認している。恒久的かつ公正な解決策が国連において見いだされない限り、トルコは「キプロス問題」についてのこの立場を維持する。

4. OECDに加盟する全欧州連合加盟校と欧州連合による注記：キプロス共和国は、トルコを除く国連全加盟国によって承認されている。本書に掲載する情報は、キプロス共和国政府の実効支配下にある地域を指す。

5. 注3と注4を参照。

6. ビルソンら（Bilson et al., 2017）は、個人の信頼の水準の変化を考慮することが重要だと強調している。彼らは2005～2014年のオーストラリア家計・所得・労働動態調査（HILDA）のパネルデータを用いて、個人の所得が他者への信頼に及ぼす影響を調査し、個人レベルの固定効果を考慮することの重要性を明らかにしている。それによると、収入係数はプールド回帰ではプラスで統計的に有

意だが、固定効果パネルモデルではマイナスで統計的に有意になる。このこと
から、あらゆる信頼尺度について、個人レベルのパネルデータが必要であるこ
とが強調される。

7. しかし、一部の研究者によると、信頼度への教育の影響 (gradient, 傾斜) は、
   特に米国においては、一般に時間とともに消滅する (Dalton, 2005参照)。

8. 学歴と信頼との間の因果関係の向きについては様々な議論があり、教育が信頼
   に影響することを主張している学者もいれば、信頼が教育の差を引き起こして
   いると主張する人々もいる (Bjørnskov, 2006参照)。

9. パットナム (Putnam, 2007) は、米国では共同体の文脈の変数は個人レベルの
   他者への信頼にも類似の効果があると報告している。そのような変数には、貧
   困率の非常に否定的な影響、非暴力的犯罪、民族的同一性の指標、人口調査標
   準地域の人口密度が含まれる。ビヨンスコフ (Bjørnskov, 2006) は国際的なサ
   ンプルについて、ヘリウェルとワング (Helliwell and Wang, 2010) はカナダに
   集中しているという違いがあるが、同じような結果を報告している。それでも、
   これらの結果を安易に一般化すべきではない。各国の歴史的文脈を念頭に置き、
   民族性と民族的に統一されていないことをどのように定義し、測定するかとい
   うことについて今のところ合意がないということを認識して解釈すべきである。

10. 著者らは、世界価値観調査 (1981～2008年)、欧州価値観調査 (1981～2008年)、
    アフロバロメーター (2005年) から得た信頼の二値尺度を用いている。

参考文献・資料

Ahn, S. and P. Hemmings (2000), "Policy influences on economic growth in OECD
countries: An evaluation of the evidence", *OECD Economics Department
Working Papers*, No. 246, OECD Publishing, Paris, *http://dx.doi.org/10.1787/5
81718238837.*

Alesina, A. and E.L. Ferrara (2000), "The determinants of trust", *National Bureau of
Economic Research*, No. w762, *www.nber.org/papers/w7621.*

Algan, Y. and P. Cahuc (2013), "Trust, growth and well-being: New evidence and
policy implications", *IZA Discussion Paper*, No. 7464.

Algan, Y. and P. Cahuc (2010), "Inherited trust and growth", *The American Economic
Review*, Vol. 100 (5), pp. 2060-2092.

Anderson, C.J. and Y.V. Tverdova (2003), "Corruption, political allegiances, and
attitudes toward government in contemporary democracies", *American Journal
of Political Science*, Vol. 47, pp. 91-109.

Bârgăoanu, A., L. Radu and D. Varela (2015), *United by or Against Euroscepticism?*

An Assessment of Public Attitudes towards Europe in the Context of the Crisis, Cambridge Scholars Publishing, Cambridge.

Bilson, J.R., M. Jetter and I. Kristoffersen (2017), "Gender differences in the link between income and trust levels: Evidence from longitudinal data", *IZA DP*, No. 10585.

Bjørnskov, C. (2006), "Determinants of generalized trust: A cross-country comparison", *Public Choice*, Vol. 130, pp. 1-21.

Blanton, H. and J. Jaccard (2006), "Arbitrary metrics in psychology", *American Psychologist*, Vol. 61, pp. 27-41.

Boarini, R. et al. (2012), "What makes for a better life? The determinants of subjective well-being in OECD countries–Evidence from the Gallup World Poll", *OECD Statistics Working Papers*, No. 2012/03, OECD Publishing, Paris, *http://dx.doi.org/10.1787/5k9b9ltjm937-en*.

Brown, T.T. et al. (2006), "The empirical relationship between community social capital and the demand for cigarettes", *Health Economics*, Vol. 15 (11), pp. 1159-1172.

Buonanno, P., D. Montolio and P. Vanin (2009), "Does social capital reduce crime?", *Journal of Law & Economics*, University of Chicago Press, Vol. 52 (1), pp. 145-170.

Carl, N. and F.C. Billari (2014), "Generalized trust and intelligence in the United States", *PLoS ONE*, Vol. 9 (3).

Chabanet, D. (2007), "Chômage et exclusion sociale: L'échec européen", *Politique Européenne*, Vol. 2, pp. 157-187.

Chanley, V.A. (2002), "Trust in government in the aftermath of 9/11: Determinants and consequences", *Political Psychology*, Vol. 23, pp. 469-483.

Clark, A.K. and M.A. Eisenstein (2013), "Interpersonal trust: An age-period-cohort analysis revisited", *Social Science Research*, Vol. 42, pp. 361-375.

Dalton, R.J. (2005), "The social transformation of trust in government", *International Review of Sociology*, Vol. 15 (1), pp. 133-154.

Deaton, A. (2012), "The financial crisis and the well-being of Americans; 2011 OEP Hicks Lecture", *Oxford Economic Papers*, No. 64, pp. 1-26.

Diener, E. andW. Tov (2012), "National accounts of well-being", *Handbook of Social Indicators and Quality of Life Research*, pp. 137-157, K.C. Land, A.C. Michalos and M.J. Sirgy (eds.), Dordrecht: Springer.

Dolan, P., T. Peasgood and M. White (2007), "Do we really know what makes us happy? A review of the economic literature on the factors associated with subjective well-being", *Journal of Economic Psychology*, Vol. 29, pp. 94-122.

Eurostat (2015), *European Union Statistics on Income and Living Conditions (EU SILC)*, *http://appsso.eurostat.ec.europa.eu/nui/show.do?dataset=ilc_pw03&lang =en* (accessed 23 March 2017).

Exton, C., C. Smith and D.Vandendriessche (2015), "Comparing happiness across the world: Does culture matter?", *OECD Statistics Working Papers*, No. 2015/04, OECD Publishing, Paris, *http://dx.doi.org/10.1787/5jrqppzd9bs2-en*.

Gallup (2014), *Gallup World Poll*, *www.gallup.com/services/170945/world-poll.aspx* (accessed 06 February 2017).

Guiso, L., P. Sapienza and L. Zingales (2006), "Does culture affect economic outcomes?", *The Journal of Economic Perspectives*, Vol. 20 (2), pp. 23-48.

Helliwell, J.F. and R.D. Putnam (2007), "Education and social capital", *Eastern Economic Journal*, Vol. 63 (1), pp. 1-19.

Helliwell, J.F. and S. Wang (2010), "Trust and well-being", *National Bureau of Economic Research*, Working Paper No. 15911.

Hudson, J. (2006), "Institutional trust and subjective well-being across the EU", *Kyklos International Review for Social Sciences*, Vol. 59 (1), pp. 43-62.

Jordahl, H. (2007), "Inequality and trust", *Working Paper Series*, No. 715, Research Institute of Industrial Economics.

Knack, S. and P. Keefer (1997), "Does social capital have an economic payoff? A cross-country investigation", *Quarterly Journal of Economics*, Vol. 112 (4), pp. 1252-88.

Li, T. and H.H. Fung (2012), "Age differences in trust: an investigation across 38 countries", *Journals of Gerontology Series B: Psychological Sciences and Social Sciences*.

Lindström, M. (2005), "Social capital, the miniaturization of community and high alcohol consumption: A population-based study", *Alcohol and Alcoholism*, Vol. 40 (6), pp. 556-562.

Lochner, K.A. et al. (2003), "Social capital and neighborhood mortality rates in Chicago", *Social Science & Medicine*, Vol. 56, pp. 1797-1805.

New Economics Foundation (2009), contributing authors: J. Michaelson, S. Abdallah, N. Steuer, S. Thompson and N. Marks, "National accounts of well-being: Bringing real wealth onto the balance sheet", *New Economics Foundation*, January, London, *www.nationalaccountsofwellbeing.org/learn/downloadreport.*

html.

New Zealand State Services Commission (2014), *Kiwis Count Survey* (database), *www.ssc.govt.nz/kiwiscount-datasets* (accessed 20 April 2017).

OECD (2015), *Education at a Glance 2015: OECD Indicators*, OECD Publishing, Paris, *http://dx.doi.org/10.1787/eag-2015-en.*（『図表でみる教育OECDインデ ィケータ（2015年版）』経済協力開発機構（OECD）編著、徳永優子, 稲田智子, 西村美由起, 矢倉美登里訳、明石書店、2015年版）

OECD (2013), *OECD Guidelines on Measuring Subjective Well-being*, OECD Publishing, Paris, *http://dx.doi.org/10.1787/9789264191655-en.*（『主観的幸福 を測る：OECDガイドライン』経済協力開発機構（OECD）編著、桑原進監訳、 高橋しのぶ訳、明石書店、2015年）

ONS (2016), "Statistics on trust for methodological testing from the opinion's survey, October 2015 to May 2016", released 10 November, Office for National Statistics UK, ONS, Newport, *www.ons.gov.uk/peoplepopulationandcommunity/wellbeing/ adhocs/006326statisticsontrustformethodologicaltestingfromtheopinionssurveyoct 2015tomay2016.*

Pew Research Center (2016), *Beyond Distrust: How Americans View their Government*, *www.people-press.org/2015/11/23/1-trust-in-government-1958-2015/* (accessed 18 February 2017).

Petrou, S. and E. Kupek (2008), "Social capital and its relationship with measures of health status: Evidence from the Health Survey for England 2003", *Health Econ.*, Vol. 17, pp. 127-143.

Poortinga, W. (2006), "Social relations or social capital? Individual and community health effects of bonding social capital", *Social Science & Medicine*, Vol. 63 (1), pp. 255-270.

Poulin, M.J. and C.M. Haase (2015), "Growing to trust", *Social Psychological and Personality Science*, Vol. 6 (6), pp. 614-621.

Putnam, R.D. (2007), "E Pluribus Unum: Diversity and community in the Twenty-First Century – the Johan Skytte Prize Lecture", *Scandinavian Political Studies*, Vol. 30, pp. 137-74.

Putnam, R.D. (2000), *Bowling Alone: The Collapse and Revival of American Community*, Simon & Schuster, New York.（『孤独なボウリング：米国コミュニ ティの崩壊と再生』ロバート・D・パットナム著、柴内康文訳、柏書房、2006年）

Putnam, R.D., R. Leonardi and R.Y. Nanetti (1993), *Making Democracy Work*, Princeton, NJ, Princeton University Press.

第5章 信頼データの公表と分析

Rothstein, B. and E.M. Uslaner (2005), "All for all: Equality, corruption, and social trust", *World Politics*, Vol. 58, pp. 41-72.

Sangnier, M. (2010), "Does trust favor macroeconomic stability?", *PSE Working Papers*, No. 2009-40.

Sen, A. (2002), "Health: Perception versus observation", *British Medical Journal*, Vol. 324, pp. 860-861.

Senik, C. (2011), "The French unhappiness puzzle: The cultural dimension of happiness", *Paris School of Economics Working Papers*, No. 2011-34, Paris-Jourdan Sciences Économiques.

SOM Institute (2015), *The National SOM Survey* (database), *http://som.gu.se/som_institute/-surveys/nationalsom* (accessed 05 March 2017).

Statistics Canada (2013), *Trends in Social Capital in Canada*, *www.statcan.gc.ca/pub/89-652-x/89-652-x2015002-eng.htm* (accessed 10 March 2017).

Stats New Zealand (2014), *New Zealand General Social Survey*, *www.stats.govt.nz/nzgss2014* (accessed 20 April 2017).

Stolle, D. (1998), "Bowling together, bowling alone: The development of generalized trust in voluntary associations", *Political Psychology*, Vol. 19 (3), pp. 497-525.

Stolle, D., S. Soroka and R. Johnston (2008), "When does diversity erode trust? Neighborhood diversity, interpersonal trust and the mediating effect of social interactions", *Political Studies*, Vol. 56, pp. 57-75.

Tabachnick, B.G. and L.S. Fidell (2001), *Using Multivariate Statistics*, Fourth edition, Needham Heights, MA: Allyn and Bacon.

Temple, J. (2000), "Growth effects of education and social capital in the OECD countries", *OECD Economic Studies*, Vol. 2001/2, OECD Publishing, Paris, *http://dx.doi.org/10.1787/eco_studies-v2001-art11-en*.

Tokuda Y. et al. (2008), "Interpersonal trust and quality-of-life: A cross-sectional study in Japan", *PLoS ONE*, Vol. 3 (12).

Ubel, P.A. et al. (2005), "What is perfect health to an 85-year-old? Evidence for scale recalibration in subjective health ratings", *Medical Care*, Vol. 43 (10), pp. 1054-1057.

Uslaner, E.M. (2000), "Producing and consuming trust", *Political Science Quarterly*, Vol. 115, pp. 569-590.

van de Vijver, F.J.R. and Y.H. Poortinga (1997), "Towards an integrated analysis of bias in cross-cultural assessment", *European Journal of Psychological Assessment*, Vol. 13 (1), pp. 29-37.

299

Veenhoven, R. (2008), "The international scale interval study: Improving the comparability of responses to survey questions about happiness", *Quality of Life and the Millennium Challenge: Advances in Quality-of-Life Studies, Theory and Research, Social Indicators Research Series*, V. Moller and D. Huschka (eds.), Springer, Vol. 35, pp. 45-58.

附録 A

信頼尺度の具体例

他者への信頼

オーストラリア一般社会調査（GSS）2014年

次の質問は、あなたが人々と制度・組織をどのくらい信頼しているかを尋ねるものです。

次の文が述べることにあなたはどのくらい賛成または反対しますか。

「ほとんどの人々は信頼できる」

- □ 非常にそう思う
- □ だいたいそう思う
- □ どちらとも言えない
- □ だいたい反対である
- □ 非常に反対である

カナダ一般社会調査（GSS）2013年

一般的に言って、ほとんどの人は信頼できると思いますか、それとも人と交流するときはできるだけ気をつけた方が良いと思いますか。

- □ ほとんどの人は信頼できる
- □ 人と交流するときはできるだけ気をつけた方が良い
- □ わからない
- □ 答えたくない

1から5までの数値で答えて下さい。（1＝全く信頼できない、5＝非常に信頼できる、88＝わからない、99＝答えたくない）

次のグループの人々それぞれについて、あなたはどのくらい信頼しますか。

附録 A　信頼尺度の具体例

家族	1	2	3	4	5	88	99
近所の人々	1	2	3	4	5	88	99
一緒に働く、または学校に通う人々	1	2	3	4	5	88	99
見知らぬ人	1	2	3	4	5	88	99

　あなたが200米ドル入った財布を落としたとします。その財布を次の人々が拾った場合、お金が入ったままで戻ってくる可能性はどのくらいあると思いますか。

　近所の人が拾った場合

　見知らぬ人が拾った場合

　（回答者にカテゴリーを読み上げて下さい。）

　　□　非常に可能性が高い

　　□　ある程度可能性がある

　　□　全く可能性がない

　　□　わからない

　　□　答えたくない

欧州社会調査（ESS）第6ウェーブ

　一般的に言って、ほとんどの人は信頼できると思いますか、それとも人と交流するときはできるだけ気をつけた方が良いと思いますか。0から10のスコアでお答え下さい。（0＝できるだけ気をつけた方が良い、10＝ほとんどの人は信頼できる、88＝わからない）

　　0 1 2 3 4 5 6 7 8 9 10 88

　ほとんどの人は、機会があればあなたのことをうまく利用しようと考えていると思いますか、それとも公正であろうとしていると思いますか。（0＝ほとんどの人は自分を利用しようとしている、10＝ほとんどの人は公正であろうとしている、88＝わからない）

　　0 1 2 3 4 5 6 7 8 9 10 88

大抵人々は人の役に立とうとしていると思いますか、または大抵自分のことだけに関心を向けていると思いますか。(0 = 人々は大抵自分のことだけに関心を向けている、10 = 人々は大抵人の役に立とうとしている、88 = わからない)

0 1 2 3 4 5 6 7 8 9 10 88

欧州所得生活状況調査（EU-SILC）2013年

ほとんどの人は信頼できる、という人もあれば、他人と交流するときはできるだけ気をつけた方が良いという人もいます。あなたはほとんどの人は信頼できると思いますか。0から10のスコアでお答え下さい。「0」は「誰も信頼できない」、「10」は「ほとんどの人は信頼できる」(88 = わからない) ということを表します。

0 1 2 3 4 5 6 7 8 9 10 88

欧州生活の質調査（EQLS）2012年

一般的に言って、ほとんどの人は信頼できると思いますか、それとも人と交流するときはできるだけ気をつけた方が良いと思いますか。0から10のスコアでお答え下さい。(0 = できるだけ気をつけた方が良い、10 = ほとんどの人は信頼できる、88 = わからない、99 = 答えたくない).

0 1 2 3 4 5 6 7 8 9 10 88 99

Falk, Becer, Dohmen, Enke, Huffman, and Sunde（2015）

次の文は、どの程度あなたの考えと一致しますか。あなたの考えを0から10の数値でお答え下さい。(0 = 自分の考えと全く一致しない、10 = 自分の考えと完全に一致する) 0から10の間でどの数字を選んでも構いません。

人々は好意だけを持っていると思う

0 1 2 3 4 5 6 7 8 9 10

附録A　信頼尺度の具体例

ギャラップ世論調査（GWP）

　あなたが住んでいる都市または地域で、自分の財布、またはあなたの身分証明書または住所がわかるものを落とし、それを誰かが拾ったとします。もし自分の財布（または貴重品）を拾ったのが近所の人だった場合、あなたはそれが戻ってくると思いますか。

　　□　はい
　　□　いいえ

　あなたが住んでいる都市または地域で、自分の財布、またはあなたの身分または住所がわかるものを落とし、それを誰かが拾ったとします。もし自分の財布（または貴重品）を拾ったのが見知らぬ人だった場合、あなたはそれが戻ってくると思いますか。

　　□　はい
　　□　いいえ

メキシコ犯罪被害及び安全保障に関する意識調査（ENVIPE）2016年

　次の人々をどのくらい信頼しているかお答え下さい。（各選択肢に対応するコードを記録して下さい。）

　1　近所の人
　2　職場の同僚、同じ学校に通う人々
　3　親戚（兄弟、叔父、いとこなど）
　4　友人
　　□　非常に信頼している………　1
　　□　ある程度信頼している……　2
　　□　少し信頼している…………　3
　　□　信頼していない……………　4
　　□　当てはまらない……………　5
　　□　わからない…………………　9

305

Naef and Schupp（2009）

一般的に言って、あなたは人を信頼できる。

☐　非常にそう思う

☐　ある程度そう思う

☐　ある程度反対である

☐　非常に反対である

最近は、誰にも頼れない。

☐　非常にそう思う

☐　ある程度そう思う

☐　ある程度反対である

☐　非常に反対である

初めて会った人のことをどの程度信頼しますか。

☐　全く信頼しない

☐　少し信頼する

☐　かなり信頼する

☐　非常に信頼する

見知らぬ人と付き合うとき、彼らを信頼する前に気をつけた方が良い。一般的に言って、あなたは人を信頼できる。

☐　非常にそう思う

☐　ある程度そう思う

☐　ある程度反対である

☐　非常に反対である

ニュージーランド一般社会調査（GSS）2014年

では、信頼についての一般的な質問をします。（0＝ある制度・組織を全く

信頼しない、10＝完全に信頼している、88＝わからない、99＝答えたくない).
一般的に言って、あなたはニュージーランドのほとんどの人をどのくらい信頼
していますか。

0 1 2 3 4 5 6 7 8 9 10 88 99

ポーランド社会的結束調査（SCS）2015年

あなたは次の人々を信頼しますか。

1　一般の人々

2　肉親－親、子供、配偶者

3　知人、友人

4　あなたが毎日一緒に働く人々

5　近所の人々

6　初めて会う見知らぬ人（2018年から追加）

　　☐　非常に信頼する

　　☐　やや信頼する

　　☐　あまり信頼しない

　　☐　全く信頼しない

　　☐　どちらとも言えない

英国共同体生活調査（CLS）2015～16年

まず、緊急時、例えば家から閉め出されたときなどのために、近所の人に自
宅の鍵を預けておくことについて、あなたはどの程度安心できますか。

　　☐　非常に安心できる

　　☐　まあまあ安心できる

　　☐　あまり安心できない

　　☐　全く安心できない

ご自分の子供（たち）を30分ほど近所の人に預けることについて、あなた

はどの程度安心できますか。

□　非常に安心できる

□　まあまあ安心できる

□　あまり安心できない

□　全く安心できない

次の文に賛成しますか。

（読み上げて下さい）

□　近所の人々の多くは信頼できる

□　信頼できる人がある程度いる

□　信頼できる人は少ない

□　近所の人は誰も信頼できない

□　（自然とわかった場合のみ）引っ越したばかり

世界価値観調査（WVS）第6ウェーブ

　一般的に言って、ほとんどの人は信頼できると思いますか、それとも人と交流するときはできるだけ気をつけた方が良いと思いますか。（答えを1つコードで記録して下さい）

　　1　ほとんどの人は信頼できる。

　　2　非常に気をつける必要がある。

　ほとんどの人は、機会があればあなたのことをうまく利用しようと考えていると思いますか、それとも公正であろうとしていると思いますか。（1＝人々は自分を利用しようとしている、10＝人々は公正であろうとしている）（答えを1つコードで記録して下さい）

人々は公正であろうとしている

　　1 2 3 4 5 6 7 8 9 10

附録A　信頼尺度の具体例

人々はあなたを利用しようとしている
　1 2 3 4 5 6 7 8 9 10

　あなたが様々なグループの人々をどのくらい信頼しているかお尋ねします。その各グループの人々をあなたが完全に信頼しているか、ある程度信頼しているか、あまり信頼していないか、全く信頼していないかをお答え下さい。（読み上げて、各グループについて答えを1つコードで記録して下さい）（1＝完全に信頼している、2＝ある程度信頼している、3＝あまり信頼していない、4＝全く信頼していない）

家族	1	2	3	4
近所の人	1	2	3	4
個人的に知っている人	1	2	3	4
初めて会った人	1	2	3	4
宗教が自分と異なる人	1	2	3	4
国籍が自分と異なる人	1	2	3	4

制度・組織への信頼

オーストラリア一般社会調査（GSS）2014年

　次の質問は、あなたが人々と制度・組織をどのくらい信頼しているかを尋ねるものです。次の文が述べることにあなたはどのくらい賛成または反対しますか。

医療制度は信頼できる

　　　□　非常にそう思う

　　　□　ある程度そう思う

　　　□　どちらとも言えない

　　　□　ある程度反対である

　　　□　非常に反対である

警察は信頼できる

　　　□　非常にそう思う

　　　□　ある程度そう思う

　　　□　どちらとも言えない

　　　□　ある程度反対である

　　　□　非常に反対である

司法制度は信頼できる

　　　□　非常にそう思う

　　　□　ある程度そう思う

　　　□　どちらとも言えない

附録A　信頼尺度の具体例

- ☐　ある程度反対である
- ☐　非常に反対である

カナダ一般社会調査（GSS）2013年

あなたは警察をどの程度信頼していますか。

（回答者にカテゴリーを読み上げて下さい）

（警備員、消防保安官、保安要員、その他逮捕権のない人々を除く）

- ☐　非常に信頼している
- ☐　やや信頼している
- ☐　あまり信頼していない
- ☐　全く信頼していない
- ☐　わからない、答えたくない

あなたはカナダ刑事裁判所をどの程度信頼していますか。

（回答者にカテゴリーを読み上げて下さい）

- ☐　非常に信頼している
- ☐　やや信頼している
- ☐　あまり信頼していない
- ☐　全く信頼していない
- ☐　わからない、答えたくない

あなたが200ドル入った財布を落としたとします。その財布を次の人々が拾った場合、お金が入ったままで戻ってくる可能性はどのくらいあると思いますか。

警察官

（回答者にカテゴリーを読み上げて下さい）

- ☐　非常に可能性が高い
- ☐　ある程度可能性がある

311

□　全く可能性がない

　□　わからない

　□　答えたくない

ユーロバロメーター（EB）2016年5月

　ある制度・組織に対して、あなたがどの程度信頼を置いているかをお尋ねします。次に挙げる制度・組織それぞれについて、信頼しているかいないかをお答え下さい。

（読み上げて下さい）（1＝どちらかというと信頼している、2＝どちらかというと信頼していない、3＝わからない）

司法／（国の）法制度	1	2	3
警察	1	2	3
軍隊	1	2	3
（自国の）行政	1	2	3
政党	1	2	3
地方自治体	1	2	3
（中央）政府	1	2	3
（中央政府）議会	1	2	3
欧州連合	1	2	3
国際連合	1	2	3

欧州社会調査（ESS）第6ウェーブ

　このカードを使って、私がこれから読み上げる制度・組織それぞれをあなたがどのくらい信頼しているかを、0〜10のスコアでお答え下さい。（0＝その組織を全く信頼していない、10＝完全に信頼している、88＝わからない）

まず……（読み上げて下さい）

（回答者の国の）議会	1	2	3	4	5	6	7	8	9	10	88	
法制度	1	2	3	4	5	6	7	8	9	10	88	

附録A　信頼尺度の具体例

警察	1 2 3 4 5 6 7 8 9 10 88
政治家	1 2 3 4 5 6 7 8 9 10 88
政党	1 2 3 4 5 6 7 8 9 10 88
欧州議会	1 2 3 4 5 6 7 8 9 10 88
国際連合	1 2 3 4 5 6 7 8 9 10 88

欧州所得生活状況調査（EU-SILC）2013年

　次の制度・組織をどの程度信頼していますか。0から10までの数値で答えて下さい。「0」は「全く信頼していない」、「10」は「完全に信頼している」ことを表します。（88＝わからない）

（国の）政治制度	1 2 3 4 5 6 7 8 9 10 88
（国の）法制度	1 2 3 4 5 6 7 8 9 10 88
（国の）警察	1 2 3 4 5 6 7 8 9 10 88

欧州生活の質調査（EQLS）2012年

　次の制度・組織それぞれをあなたがどの程度信頼しているか、1から10の数値でお答え下さい。（1＝全く信頼していない、10＝完全に信頼している、11＝わからない、12＝答えたくない）.

中央政府議会	1 2 3 4 5 6 7 8 9 10 11 12
法制度	1 2 3 4 5 6 7 8 9 10 11 12
マスコミ	1 2 3 4 5 6 7 8 9 10 11 12
警察	1 2 3 4 5 6 7 8 9 10 11 12
政府	1 2 3 4 5 6 7 8 9 10 11 12
地方自治体	1 2 3 4 5 6 7 8 9 10 11 12

ギャラップ世論調査（GWP）

　あなたが住んでいる都市または地域で、自分の財布、またはあなたの身分または住所がわかるものを落とし、それを誰かが拾ったとします。あなたは、も

し自分の財布（または貴重品）を拾ったのが警察官だった場合、それが戻って
くると思いますか。

- □　はい
- □　いいえ

メキシコ犯罪被害及び安全保障に関する意識調査（ENVIPE）2016年

あなたは次の制度・組織をどの程度信頼していますか。

（回答選択肢を読み上げ、それぞれの答えに対応するコードを記録して下さい。）

1　あなたの町の交通巡査

2　あなたの町の予防警察（preventive police）

3　州警察

4　連邦警察

5　汚職担当警察（ministerial police）または司法警察

6　検察庁

7　法務省

8　陸軍

9　海軍

10　裁判官

- □　非常に信頼している………　1
- □　まあまあ信頼している……　2
- □　あまり信頼していない……　3
- □　全く信頼していない………　4
- □　わからない…………………　9

刑務所をどのくらい信頼していますか。
答えを1つ選んで下さい。

- □　非常に信頼している………　1

☐	やや信頼している…………	2
☐	あまり信頼していない……	3
☐	全く信頼していない………	4
☐	当てはまらない……………	5
☐	わからない…………………	9

ニュージーランド一般社会調査（GSS）2014年

次の質問は、あなたがニュージーランドの様々な制度・組織を信頼している
かを尋ねるものです。

これらの制度・組織とほとんど、あるいは全く接点がない場合でも、これら
に対するあなたの一般的な印象に基づいて答えて下さい。（0＝全く信頼して
いない、10＝完全に信頼している、88＝わからない、99＝答えたくない）．
次の制度・組織をどのくらい信頼していますか。

警察	1　2　3　4　5　6　7　8　9　10　88　99
教育制度	1　2　3　4　5　6　7　8　9　10　88　99
マスコミ	1　2　3　4　5　6　7　8　9　10　88　99

これらの制度・組織に対するあなたの一般的な印象に基づいてお答え下さい。
（0＝全く信頼していない、10＝完全に信頼している、88＝わからない、99＝
答えたくない）

次の制度・組織をどのくらい信頼していますか。：

裁判所	1　2　3　4　5　6　7　8　9　10　88　99
議会	1　2　3　4　5　6　7　8　9　10　88　99
医療制度	1　2　3　4　5　6　7　8　9　10　88　99

ポーランド社会的結束調査（SCS）2015年

あなたは次の制度・組織を信頼しますか。

1　軍隊

2　ローマカトリック教会

3　警察

4　消防隊

5　救急医療サービス

6　地方政府

7　裁判所

8　中央政府

9　中央議会

10　銀行（2018年に追加）

　　□　非常に信頼する

　　□　やや信頼する

　　□　あまり信頼しない

　　□　全く信頼しない

　　□　どちらとも言えない

世界価値観調査（WVS）第6ウェーブ

　私がこれからいくつかの制度・組織の名前を挙げます。そのそれぞれについて、あなたがどのくらい信頼しているかを答えて下さい。非常に信頼している、かなり信頼している、あまり信頼していない、全く信頼していない。（読み上げて、各グループについて答えを1つコードで記録して下さい。）

（1＝非常に信頼している、2＝かなり信頼している、3＝あまり信頼していない、4＝全く信頼していない）

教会*	1	2	3	4
軍隊	1	2	3	4
マスコミ	1	2	3	4
テレビ	1	2	3	4
労働組合	1	2	3	4
警察	1	2	3	4

附録A　信頼尺度の具体例

裁判所	1	2	3	4
（あなたの国の中央）政府	1	2	3	4
政党	1	2	3	4
議会	1	2	3	4
官公庁	1	2	3	4
大学	1	2	3	4
大企業	1	2	3	4
銀行	1	2	3	4
環境保護団体	1	2	3	4
女性団体	1	2	3	4
慈善または人道支援団体	1	2	3	4
（欧州連合）**	1	2	3	4
国際連合	1	2	3	4

* キリスト教国でない場合は、代わりになる宗教団体。
** 欧州以外では代わりになる適当な地域機構（例えば、北米ではNAFTA）。

附録 B

質問群

質問群の利用について

　利用者ごとのニーズの違いと統計生産者が利用できる資源の違いに鑑みて、ここでは1セットの質問ではなく5種類の質問票を収録している（A～E）。各質問票は、信頼の測定に対してそれぞれ別々のアプローチをしている。質問群Aは「中核的質問群」で、他者への信頼（interpersonal trust）と制度・組織への信頼双方の中核的尺度を収録しており、国際比較ができることを最優先事項としている。質問群Aは、その全体をデータ生産者——特に国立統計局——が採用することが奨励されているという点で、他の質問群とは異なる。全体をそのまま採用できない場合には、この質問群で概要が述べられている主要尺度だけは用いるべきである。質問群B～Eは、信頼の測定のそれぞれ異なる方法でより詳細に焦点を当てている。これらの質問群は中核的質問群とは異なり、全体をそのまま、または変更せずに使用することは意図されていないが、国立統計局が独自の質問票を開発する際の資料を提供している。データ生産者は、これらの質問群を部分的に、または必要に応じて組み合わせて使用することができる。

　各質問群に収録されている様々な質問の論理的根拠の詳細は、第4章で論じている。特に第4節では、各質問群について解説し、なぜその文言と尺度を使うという選択をしたのか、各質問群に何を含めるかをどのように決めたのか、ということを概説している。総じて、この附録Bに収録されている質問は全て、これまでに世帯調査で用いられ、試験されたものから選ばれている。

附録B　質問群

質問群A　中核的尺度

中核的質問

質問A1　それでは、信頼に関する一般的な質問をします。0から10の尺度で、0は全く信頼していない、10は完全に信頼しているということを表します。一般的に、あなたはほとんどの人々をどのくらい信頼していますか。

　　全く信頼していない　　完全に信頼している　　　　　　　わからない
　　0　1　2　3　4　5　6　7　8　9　10　　　　　　　　88

質問A2　0から10の尺度で、0は全く信頼していない、10は完全に信頼しているということを表します。一般的に、あなたはご自分が個人的に知っているほとんどの人々をどのくらい信頼していますか。

　　全く信頼していない　　完全に信頼している　　　　　　　わからない
　　0　1　2　3　4　5　6　7　8　9　10　　　　　　　　88

　次の質問は、あなたが［国名］の様々な制度・組織を信頼しているかを尋ねるものです。これらの制度・組織とほとんど、あるいは全く接点がない場合でも、これらに対するあなたの一般的な印象に基づいて答えて下さい。

　このカードを使って、私がこれから読み上げる制度・組織それぞれをあなたがどのくらい信頼しているかを、0〜10のスコアでお答え下さい。0はその組織を全く信頼していない、10は完全に信頼していることを表します。まず……（読み上げる）

質問A3　［国の］議会

　　全く信頼していない　　完全に信頼している　　　　　　　わからない
　　0　1　2　3　4　5　6　7　8　9　10　　　　　　　　88

321

質問A4　警察

　全く信頼していない　　完全に信頼している　　　　　　　　わからない

　0　1　2　3　4　5　6　7　8　9　10　　　　　　　　　88

質問A5　行政サービス

　全く信頼していない　　完全に信頼している　　　　　　　　わからない

　0　1　2　3　4　5　6　7　8　9　10　　　　　　　　　88

目的

　この質問群は、他者への信頼と制度・組織への信頼双方を含み、世帯調査にすぐに収録できる最低限の信頼尺度を提供することを意図している。ここに収録されている中核的尺度は、その妥当性と関連性について最も強い実証が存在し、国際比較が最も重視される尺度である。信頼データを収集しようとするデータ生産者は、彼らの調査にこの中核的質問群をそのまま以下に示すように収録することが推奨される。

　本附録に収録されている他の質問群（質問群B〜D）は、中核的質問群の（代替ではなく）追加と見なすべきである。これらは中核的質問群で得られるものより詳細な信頼データを集めたいデータ生産者が用いるべきものである（したがって、中核的質問群に含まれている質問のいくつかは、他の質問群にも含まれている）。

解説

　この質問群には一般的信頼（generalised trust）についての質問を1つ収録している（A1）。この質問は、最も幅広く利用され最も強い妥当性を持つ信頼の側面に焦点を当てており、回答者に極力負担をかけずに、一般的信頼に関する最も重要な情報を捉えることを目的としている。質問A1は、資源が限られていて1つの尺度しか収録できない場合の最も優先される信頼尺度（primary measure）となると想定されている。中核的質問群の2問目として、他者への

附録B　質問群

信頼に関する質問が収録されており（A2）、限定的信頼に焦点を当て質問A1を補完することを目的としている。最後に、制度・組織への信頼に関する3問が続く（A3〜A5）。これらの質問は、因子分析で明らかにしたように（コラム2.1）、制度的信頼の主要側面のうちの2つ、政治制度と法と秩序を把握する。質問A5は、回答者が政治的ではない行政サービスをより幅広い政治制度一般と区別して考えているかを把握することを意図している。この3つの制度・組織的信頼に関する質問は、他者への信頼に関する質問よりも試験的性質が強いが、データ生産者がそれを中核的質問群に含めるに十分な妥当性があると見なされている。

由来

　この最も重要な質問は、ニュージーランド一般社会調査2014年に収録された一般的信頼に関する質問を元にしている。そしてこれは広く用いられている一般的信頼に関するローゼンバーグ質問（Rosenberg, 1957）に由来しているが、人と付き合うときに注意すべきということではなく、信頼の方に焦点を当てており、両極にラベルがある0〜10の尺度を用いるように修正されている。この文言と回答尺度の選択を支持する論理的根拠と実証は、第4章第4節と第3章第3節と第4節で解説している。

　限定的信頼（limited trust）についての追加質問は、世界価値観調査の信頼の度合いに関する質問群に由来しており、A1と一貫した文言になるように変更されている。

　制度・組織への信頼に関する3つの質問は、欧州社会調査（ESS）の第6ウェーブを元にしている。しかし、ここで中核的質問群に収録されているのは、ESSに収録された7つの制度・組織のうち2つだけである（議会と警察）。この2つの制度・組織の選択には、本ガイドラインの第2章（コラム2.1）で論じられた制度への信頼の根本的な次元性の因子分析の結果が反映されている。3番目の組織・制度（行政サービス）は、世界価値観調査のものが追加されている。因子分析では、この行政サービスはスコアは比較的弱いものの、議会（政治制

323

度）と同じ次元に入るが、この行政サービスは現在の政府とのつながりが議会ほど強くない。したがって、この質問は、回答者が非政治的制度・組織と政治的制度・組織を区別して捉えているかどうかを把握するのに役立つ。

所要時間

この質問群の全てに回答するための所要時間は、約90秒と想定されている。最も重要な質問（A1）だけで、15〜20秒かかる。

出力

5問全てが0〜10という値の尺度形式で収集される。他者への信頼に関するデータは、欠損値を除いて回答の平均値で、または一定の閾値以下の信頼度を答えた人口に対する割合で表すことができる。既存データを元に、0〜4というスコアを答えた人の割合というのが、妥当な閾値と考えられる。回答の標準偏差や回答の四分位範囲など、分布の一般的な標準を明らかにすべきである。

情報は関連のある人口グループに分割すべきで、各人口グループごとに平均値と0〜4と答えた人の割合を明らかにすることが望ましい。

この質問群のどの質問も、公的制度・機関（public institutions）に対する「全体的な（overall）」信頼という項目に統合すべきではない。

面接者のためのガイドライン

この最も重要な質問（A1）は、「ほとんどの人々（most people）」とは誰を指すのかという点で一般ということが意図されており、質問をどのように解釈すべきかということについての指導はしない方が良い。回答者が「ほとんどの人々」という言葉が何を意味するのかと尋ねた場合には、その言葉がこの国のあらゆる人を指すということを明らかにしてもよい。

質問A2は、回答者が個人的に知っている人に焦点を当てている。これは、近しい友人や家族だけでなく、回答者が現在継続的に関係を持っているその他の人々も含まれると捉えるべきである。回答者が一度しか会ったことがない

人々は含まれない。

　制度・組織への信頼に関する3つの質問（A3〜A5）は、制度・組織そのものに対する回答者の信頼を把握するためのものであって、その組織の現在の実績や現政権に対する回答者の見解まで含むほど幅広い問題を把握しようとしているわけではない。もし回答者が詳しい説明を求めた場合、制度・組織（例えば議会）についての評価を求められているのであって、その機関の現在のリーダーシップ（例えば与党）についての評価ではないということを強調すべきである。さらに、面接者はそもそも質問をするときに、質問で問われている制度・組織について回答者に何ら狭義の定義を示すべきではない。

　順序効果を最小限に抑えるために、調査全体にわたってこれら3つの制度・組織の順序をランダムにすることが推奨される。

質問群B　評価についての試験的質問群

評価的質問

他者への信頼
質問B1　一般的に言って、あなたは人を信頼できます。
　非常に反対
　ある程度反対
　ある程度賛成
　非常に賛成

質問B2　最近は、誰にも頼れない。
　非常に反対
　ある程度反対
　ある程度賛成
　非常に賛成

質問B3　初めて会った人のことをどの程度信頼しますか。
　全く信頼しない
　ほとんど信頼しない
　かなり信頼する
　非常に信頼する

質問B4　見知らぬ人と付き合うとき、彼らを信頼する前に気をつけた方が良い。
　非常に反対
　ある程度反対

附録B　質問群

ある程度賛成

非常に賛成

　0から10の尺度を用いて、0が「全く信頼しない」、10が「完全に信頼する」を表すとき、あなたは次のグループの人々をどのくらい信頼しますか。

質問B5　家族
　　全く信頼していない　　完全に信頼している　　　　　　　わからない
　　0　1　2　3　4　5　6　7　8　9　10　　　　　　　88

質問B6　近所の人
　　全く信頼していない　　完全に信頼している　　　　　　　わからない
　　0　1　2　3　4　5　6　7　8　9　10　　　　　　　88

質問B7　一緒に働く人々、または同じ学校に通う人々
　　全く信頼していない　　完全に信頼している　　　　　　　わからない
　　0　1　2　3　4　5　6　7　8　9　10　　　　　　　88

質問B8　見知らぬ人
　　全く信頼していない　　完全に信頼している　　　　　　　わからない
　　0　1　2　3　4　5　6　7　8　9　10　　　　　　　88

制度・組織的信頼

　次の質問は、あなたが［国名］の様々な制度・組織を信頼しているかを尋ねるものです。これらの制度・組織とほとんど、あるいは全く接点がない場合でも、これらに対するあなたの一般的な印象に基づいて答えて下さい。

　このカードを使って、私がこれから読み上げる制度・組織それぞれをあなたがどのくらい信頼しているかを、0～10のスコアでお答え下さい。0はその組織を全く信頼していない、10は完全に信頼していることを表します。まず……（読み上げる）

質問B9 ［国の］議会

全く信頼していない　　完全に信頼している　　　　　わからない
0　1　2　3　4　5　6　7　8　9　10　　　　　88

質問B10　裁判所

全く信頼していない　　完全に信頼している　　　　　わからない
0　1　2　3　4　5　6　7　8　9　10　　　　　88

質問B11　政党

全く信頼していない　　完全に信頼している　　　　　わからない
0　1　2　3　4　5　6　7　8　9　10　　　　　88

質問B12　政治家

全く信頼していない　　完全に信頼している　　　　　わからない
0　1　2　3　4　5　6　7　8　9　10　　　　　88

質問B13　警察

全く信頼していない　　完全に信頼している　　　　　わからない
0　1　2　3　4　5　6　7　8　9　10　　　　　88

質問B14　軍隊

全く信頼していない　　完全に信頼している　　　　　わからない
0　1　2　3　4　5　6　7　8　9　10　　　　　88

質問B15　行政サービス

全く信頼していない　　完全に信頼している　　　　　わからない
0　1　2　3　4　5　6　7　8　9　10　　　　　88

質問B16　マスコミ

全く信頼していない　　完全に信頼している　　　　　わからない
0　1　2　3　4　5　6　7　8　9　10　　　　　88

附録B　質問群

質問B17　銀行

　　全く信頼していない　　完全に信頼している　　　　　　　　　わからない
　　0　1　2　3　4　5　6　7　8　9　10　　　　　　　　　　88

質問B18　大企業

　　全く信頼していない　　完全に信頼している　　　　　　　　　わからない
　　0　1　2　3　4　5　6　7　8　9　10　　　　　　　　　　88

目的

　この試験的質問群の目的は、回答者自身の現時点の気持ち（信頼（trust, confidence）またはそれに関連する概念）がどうかということに基づいて信頼の水準を評価することであって、将来や過去の経験についての情報を集めることではない。この質問群は、中核的質問群の追加項目と見なすべきである。その統計的質を評価するために現在入手できる実証ベースは、中核的質問群の場合より弱いため、上記の質問は将来的により良い実証が手に入ったときに見直すことが望ましい。

解説

　この質問群は2つのセクションからなっており、最初のセクションでは他者への信頼に、2番目のセクションでは制度的信頼に焦点を当てている。この質問群は、全体がそのまま利用されることは想定しておらず、むしろ中核的質問群で得られるものよりも詳細な信頼尺度を必要としている質問票開発者のための資料の1つとして用いられるものである。データ生産者は、自分の必要に応じて質問を選択、調整することができる（ただし、質問B1～B4は変更せずに用いた方がよい）。また、それが、この質問群の中で回答尺度が統一されておらず、ほとんどの部分について各質問の出典から引用されたままになっている理由でもある。質問B1～B4は、他者への信頼（B1とB3）と他者と付き合うときの注意（B2とB4）を捉えるものである。これらの質問は（小規模のサン

329

プルで）試験的に妥当性が立証されており、いくつかの質問は中核的質問群に収録されているものと重複するが、ここに収録されている。質問B5～B8は、回答者が誰を信頼しているかなど、より詳細なデータを収集しようとしており、質問群全体を利用することもできるし、個別に利用することもできる。制度・組織への信頼に関する質問（B9～B18）の場合、中核的質問群で提示された3つの制度・組織以外の幅広い制度・組織を具体化することを目的としている。議会、警察、行政サービスに対する信頼に関する質問も収録されている（これらは中核的質問群にも収録された）。データ生産者がこの試験的質問群に収録されているより幅広い制度・組織に関する情報を集めたい場合には、これらを中核的質問群から除外することができる。

由来

　質問B1～B4は、ドイツ社会経済パネル調査（Naef and Schupp, 2009）から取られており、信頼の試験的な実験室尺度（experimental lab measures of trust）で妥当性が認められている。回答者が誰を信頼するかという質問（B5～B8）は、世界価値観調査から取られているが、質問の文言と回答尺度は中核的質問群で用いられている尺度に沿うように0～10の尺度に変更されている。

　制度・組織的信頼に関する質問は、質問A3～A5と同じ形式を用いているが、それらより幅広い制度・組織を対象としている。これらは世界価値観調査と欧州社会調査第6ウェーブから取られている。

所要時間

　質問B1～B4は、一緒に用いられることが意図されており、すべて回答するための所要時間は約60秒と想定される。質問B5～B8の所要時間も同程度である。

　制度・組織への信頼に関する質問群の方が長く、すべて回答するための所要時間は約150秒程度である。

附録B　質問群

出力

　質問B1〜B4に分けられている他者への信頼は、無回答を除く全4問の平均値を報告すべきである。分布の情報も回答の標準偏差と四分位範囲を元に報告することができる。

　質問B5〜B8は、1つのスカラー尺度に統合するのではなく、個別に報告すべきである。各尺度について、平均と信頼の低いレベル（0〜4）の割合の双方を、標準的な分布の尺度と併せて報告すべきである。

　制度・組織への信頼に関する質問の結果は、無回答を除く平均回答と低い信頼度（0〜4）と回答した人の割合を個別に報告されるべきである。これらの質問は、制度・組織に対する「全体的な（overall）」信頼という項目に統合しないほうがよい。

面接者のためのガイドライン

　これらの質問は、中核的質問群に収録されている質問より信頼により詳しく踏み込んでいるが、その他の点では非常によく似ている。

　一般的に、回答者は質問B1〜B4を自分で解釈するほうがよい。この4つの質問は、より信頼できる（reliable）総合的な信頼尺度を得る必要があるため、質問内容が大幅に重複している。もし回答者がこのことについて何か言った場合には、個々の質問に対する解釈は人によってわずかに異なるもので、4つの質問が繰り返されることで、より一貫性のある全体像が得られるということを強調すべきである。

　質問B5〜B18は、それぞれが特定のグループまたは制度・組織への信頼に焦点を当てているため、より詳細な回答を回答者から得ることが求められる。各質問で触れられるグループは、相互に矛盾しないようになっている。例えば、回答者が質問をしたら、「見知らぬ人」とは家族や近所の人、同僚などではない人のことだと答えてよい。質問B9〜B18の場合、回答者は自分がその特定の制度・組織と関わったことがないことを気にするかもしれない。その場合、この質問はその制度・組織に対する信頼に焦点を当てているのであって、その

制度・組織が提供するサービスへの満足度ではないということを強調すべきである。さらに、面接者はそもそも質問をするときに、質問で問われている制度・組織について回答者に何ら狭義の定義を示すべきではない。

順序効果を最小限に抑えるために、調査全体にわたってこれらの制度・組織の順序をランダムにすることが推奨される。

附録 B　質問群

質問群C　期待についての試験的質問群

期待についての質問

他者への信頼
　あなたが住んでいる都市または地域で、あなたが自分の財布、またはあなたの身分または住所がわかるものを落とし、それを誰かが拾ったとします。

質問C1　もしその財布（または貴重品）を拾ったのが近所の人だった場合、あなたはそれが戻ってくると思いますか。
　　1. はい
　　2. いいえ

質問C2　もしその財布（または貴重品）を拾ったのが見知らぬ人だった場合、あなたはそれが戻ってくると思いますか。
　　1. はい
　　2. いいえ

制度・組織への信頼
　次の質問は、公的制度・機関の行動に対するあなたの期待について尋ねるものです。各質問では、あなたがある特定の行動例が全く起こらないと思うか、または常に起こると思うかをお尋ねします。
　0から10の尺度で答えて下さい。0は非常にあり得ない、10は非常にあり得ることを表します。

質問C3　もしあなたが公共サービスの質が悪いことに苦情を言ったとすると、その問題が容易に解決される可能性はどのくらいあると思いますか。

333

非常にあり得ない　　非常にあり得る　　　　　　　　わからない
0　1　2　3　4　5　6　7　8　9　10　　　　　　88

質問C4　自然災害が起こった場合、政府は適切な食料、避難所、衣類をタイムリーかつ効率的に提供してくれると思いますか。

非常にあり得ない　　非常にあり得る　　　　　　　　わからない
0　1　2　3　4　5　6　7　8　9　10　　　　　　88

質問C5　もし地方自治体または地方政府があなたのコミュニティに影響する決定をしたら、あなたとそのコミュニティの他の人々が自分たちの懸念を表明する機会はどのくらいあると思いますか。

非常にあり得ない　　非常にあり得る　　　　　　　　わからない
0　1　2　3　4　5　6　7　8　9　10　　　　　　88

質問C6　ある人がある少数者グループ（性的／民族的または国籍、あるいはその両方）に属しているとしたら、その人が政府機関から他の市民と同じ扱いを受ける可能性はどのくらいあると思いますか。

非常にあり得ない　　非常にあり得る　　　　　　　　わからない
0　1　2　3　4　5　6　7　8　9　10　　　　　　88

質問C7　もし増税されたら、財政負担が社会の様々なグループの間で公平に分担されると思いますか。

非常にあり得ない　　非常にあり得る　　　　　　　　わからない
0　1　2　3　4　5　6　7　8　9　10　　　　　　88

　次の質問から、回答の尺度が変わります。0から10の尺度で答えてただきますが、ここでは0は拒否する可能性が非常に高いことを、10は受け取る可能性が非常に高いことを表します。

質問C8　ある民間人が政府職員に対して、行政手続きを早急に進めてもらうために不適切な金銭の支払いを行ったとしたら、その政府職員はその賄賂を受け取ると思いますか。

附録 B　質問群

> 拒否する可能性が非常に高い　受け取る可能性が非常に高い　わからない
> 0　1　2　3　4　5　6　7　8　9　10　　　　　　88
>
> **質問C9**　大企業がある上位の政治家に対して、その人が政権についている間に政治的見返りを得るために、高給の職を提供したとしたら、その政治家はそれを受けると思いますか。
> 拒否する可能性が非常に高い　受け取る可能性が非常に高い　わからない
> 0　1　2　3　4　5　6　7　8　9　10　　　　　　88
>
> **質問C10**　［国の議会の］議員が政府からの受注に便宜を図る見返りとして賄賂を提供されたとしたら、その政治家はそれを受け取ると思いますか。
> 拒否する可能性が非常に高い　受け取る可能性が非常に高い　わからない
> 0　1　2　3　4　5　6　7　8　9　10　　　　　　88

目的

　この質問群には、ある状況で何が起こるかということに対する回答者の期待を問う質問が収録されている。これらの質問は、例えば隣人、警察官、見知らぬ人などの第三者に期待される行動に直接焦点を当てている。そのため、ある制度・組織、コミュニティまたは社会の信頼に足る性質（trustworthiness）を測ることができる。その統計的質を評価するために現在入手できる実証ベースは、中核的質問群の場合より弱いため、上記の質問は将来的により良い実証が手に入ったときに見直すことが望ましい。

解説

　この質問群は2つのセクションからなっており、最初のセクションでは他者への信頼に、2番目のセクションでは制度への信頼に焦点を当てている。この質問群は、全体がそのまま利用されることは想定しておらず、むしろ中核的質問群で得られるものより詳細な信頼尺度を必要としている質問票開発者のための資料の1つとして用いられるものである。データ生産者は、自分の必要に応

じて質問を選択、調整することができる。制度・組織への信頼の場合、OECD信頼枠組みによって公的制度・機関への信頼の要因と定義されている5つの次元に基づいて設計されている。

由来

　ここに収録されている他者への信頼に関する質問は、ギャラップ世論調査に、第2章の結論で述べている若干の文言の変更を行ったものである。質問C3〜C10は、OECD信頼枠組みにある信頼の主要因を測るために、OECDが開発した（OECD, 2017）。これらの質問は、トラストラボ・プロジェクトの試験を行った国々でも含まれていた。

所要時間

　質問C1とC2は、所要時間が約30秒と考えられている。制度・組織への信頼に関するOECDの質問群はそれより長く、所要時間は約3分程度である。

出力

　質問C1とC2は、各質問に「はい」と答えた人の割合で提示されるべきである。これらの質問は、様々な種類の人々に対する回答者の信頼の水準を把握しようとしているので、通常は1つの指標（index）に統合しないほうがよい。

　質問C3〜C10は、全体をそのまま用いて、OECD信頼枠組みの制度・組織への信頼の5つの主要因——即応性（Responsiveness）、開放性（Openness）、信頼性（Reliability）、公平性（Fairness）、公正性（Integrity）——を把握するものである。これらは政府の能力と価値という包括的概念に含まれる。質問C3は即応性、C4は信頼性、C5は開放性、C6とC7は公平性、そしてC8〜C10は公正性に関連している。これらの質問に対する回答は、無回答を除いた平均値で報告することができ、1つの要因につき質問が1つ以上ある場合には、信頼の関連する次元に関わる質問への回答の平均値として計算された指標として、無回答を除外して報告することができる。例えば、公正性の指標値は、質問

附録B　質問群

C8、C9、C10への回答の平均値で計算することができる。

　信頼の要因の指標に加えて、質問を能力（C3〜C4）と価値（C5〜C10）という2つの広義の次元にグループ分けすることもできる。これらの指標は信頼の要因を、人々が様々な制度・組織の信頼に足る性質についての見解を形成する方法に影響すると考えられる2つの次元にまとめている。いずれの指標も無回答を除いて、関連するサブ指標／質問の平均値として計算することができる。

面接者のためのガイドライン

　この質問群に収録されているような期待に関する質問では、仮説的状況で起こりそうな結果についての回答者の見解を提供してもらう必要がある。回答者が抱く可能性がある懸念の1つは、そこで論じられるような状況を経験したことがない、ということである。これは特に制度・組織への信頼に関する質問で起こりうる。回答者が問われている制度・組織と関わったことがないということを懸念するかもしれないからである。いずれの場合も重要なことは、この質問群が集めようとしている情報は、問題の状況がどのくらい実現しそうかという推計ではなく、回答者が何を信じているかということだと強調することである。回答者の信じていることが、多く状況の実際に起こりる可能性と非常に異なっていたとしても、回答者の態度と行動を決めるのは回答者の信念である。そのため、回答者はたとえ問題となっている状況に関連する実体験がなかったとしても、自分が起こると思う事柄を答えるように奨励されるべきである。

質問群D　経験についての試験的質問群

経験についての質問

他者への信頼
質問D1　あなたは自分の持ち物をどのくらい頻繁に友人に貸しますか。
　　1. 全く貸さない
　　2. あまり貸さない
　　3. ときどき貸す
　　4. 頻繁に貸す
　　5. 非常に頻繁に貸す

質問D2　あなたはお金をどのくらい頻繁に友人に貸しますか。
　　1. 全く貸さない
　　2. あまり貸さない
　　3. ときどき貸す
　　4. 頻繁に貸す
　　5. 非常に頻繁に貸す

質問D3　あなたはどのくらい頻繁に自分の家のドアに鍵をかけずに出かけますか。
　　1. 全くない
　　2. あまりない
　　3. ときどきある
　　4. 頻繁にある
　　5. 非常に頻繁にある

附録B　質問群

制度・組織への信頼

　あなたは次の事柄を過去1か月間に行ったことがありますか。

質問D4　自分の意見を公務員に言った
　　はい
　　いいえ

質問D5　陳情書に署名した
　　はい
　　いいえ

目的

　この質問群は、回答者の過去の経験と行動に基づく情報を集めるもので、回答者の価値観、意識、評価を問うものではない。そのため、回答者は自分が経験したことがあって、信頼行動の典型とされる状況に関わる一連の質問に答える。この種の質問は信頼の他の尺度を評価するために用いられており、他の種類の信頼尺度の妥当性を確認する上で有益である。この質問群は、全体がそのまま利用されることは想定しておらず、むしろ中核的質問群で得られるものより詳細な信頼尺度を必要としている質問票開発者のための資料の1つとして用いられるものである。データ生産者は、自分の必要に応じて質問を選択、調整することができる。また、それが、この質問群の中で回答尺度が統一されておらず、ほとんどの部分について各質問の出典から引用されたままになっている理由でもある。その統計的質を評価するために現在入手できる実証ベースは、中核的質問群の場合より弱いため、上記の質問は将来的により良い実証が手に入ったときに見直すことが望ましい。

解説

　この質問群は2つのセクションからなっており、最初のセクションでは他者への信頼に、2番目のセクションでは制度・組織への信頼に焦点を当てている。

339

他者への信頼に関する質問群は、回答者の過去の行動に焦点を当て、回答者が最近信頼行動と一貫した行動を取った度合いを明らかにする。制度への信頼の場合は、質問は、ある特定の制度・組織に対する信頼（confidence）を反映する行動についてである。他者への信頼についての質問は3問、制度・組織への信頼についての質問は2問である。

由来

　他者への信頼に関する質問は、ネフとシャップ（Naef and Schupp, 2009）がドイツ社会経済パネル調査の信頼についての調査質問群の妥当性を立証するために用いた一連の質問を元にしている。制度・組織への信頼に関する2つの質問は、ギャラップ世論調査から取った。

所要時間

　この質問群の所要時間は約60〜80秒程度である。

出力

　他者への信頼に関する質問の答えは、5段階リッカート尺度で集める。出力のために、各出力カテゴリーに含まれる回答者の割合で報告することもできるし、または出力カテゴリーのいくつかを1つのカテゴリーにグループ化することもできる。さらに、各質問の無回答を除いた平均値を報告することも有益である。3問すべてが同じ根本概念に関わっているので、質問D1〜D3の無回答を除く平均値として計算された信頼行動の指標を構築することもできる。分布の一般的な標準は、回答の標準偏差と回答の四分位範囲を用いるべきである。回答の平均値とこの推定値の標準誤差は、人口のサブグループ間での様々な質問に対する回答の違いを明らかにするときに用いることができる。

　制度・組織への信頼に関する質問は、質問に「はい」と答えた回答者のパーセンテージで報告すべきである。

附録B　質問群

質問群E　実験

信頼の試験的尺度

はじめに

　各ゲーム（task）を始める前に、他の調査参加者とグループになっていただきます。彼らはあなたと同じ［国名］出身の人々です。

　各ゲームごとに、あなたと同じグループに属する人は変わります。同じ人と2回以上同じグループになることはありません。他の参加者が今現在オンラインにアクセスしているとは限りません。私たちはあなたと他の参加者の回答を記録し、調査の最後にマッチングさせます。

　各ゲームでのあなたの報酬は、あなたと他の参加者の決定によって変わります。

　調査の最後に、あなたが完了したゲームの1つが無作為に選ばれます。この選択されたゲームでのあなたの報酬があなたが受け取る金額になります。

独裁者ゲームのやり方

　このゲームの参加者は2人で、参加者Aと参加者Bです。ルールは以下の通りです。

　ゲームの始めに、参加者Aは［10米ドル程度］を受け取ります。参加者Bは何も受け取りませんので、手持ちのお金はゼロです。

　まず参加者Aは、参加者Bに自分の［10米ドル程度］のうちいくら渡すかを決めます。

　参加者Bは参加者Aにお金を返すことはできません。

　参加者Aになった場合：あなたは参加者Aになりました。あなたは［10米ドル程度］を所有しています。

　あなたは参加者Bにいくら渡したいですか。（渡さないこともできます）

341

参加者Bになった場合：あなたは参加者Bになりました。これは受け身の役割です。

信頼ゲームのやり方

このゲームの参加者は2人で、参加者Aと参加者Bです。ルールは以下の通りです。

ゲームの始めに、参加者は双方とも［10米ドル程度］を受け取ります。参加者Aは参加者Bに対して、自分の［10米ドル程度］を全く渡さない、一部あるいは全部を渡すという選択肢があります。

参加者Aが渡す金額は、どのような場合でも3倍になって参加者Bの手に渡ります。

参加者Bは、参加者Aからお金を受け取った後で、参加者Aにいくら返したいかを決めます。（渡さないこともできます）

参加者Aになった場合：あなたは参加者Aになりました。あなたは［10米ドル程度］を所有しています。

あなたは参加者Bに、いくら渡したいですか。（渡さないこともできます）

参加者Bになった場合：あなたは参加者Bになりました。あなたは［10米ドル程度］を所有しています。参加者Aも［10米ドル程度］の資金から始まります。

もし参加者Aがあなたに渡す金額が0だった場合（つまりあなたの資金総額は［10米ドル程度］）、あなたは参加者Bにいくら渡したいですか。（渡さないこともできます）

［……］

もし参加者Aがあなたに渡す金額が［10米ドル程度］だった場合（つまりあなたの資金総額は［40米ドル程度］）、あなたは参加者Bにいくら渡したいですか。（渡さないこともできます）

目的

信頼に関する情報を調査で集める別の方法の1つに、制御された状況における回答者の信頼するという行動（trusting behaviour）と信頼に足る行動（trustworthy behaviour）を測る試験的テクニックがある。心理学者と実験経済学者が先鞭をつけた信頼ゲームや独裁者ゲームなどのゲームは、純粋な報酬

附録B 質問群

（通常は相対的に少額の金銭であることが多い）が賭かっている場合の回答者の実際の行動についての情報を集める。

解説

ここで論じられる試験的質問群には、2つのゲームが含まれている。そのゲームの詳細は、上記を参照されたい。1つ目は独裁者ゲームで、利他主義についての試験的尺度を提供してくれる。独裁者ゲームは、それ自体が信頼についての情報を提供するわけではないが、利他主義についての情報は、信頼ゲームで先攻のプレーヤーの選択に利他主義が及ぼす影響を制御するために重要である。2つ目のゲームは信頼ゲームで、信頼の試験的尺度と、信頼に足る性質（trustworthiness）の尺度を提供してくれる。これら2つのゲームのいずれも、OECDトラストラボ・プロジェクトのような（オンライン形式の）国際比較研究に用いるために採用されている。

信頼ゲームと独裁者ゲームには、実施形態や研究目的に応じて様々なバリエーションがある。バーグら（Berg et al., 1995）のように直接会ってゲームを行う場合、回答者は他の参加者と実際に生で交流するので、回答者は先攻の行動を学習して自分の回答を選べることになる。このプロセスは、直接回答法（direct-response method）と呼ばれている。実質的には、トラストラボのようにオンラインで実施する場合には、これは難しい。なぜならば、参加者が全く同時にそのプラットフォームにログインする必要があるからである。それを回避するために、以下の質問群ではいわゆる戦略法（strategy method）（Selten, 1967）を採用している。この方法では、回答者は個々の可能な情報セットについて条件付きの決定を行う（したがって戦略法には、実際のゲーム中にはごく稀にしか達しない交点（nodes）を含む、各情報セットについての情報を集められるというメリットが追加される）。戦略法では、参加者をプラットフォームに先にログインしたプレーヤーと容易にマッチングさせられる。したがって、プレーヤーは調査終了後に事後マッチングに基づいて、自分の報酬を知ることができる。ブランツとチャーネス（Brandts and Charness, 2011）の考察によ

343

ると、ほとんどの研究で、直接回答法と戦略法で試験的結果に違いは見られなかった。

　従来から、各ゲームにおいて参加者の役割（参加者Aまたは参加者B）は無作為に決められる（詳細は上記参照）。それに対してトラストラボでは、信頼ゲームの参加者には参加者Aと参加者Bの双方になることが求められる。この方法だと、一定の信頼（trust）と信頼に足る性質（trustworthiness）双方を各回答者について得られる。役割を無作為に選ぶ方法と参加者が両方の役割を連続して果たす方法には、データ収集にかかる時間を短縮できるというメリット（参加者一人当たりの平均時間は2つの役割を果たす場合に長くなる）と、観察数を2倍にできるというメリットとのトレードオフがある。1つの役割を無作為に選ぶ方法に対して2つの役割を果たす方法の影響については、バークスら（Burks et al., 2003）が詳細に論じている。それによると、2つの役割を果たすことで信頼及び信頼に足る性質が若干減少するが、それは参加者が事前にこの設定についての情報を与えられたときに限られる。

　独裁者ゲームと信頼ゲームで掛け金を増やして実社会での行動を再現できるように、参加者には通常、実際に金銭的なインセンティブを与えられる。OECD諸国の場合、開始時の資金は10米ドル（購買力平価）程度になることが多く、実際の行動を刺激するのに十分なインセンティブだと一般的に認識されている（Johnson and Mislin, 2011）。資金を増やすと参加者の行動に影響があることがわかっており、賭け金が高いと信頼度と利他的行動が低くなるとされている（Engel, 2011; Johnson and Mislin, 2011）。試験的ゲームを複数行う場合、研究の設計を有効活用するために、ゲーム間で報酬をランダム化することができる（Davis and Holt, 1993; Johnson and Mislin, 2011）。さらに、もし複数のゲームを行う場合には、その順序も無作為にすることが推奨される。

　上記の質問群では、一国内での人的交流に焦点を当てた回答を引き出している。その内容は、特定のグループ内またはグループ間の他者への信頼に焦点をられるように変更することができる。参加者の性質についての記述を変更することで、これらのゲームを特に年齢、性別、所得、民族間の信頼の測定に用い

ることができる（Lei and Vesely, 2010; Stanley et al., 2012）。

由来

信頼ゲームは、バーグら（Berg, Dickhaut and McCabe, 1995）から取られている。このゲーム（一般に著者3人の名前からBDMゲームと呼ばれる）は導入されて以来、何度も繰り返されてきた。信頼ゲームを含む162回の調査の全貌は、ジョンソンとミズリン（Johnson and Mislin, 2011）がまとめている。独裁者ゲームの原型を最初に提案したのはカーネマン（Kahneman et al., 1986）で、信頼ゲームと同様、様々な文脈で何度も繰り返されてきた（メタ分析についてはEngel, 2011を参照）。

所要時間

信頼ゲームと独裁者ゲームの所要時間は、それぞれ5分程度である。

出力

独裁者ゲームは、ある参加者が何の見返りもなく匿名の他の参加者に渡したい金額を記録することによって、利他主義を測る尺度になる。参加者は0から10の整数を選ぶことができるため（最初の資金総額は10米ドル程度）、その尺度は利他主義の調査尺度と容易に比較でき、他の参加者に渡す金額を最初の資金に占める割合として直感的に得ることができる。信頼ゲームでは、信頼（trust）と信頼に足る性質（trustworthiness）という2つの結果 が得られる。

信頼の度合いは、参加者Aが参加者Bに渡したい金額が最初の資金に占める割合に等しい。これは、参加者Bが協調的行動に参加し、参加者Aに対して同じように報いてくれるだろうという参加者Aの信念（belief）の表れである。信頼に足る性質の度合い（trustworthiness）は、参加者Bが受け取った金額に応じて参加者Aに返す金額に等しい。したがって、これは参加者Bが参加者Aの協調行動と等価のものを返す意思の度合いの表れである（Camerer, 2003）。

345

面接者のためのガイドライン

　回答者に明確に説明する必要がある重要な手順がいくつかある。まず、独裁者ゲーム、信頼ゲームともに、参加者が「誰と」交流するのかを明らかにする必要がある。国レベルの信頼を測ることを目的とした国の代表標本調査では、参加者は同じ国出身の他の回答者と無作為にマッチングさせるべきである。このことは、ゲームの説明の前に明らかにすべきである。複数のゲームが行われる場合、参加者に他の参加者も同じ国の出身者であることと、他の参加者はその前に行われたゲームの参加者とは異なることをもう一度説明し、ゲームは繰り返されないことを強調することが最も望ましい。また、参加者は匿名でゲームの中で交流しているということを、参加者が理解していることも重要である。それによって報復への恐れや戦略的行動を防ぐことができる（Johnson and Mislin, 2011）。オンラインによるデータ収集では、プレーヤーの匿名性はその参加方式から暗黙に了解される。参加者は地理的に離れており、その素性は明らかにならない。

　強調すべき重要な手順の2つ目は、参加者が「何のために」ゲームを行うかということである。金銭的インセンティブと報酬を回答者に対して明らかになるよう説明し、情報に基づく決定ができるように容易にわかるようにする必要がある。信頼ゲームと独裁者ゲームの報酬額を明らかにする方法は2つある。バーグら（Berg et al., 1995）による実験の原型では米ドル紙幣が用いられたが、この方法はオンラインゲームでは金額を伝えることで簡略化されており、それがその後の多くの調査でも導入されている（Johnson and Mislin, 2011）。別の方法として、仮想通貨（トークン）を作って、一貫して同じ為替レートを用いるというやり方がある（例えば、Kim et al., 2016では、1トークン = 0.20米ドルとしている）。このアプローチでは、国が異なってもインセンティブの規模は全く同じだが、トークンを様々な為替レートで実際の金銭に変換する必要があるため、認知的負担が増えることになる。トラストラボでは、このゲームに実際の利害関係が絡んでいることを回答者に知らせるために、実際の各国通貨を用いている。

346

附録B　質問群

　最後に、回答者がこのゲームについてよく理解してから最終的な決定をすることが極めて重要である。ここに収録した手順はゲームのルールだが、ルールの説明は、例えば典型的な交流（typical interactions）（Berg et al., 1995）、視覚的なシミュレーション、練習ラウンドなどの形の追加的なガイダンスで補完するのが標準的である。

　一般的に、真実ではないことを述べたり強く印象づけたりすることで参加者の誤解を積極的に招くような説明や資料は、詐欺と見なされ、絶対に避けなければならない（例えば、回答者が実際には実験者またはロボットと組んでゲームをしているときに、他の被験者とゲームをしていると回答者に対して説明したり、ルールで説明されたことと異なる金額を参加者に渡したり、説明されたルールと異なる方法で成果をランダム化したりする）。

参考文献・資料

Berg, J., J. Dickhaut and K. McCabe (1995), "Trust, reciprocity, and social history", *Games and Economic Behavior*, Vol. 10, pp. 122-142.

Brandts, J. and G. Charness (2011), "The strategy versus the direct-response method: A first survey of experimental comparisons", *Experimental Economics*, Vol. 14, No. 3, pp. 375-398.

Burks, S., J. Carpenter and E. Verhoogen (2003), "Playing both roles in the trust game", *Journal of Economic Behavior & Organization*, Vol. 51, pp. 195-216.

Camerer, C. (2003), *Behavioral Game Theory: Experiments in Strategic Interaction*, Princeton University Press, Princeton, NJ.

Davis, D. and C. Holt (1993), *Experimental Economics*, Princeton University Press, Princeton, NJ.

Engel, C. (2011), "Dictator games: A meta study", *Experimental Economics*, Vol. 14, No. 4, pp. 583-610.

Johnson, N.D. and A.D. Mislin (2011), "Trust games: A meta-analysis", *Journal of Economic Psychology*, Vol. 32, pp. 865-889.

Kahneman, D., J.L. Knetsch, and R.H. Thaler (1986-), "Fairness and the Assumptions of Economics", *The Journal of Business*, 59 (4): pp. 285-300.

Kim, J., L. Putterman and X. Zhang (2016), "Trust and Cooperation: An experimental study", *Brown University Working Paper, www.brown.edu/ academics/economics/candidates/sites/brown.edu.academics.economics. candidates/files/Trust%20and%20Cooperation_Kim%20et%20al..pdf.*

Lei, V. and F. Vesely (2010), "In-group versus out-group trust: The impact of income inequality", *Southern Economic Journal*, Vol. 76, No. 4, pp. 1049-1063.

Naef, M. and J. Schupp (2009), "Measuring trust: Experiments and surveys in contrast and combination", *IZA Discussion Paper*, No. 4087.

OECD (2017), *Trust and Public Policy: How Better Governance Can Help Rebuild Public Trust*, OECD Publishing, Paris, *http://dx.doi.org/10.1787/9789264268 920-en.*

Rosenberg, M. (1957), "Misanthropy and attitudes toward international affairs", *Journal of Conflict Resolution*, pp. 340-345.

Selten, R. (1967), "Die Strategiemethode zur Erforschung des eingeschränkt rationalen Verhaltens im Rahmen eines Oligopolexperiments", in *Beiträge zur experimentellen Wirtschaftsforschung*, Heinz Sauermann (ed.), Vol. I, Tübingen: J.C.B. Mohr (Siebeck), pp. 136-168.

Stanley, D.A., P. Sokol-Hessner, D.S. Fareri, M.T. Perino, M.R. Delgado, M.R. Banaji and E.A. Phelps (2012), "Race and reputation: Perceived racial group trustworthiness influences the neural correlates of trust decisions", *Philosophical Transactions of the Royal Society B: Biological Sciences*, Vol. 367, No. 1589, pp. 744-753.

監訳者あとがき

　本ガイドラインの中でも触れられているとおり、他者への信頼、制度・組織への信頼とも、幸福度を測定する上で重要な要素、もしくは幸福の一側面である。監訳者は、2010年から2013年にかけて、幸福度測定の研究に携わり、その際、信頼の測定にも関わったことから、今回の監訳を引き受けることにした。加えて言うなら、OECDが別途公表している『主観的幸福を測る：OECDガイドライン』の監訳にも関わったことも理由である。

　前述した研究の一環として内閣府経済社会総合研究所において2012年3月に実施された第1回「生活の質に関する調査」において主観的幸福度と並行して信頼の測定（他者への信頼、制度・組織への信頼の両方を含む）が行われたが、その結果を見て驚いたことを覚えている。我が国の、制度・組織への信頼が，監訳者が予想していたよりはるかに低かったのである。慌てて関連文献を検索し、低いという結果が日本だけでないことを確認し、安堵したことも覚えている。安堵してよかったのかというと、今から考えると大いに疑問であり、むしろ反省している。というのも、その後、すなわち2014年にOECDが、測定に関するガイドラインの作成を含む公的機関・制度への信頼を回復する方法についての指針をまとめるというOECD信頼戦略を始めたからである。OECDという国際機関が信頼戦略を始めた背景にあるのは、世界金融危機以後の政府に対する人々の信頼の低下である。近年の世界的なポピュリズムの勃興や短命政権の続出を見るにつけ、信頼の低下が、実際に意味を持つことを思い知らされている。ただ、この点では、日本は様相を少し異にしているようである。2007年と2014年の政府への信頼の比較図が掲載されているが、我が国は、この間、中央政府への信頼が増加している（図5.7）。なお信頼の水準が国際的に見て特に高いわけではなく，制度・組織への信頼を測定し、改善する方法を考える必要性については、日本の一公務員として、痛感している。

一方、本ガイドラインの中で特に重要な指標として扱われている他者への信頼は、日本国内でも様々な調査結果や研究例があり、非常に活用の範囲が広い指標であることが分かっている。その解釈方法も含め解説している本ガイドラインは、社会学者だけでなく、一般の公務員にも多くの示唆を与えてくれると思う。他者への信頼は、いわゆる社会関係資本の指標としても、我が国でも定期的に測定することが望まれる。特に今後、我が国も外国人の増加など、多文化共生社会へと変わっていくと予想されるところ、人々の間の信頼を測定し、適切な対策を実施する体制を構築していく必要性は高まっている。

　測定という点では我が国には、世論調査・意識調査と政府統計は別であるとする伝統が存在する。本ガイドラインは国立統計局、日本の場合総務省統計局を主要な読者とすることを想定しているが、日本の場合は、より幅広い読者が必要となる。幅広い読者を獲得する上で本翻訳作業が一助となれば幸いである。

　2019年9月30日

桑原　進

主観的幸福を測る

OECDガイドライン

経済協力開発機構（OECD）編著

桑原進 監訳　高橋しのぶ 訳

A5判／上製／432頁
◎5400円

人は自分の生活についてどのように評価し、どのように感じているか。主観的幸福を測定し比較することは可能なのか。「生活評価」「感情」「エウダイモニア」等の心理的な尺度に焦点をあて、主観的幸福を測定し評価するためのガイドラインを提示する。

●内容構成●

第1章　主観的幸福尺度の概念と妥当性
第2章　主観的幸福測定の方法論的考察
第3章　主観的幸福の測定
第4章　主観的幸福度データの公表と分析
附録A　主観的幸福尺度の実例
附録B　質問群

図表でみる世界の行政改革 OECDインディケータ（2017年版）

OECD編著　平井文三訳
◎6800円

図表でみる男女格差 OECDジェンダー白書2

今なお蔓延する不平等に終止符を！
OECD編著　濱田久美子訳
◎6800円

図表でみる世界の主要統計

経済、環境、社会に関する統計資料
OECDファクトブック（2015-2016年版）
経済協力開発機構（OECD）編著　トリフォリオ翻訳・製作
◎8200円

図表でみる教育 OECDインディケータ（2019年版）

OECD編著　矢倉美登里、伊藤理子、坂本千佳子、田淵健太、松尾恵子、元村まゆ訳
◎8600円

地図でみる世界の地域格差

都市集中と地域発展の国際比較
OECD地域指標2018年版
OECD編著　稲田智子、坂本千佳子、田淵健太、松尾恵子、元村まゆ訳
◎5400円

世界の行動インサイト

公共ナッジが導く政策実践
経済協力開発機構（OECD）編著　齋藤長行監訳　濱田久美子訳
◎6800円

世界の移民政策 OECD国際移民アウトルック（2016年版）

経済協力開発機構（OECD）編著　徳永優子訳
◎6800円

環境ナッジの経済学

行動変容を促すインサイト
経済協力開発機構（OECD）編著　齋藤長行監訳　濱田久美子訳
◎3500円

〈価格は本体価格です〉

幸福の世界経済史

1820年以降、私たちの暮らしと社会はどのような進歩を遂げてきたのか

OECD開発センター 編著
徳永優子 訳

A4判変型／328頁 ◎6800円

過去2世紀にわたる人々の暮らしと社会進歩の長期的傾向をみることで、産業革命以降の幸福と不平等の歴史的変遷を体系的に描き出す。歴史経済学者、アンガス・マディソンの独創的な研究を引き継ぎ、世界的、歴史的、そして多次元的な視野から分析・評価する。

● 内容構成 ●

第1章 1820年以降の世界の幸福度
第2章 1820年以降の人口学的変化
第3章 1820年以降の1人当たりGDPの変化
第4章 1820年以降の実質賃金の変化
第5章 1820年以降の教育の変化
第6章 1820年以降の平均余命
第7章 1820年以降の身長
第8章 1820年以降の生活の安全
第9章 1820年以降の政治制度
第10章 1820年以降の環境の質
第11章 1820年以降の所得格差
第12章 1820年以降の男女格差の変化
第13章 1820年以降の幸福の複合的視点

格差拡大の真実 二極化の要因を解き明かす

経済協力開発機構（OECD）編著 小島克久、金子能宏訳
◎7200円

教育と健康・社会的関与 学習の社会的成果を検証する

経済協力開発機構（OECD）編著 矢野裕俊監訳
山形伸二、佐藤智子、荻野亮吾、立田慶裕、籾井圭子訳
◎3800円

学習の社会的成果 健康、市民、社会的関与と社会関係資本

OECD教育研究革新センター編著 坂巻弘之、佐藤郡衛、川崎誠司訳
教育テスト研究センター（CRET）監訳
◎3600円

メタ認知の教育学 生きる力を育む創造的数学力

OECD教育研究革新センター編著 篠原真子、篠原康正、袰岩晶訳
◎3600円

若者のキャリア形成 スキルの獲得から就業力の向上、アントレプレナーシップの育成へ

経済協力開発機構（OECD）編著 菅原良、福田哲哉、松下慶太監訳
竹内一真、佐々木真理、橋本諭、神崎秀嗣、奥原俊訳
◎3700円

国際化のなかのスキル形成 グローバルバリューチェーンは雇用を創出するのか

経済協力開発機構（OECD）編著 菅原良監訳
高橋南海子、奥原俊、坂本文子、神崎秀嗣、松下慶太、竹内一真訳
◎3700円

社会情動的スキル 学びに向かう力

経済協力開発機構（OECD）編著
ベネッセ教育総合研究所企画・制作 無藤隆、秋田喜代美監訳
◎3600円

教育のワールドクラス 21世紀の学校システムをつくる

アンドレアス・シュライヒャー著 経済協力開発機構（OECD）編
ベネッセコーポレーション企画・制作 鈴木寛、秋田喜代美監訳
◎3000円

〈価格は本体価格です〉

OECD幸福度白書4

より良い暮らし指標：生活向上と社会進歩の国際比較

OECD 編著

西村美由起 訳

A4判変型／並製／472頁
◎6800円

人々の幸福にとって最も重要なものは何か？　まず幸福度の全体傾向を概観し、格差・不平等の拡大、移民の傾向、市民と政府の関係などの観点から考察。付録章として、各国別指標、現在と未来の両面からみた幸福度の国際比較指標も収録。

●内容構成●

第1章　今日の幸福
第2章　幸福の不平等を測定する
第3章　移民の幸福：不平等
第4章　ガバナンスと幸福
第5章　各国プロフィール
第6章　現在の幸福
第7章　未来の幸福のための資源

シリーズ4冊

OECD公衆衛生白書：日本

明日のための健康づくり

経済協力開発機構（OECD）編著　村澤秀樹訳

◎3800円

OECD医療政策白書

費用対効果を考慮した質の高い医療をめざして

OECD編著　小林大高、坂巻弘之訳

◎3800円

OECD世界開発白書2

富のシフト世界と社会的結果

OECD開発センター編著　門田清訳

◎6600円

OECD教員白書

効果的な教育実践と学習環境をつくる
《第1回OECD国際教員指導環境調査（TALIS）報告書》

OECD編著　斎藤里美監訳
木下江美、布川あゆみ、本田伊克、山本宏樹訳

◎7400円

OECD成人スキル白書

第1回国際成人力調査（PIAAC）報告書
《OECDスキル・アウトルック2013年版》

経済協力開発機構（OECD）編著
矢倉美登里、稲田智子、来田誠一郎訳

◎8600円

OECD保育白書

人生の始まりこそ力強く：
乳幼児期の教育とケア（ECEC）の国際比較

OECD編著
星三和子、首藤美香子、大和洋子、一見真理子訳

◎7600円

OECD保育の質向上白書

人生の始まりこそ力強く：
ECECのツールボックス

OECD編著
門田理世、北村友人、鈴木正敏、星三和子訳
秋田喜代美、阿部真美子、一見真理子訳

◎6800円

OECDビッグデータ白書

データ駆動型イノベーションが拓く未来社会

経済協力開発機構（OECD）編著
大磯一、入江晃史監訳　齋藤長行、田中絵麻訳

◎6800円

〈価格は本体価格です〉

信頼を測る

OECD ガイドライン

2019 年 12 月 15 日　初版第 1 刷発行

編著者：	経済協力開発機構（OECD）
監訳者：	桑原　進
訳　者：	高橋　しのぶ
発行者：	大江　道雅
発行所：	株式会社明石書店
	〒 101-0021
	東京都千代田区外神田 6-9-5
	TEL　03-5818-1171
	FAX　03-5818-1174
	http://www.akashi.co.jp
	振替　00100-7-24505

組版：朝日メディアインターナショナル株式会社
印刷・製本：モリモト印刷株式会社

（定価はカバーに表示してあります）　　　　　　　ISBN978-4-7503-4946-6

◎監訳者・訳者紹介

桑原 進（くわはら・すすむ） KUWAHARA Susumu ──監訳

1965年大阪府生まれ。1989年東京大学経済学部卒業、1993年 Warwick University（MPhil in Economics）留学。1989年経済企画庁（現内閣府）入庁、2007年政策研究大学院大学准教授、2010年内閣府経済社会総合研究所主任研究官、2013年日本経済研究センター研究本部主任研究員、2015年内閣府経済社会総合研究所総務部長，2018年より外務省国際協力局審議官。専門は、マクロ経済学、幸福度研究、応用一般均衡分析、経済社会統計。主要著書：『史上最強図解 マクロ経済学入門』（ナツメ社、2010年）、『中欧の体制移行とEU加盟（上）』（三恵社、2003年）、『経済指標を読む技術：統計データから日本経済の実態がわかる』（共著、ダイヤモンド社、2003年）。主要訳書：『主観的幸福を測る：OECDガイドライン』（監訳、経済協力開発機構（OECD）編著、明石書店、2015年）。主要論文：「OECDにおける幸福度研究の経緯と日本のかかわり」（計画行政37（2）、5-10、日本計画行政学会、2014年）、"Economic Analysis on Business Cycles and Suicide Rate － An Approach from Corporate Behavior －"（*GRIPS Discussion* Paper 10-19、2010年）。

高橋 しのぶ（たかはし・しのぶ） TAKAHASHI Shinobu ──訳

1971年東京都生まれ。立教大学大学院法学研究科修士課程修了。1998年7月よりOECD東京センターに勤務。主要訳書：『主観的幸福を測る：OECDガイドライン』（経済協力開発機構（OECD）編著、明石書店、2015年）、『OECD国際経済統計ハンドブック：統計・知識・政策』（エンリコ・ジョバンニーニ著、OECD編、明石書店、2010年）、『図表でみる国民経済計算2010年版：マクロ経済と社会進歩の国際比較』（OECD編著、中村洋一監訳、明石書店、2011年）、『OECD科学技術・産業スコアボード2011年版：グローバル経済における知識とイノベーションの動向』（OECD編著、明石書店、2012年）、『図表でみる起業活動OECDインディケータ（2012年版）』（OECD編著、明石書店、2013年）。